LE PROCÈS

DU

Gal Boulanger

ROCHEFORT-DILLON

DEVANT LA

Haute Cour de Justice

COMPTE RENDU — JUGEMENT — CONDAMNATION

ÉDITION ILLUSTRÉE

PARIS

LIBRAIRIE FRANÇAISE

4, RUE DE LA PETITE-BOUCHERIE, 4

(Boulevard Saint-Germain)

1889

LE PROCÈS

DU

Général Boulanger

M. Boulanger

LES TROIS ACCUSES

LE PROCÈS

DU

Gal Boulanger

ROCHEFORT-DILLON

DEVANT LA

Haute Cour de Justice

COMPTE RENDU — JUGEMENT — CONDAMNATION

ÉDITION ILLUSTRÉE

PARIS
LIBRAIRIE FRANÇAISE
4, RUE DE LA PETITE BOUCHERIE, 4
(Boulevard Saint-Germain)

—

1889

(Tous droits réservés).

Le procès Boulanger occupe tous les esprits depuis trois mois.

Il sera encore le thème de toutes les polémiques électorales.

Il est l'un des chapitres les plus importants de notre histoire contemporaine.

Nous publions ici les documents du procès, acte d'accusation, réquisitoire, jugement.

Le suffrage universel, d'abord, l'histoire, ensuite, jugeront sur pièces.

Voici les pièces de l'accusation et le texte motivé de l'arrêt.

Le procès Boulanger occupe tous les esprits depuis trois mois.

Il sera encore le thème de toutes les polémiques électorales.

Il est l'un des chapitres les plus importants de notre histoire contemporaine.

Nous publions ici les documents du procès, acte d'accusation, réquisitoire, jugement.

Le suffrage universel, d'abord, l'histoire, ensuite, jugeront sur pièces.

Voici les pièces de l'accusation et le texte motivé de l'arrêt.

LA HAUTE COUR AU PALAIS DU SÉNAT

LE PROCÈS
BOULANGER-ROCHEFORT-DILLON

I

Demande en autorisation de poursuites contre M. Boulanger à la Chambre des députés.

(Chambre des députés, séance du 5 avril.)

M. le président donne lecture d'une demande de M. le garde des sceaux, tendant à obtenir l'autorisation de poursuivre un membre de la Chambre.

Paris, le 4 avril 1889.

« Monsieur le Président,

« J'ai l'honneur de vous prier de vouloir bien soumettre aux délibérations de la Chambre des députés la présente lettre, par laquelle je demande qu'il lui plaise d'autoriser des poursuites — pendant le cours de la session — contre M. le général Boulanger, député de la Seine, sous inculpation :

« 1° De complot ayant pour but de détruire ou de changer le gouvernement de la France;

« 2° D'actes d'exécution et de tentatives constituant l'attentat.

« Faits prévus par les articles 87, 88 et 89 du Code pénal. »

L'existence du complot n'est douteuse pour personne (*Interruptions à droite*); depuis longtemps l'opinion publique s'en est émue; certaines joies indiscrètes en ont, pour ainsi dire, marqué chaque phase; et son but comme son caractère en ont été notoirement révélés par le concert arrêté entre M. le général Boulanger et les divers prétendants auxquels le gouvernement de la République avait dû précédemment interdire l'accès du territoire.

Il n'est pas inutile de remonter aux origines mêmes de cette conspiration et de rappeler les manœuvres à l'aide desquelles

M. le général Boulanger a entendu se créer une situation politique et préparer la dictature, au mépris de la paix intérieure du pays.

Au lendemain de nos désastres, en pleine guerre civile, il faisait partir de son régiment une adresse déclamatoire à l'Assemblée nationale, parlant déjà de son épée en futur consul.

Puis il obtenait le grade de général par la faveur — très sollicitée — de M. le duc d'Aumale, et profitait ensuite de sa mission aux États-Unis, à l'occasion des fêtes du Centenaire, pour nouer dans ce pays des relations financières qu'il a su plus tard utiliser.

Appelé ensuite à la direction de l'infanterie au ministère de la guerre, il se préoccupa surtout dans ce poste de capter la confiance des hommes politiques et de s'y préparer des liaisons dans tous les partis.

Nommé commandant du corps d'occupation en Tunisie, il y suscita par ses intrigues et ses visées tapageuses de sérieux embarras au gouvernement, qui dut le rappeler.

Dès ce moment, on constate qu'il s'est formé un noyau d'adeptes, s'est assuré des appuis dans la presse et a organisé de secrets conciliabules, notamment à l'hôtel du Louvre. Il adopte déjà, de la manière la moins équivoque, les allures d'un chef de parti. La propagande, par voie de biographies et d'images, est activement poursuivie.

En même temps, il proteste auprès des républicains de son attachement à la République, se multiplie, se glisse et s'impose : le portefeuille de la guerre lui est confié. Là, par des moyens indignes de la loyauté d'un soldat, il travaille uniquement à se créer une popularité de mauvais aloi. Il multiplie les manifestations bruyantes, revendique l'honneur de toutes les réformes accomplies par ses prédécesseurs, se lie étroitement avec les publicistes démagogiques, qui doivent, avec M. Henri de Rochefort, répandre en tous lieux sa fausse légende ; le gouvernement, c'est lui.

Les républicains croient encore à sa parole, les monarchistes comptent déjà sur ses promesses ; à la revue du 14 juillet, il confisque audacieusement la place des généraux Brière de l'Isle et Négrier pour se faire acclamer. Hambourg fournit ses portraits coloriés qui vont inonder les fermes les plus reculées, et il paye des articles de journaux étrangers qui l'appelleront « l'organisateur de la revanche ».

Bientôt il fait savoir par ses affidés que nul n'aura le droit de lui enlever son portefeuille ; le 20 janvier 1887, M. de Rochefort écrit : « Nous savons que si vingt ou trente mille Parisiens réclamaient la réinstallation du général, il y a la troupe pour mettre à la raison les réclamants ; seulement, est-il bien établi qu'elle ne passerait pas de leur côté ? »

Mis en demeure de désavouer ce langage, M. Boulanger se taisait.

Tombé du ministère, il organisa partout un vaste pétitionnement en sa faveur, et chercha par toutes voies à ressaisir un pouvoir si favorable à l'exécution de ses secrets desseins.

Appelé au commandement du 13e corps, à Clermont-Ferrand, il ne peut d'abord se résoudre à quitter Paris, multiplie les réunions clandestines à l'hôtel du Louvre avec ses adhérents et lance dans les journaux, sous forme de lettre à un député, un véritable manifeste.

A Clermont, il reçoit à son état-major ses adhérents de Paris; tout un plan de campagne est élaboré entre eux pour l'instauration d'une dictature; il ose faire dire, dans des journaux à sa dévotion, que des chefs de l'armée lui ont adressé des propositions séditieuses. C'est alors que M. Georges Thiébaut, impérialiste avéré, devient le familier du général et joue le rôle d'émissaire entre celui-ci et le prince Jérôme Napoléon, pour concerter un véritable plan d'attaque contre le gouvernement de la République.

Décidé à tout pour habituer les masses à voir en lui l'homme sauveur, il déclare à ses journalistes que, depuis sa sortie du ministère, la fabrication du fusil Lebel est interrompue. Le fait était faux, il avait calomnié le gouvernement de la France.

Il nie, puis est forcé d'avouer. M. le ministre de la guerre le frappe d'une peine disciplinaire de trente jours d'arrêt; à peine libre, il arrive à Paris, réunit à plusieurs reprises ses affiliés, et dans un des colloques déclare que si une tentative insurrectionnelle devait éclater, l'armée resterait dans ses casernes.

A côté de ces actes caractéristiques du complot, nous devons placer un acte caractéristique de l'attentat : à la même époque, M. le gouverneur de Paris a été avisé que M. Boulanger cherchait à faire de l'embauchage dans l'armée, et que spécialement il essayait d'entraîner les officiers de la garnison de Paris.

Dès le mois de janvier 1888, M. Thiébaut organise habilement au profit de M. Boulanger une campagne plébiscitaire; les journaux impérialistes l'appuient ouvertement. Un comité est organisé; le commandant du 13e corps, bien qu'inéligible, s'y prête avec ardeur, vient souvent à Paris secrètement.

A ce moment, M. Dillon apparaît comme un des tenants principaux du complot. Lorsque le général est forcé de retourner à Clermont, il télégraphie à ses affiliés avec la signature « Georges ». Nous possédons cette correspondance. Tantôt M. Dillon parle en son nom, tantôt il transmet les avis d'un autre affilié qu'il appelle « l'enfant de chœur ».

« Désavoue, lui écrie-t-il, la campagne pourra être continuée quand même. » — Le général répond à ces dépêches : « J'approuve tout... Il faut maintenant travailler ferme la presse et l'opinion. »

Ces télégrammes, que je me borne à indiquer pour éviter les longueurs, ont une portée indiscutable.

M. le ministre de la guerre, qui avait en mains les preuves écrites des menées politiques de son subordonné, l'interrogea. M. Boulanger nia; il fut aussitôt frappé de mise en non-activité par retrait d'emploi.

En réponse à la mesure, il pose, quoique toujours inéligible, sa candidature dans deux nouveaux départements. Dans une réunion organisée chez M. Laguerre, M. Boulanger affirme qu'il s'est assuré de puissants concours dans l'armée, que plusieurs garnisons sont résolues à marcher avec lui, qu'à Paris même il s'est créé un noyau de fidèles dans les régiments.

Notre noble armée ne pouvait plus conserver un pareil soldat dans ses rangs; un conseil d'enquête fut réuni, et le général Boulanger, jugé par ses pairs, fut déclaré coupable de faits graves contre la discipline.

Il fut aussitôt mis d'office à la retraite, par là devint éligible et se présenta aussitôt aux électeurs du Nord.

En même temps, les journaux à sa dévotion le représentaient comme une grande victime et comme le seul grand patriote. D'odieuses imputations étaient formulées; le chef de l'État était signalé par eux comme lieutenant de l'empereur d'Allemagne en France; et « l'ordre de frapper le général Boulanger était venu de Berlin », ajoutaient-ils.

A partir de là, M. Boulanger se pose nettement en prétendant et promet très haut de détruire la République, sous prétexte de la refaire à son image. Tous les ennemis avérés de la République se groupent autour de lui, sachant bien ce qu'il entend faire d'elle. Il a une cour, une administration; les livraisons de son *Histoire populaire* inondent la France. Il se fait rendre des honneurs souverains dans certaines villes choisies par ses amis, et dispose pour lui et son entourage de sommes considérables qui ne proviennent ni de souscriptions électorales ni de sa fortune personnelle.

On a vu plus haut que, pendant son séjour à Clermont, il a fait alliance avec le prince Jérôme Napoléon; après sa mise à la retraite, il négocie avec le prince Victor Bonaparte et avec le comte de Paris; l'entente est complète dès le mois de mai 1888, et M. le général du Barail, dans une réunion du 13 mai, l'annonce aux comités impérialistes en leur traçant la conduite à tenir.

Des représentants du comte de Paris entrent en son nom dans le complot; M. Dillon fait de fréquents voyages à Londres, arrête les conditions de l'entente, en même temps qu'il reçoit des subsides.

La trame ainsi ourdie paraît si solide que M. Boulanger promet à ses alliés qu'il sera prochainement chef de l'État, grâce à des procédés d'une simplicité élémentaire et dont le plus sûr consiste à chasser le Sénat par l'émeute. Il entretient l'équivoque avec le mot de révision et compte bien qu'au moment du partage, où le conflit ne pourrait que se résoudre en guerre civile, il profitera du désordre pour s'imposer en sauveur.

Ses amis, d'accord avec lui et comme pressés d'être favoris d'un dictateur, ont médité à plusieurs reprises de provoquer des mouvements insurrectionnels. La date d'une première « journée » avait été fixée au 14 juillet 1888. Le 8 juin, un conciliabule fut tenu. On décida de profiter de la revue. M. Boulanger devait s'y rendre en uniforme; le projet était arrêté de recruter au cercle militaire des officiers de l'armée territoriale; on voulait agir ensuite sur l'armée active.

Des convocations furent faites au moyen d'affiches rouges; des registres d'adhésion furent ouverts chez un sieur Morphy, ancien anarchiste. Le duel de M. Floquet avec M. Boulanger fit évanouir ces résolutions. Au mois de février dernier, on prépara un autre mouvement, car il fallait, disait-on, que M. Boulanger ouvrît l'Exposition comme chef de l'État. Les agents déployèrent une grande activité pour organiser la mobilisation de la Ligue des patriotes. Les boulangistes devaient se porter en masse sur un seul point de la ville, les fils télégraphiques qui relient le Palais-Bourbon à l'Élysée devaient être coupés. M. Boulanger faisait dire et répétait lui-même qu'il croyait pouvoir compter sur une grande partie de l'armée de Paris, à l'exception de quelques officiers généraux.

Dès le 1er janvier, il avait dit, en recevant une canne d'honneur : « Elle me servira, je l'espère, à balayer tous les voleurs qui sont au pouvoir. »

M. Laisant s'exprimait ainsi le 3 janvier dans une réunion de boulangistes : « ... Comment M. Carnot résisterait-il ? L'armée ? Il n'osera pas la faire sortir. La police ne suffirait pas; la garde républicaine est en grande partie boulangiste et ne marcherait pas. Carnot se soumettra, et malheur à lui s'il résistait!... »

Ainsi, à côté de tous les faits qui établissent le concert et l'organisation, c'est-à-dire le complot, se rencontre les actes et les tentatives d'exécution, qui caractérisent l'attentat.

Au nombre de ces derniers, nous devons énoncer ici le plus grave peut-être.

M. Boulanger ne s'en est pas tenu à ses efforts d'embauchage dans l'armée; il a, en outre, sollicité, corrompu ou tenté de corrompre par lui-même ou par ses affiliés un nombre considérable de fonctionnaires civils.

Cette énumération résumée suffit pour établir qu'il existe charge suffisante contre M. le général Boulanger pour que la juridiction compétente soit saisie de l'affaire à fins d'information et d'examen.

Au reste, M. le général Boulanger paraît l'avoir bien compris : dès que l'autorité judiciaire, saisie des faits, a manifesté résolument sa volonté de réprimer toute violation des lois au nom du principe de l'égalité devant la justice, il s'est empressé de prendre la fuite.

Le magistrat n'y voit qu'une circonstance à noter; la Chambre y verra peut-être un aveu.

Je ne puis, monsieur le Président, que persister dans ma demande en autorisation de poursuites.

Je vous prie de vouloir bien agréer, monsieur le Président, l'hommage de mon profond respect.

Le Procureur général :
Signé : Quesnay de Beaurepaire.

La Chambre des députés a adopté la demande de poursuites par 353 voix contre 199.

II

Communication au Sénat du décret ordonnant les poursuites contre M. Boulanger.

M. le Président. — J'ai reçu communication du décret suivant :

« Le Président de la République française, sur le rapport du garde des sceaux, ministre de la justice et des cultes;

« Vu la demande en autorisation de poursuites déposée le 4 avril 1889 et la délibération de la Chambre des députés portant la même date;

« Vu l'article 12, paragraphe 3, de la loi constitutionnelle du 16 juillet 1875;

« Le Conseil des ministres entendu,

« Décrète :

« Article premier. — Le Sénat est constitué en Haute Cour de justice pour statuer sur les faits d'attentat contre la sûreté de l'État et autres faits connexes relevés à la charge de M. Boulanger (Georges-Ernest), général en retraite et député, et de tous autres que l'instruction aura fait connaître.

« Art. 2. — Le procureur général près la Cour d'appel de Paris remplira les fonctions du ministère public près la Haute Cour,

M. BOULANGER

assisté de MM. Roulier, avocat général, et Duval, substitut du procureur général près la même Cour.

« ART. 3. — La Haute Cour se réunira au palais du Luxembourg, le 12 avril 1889.

« ART. 4. — Le garde des sceaux, ministre de la justice et des cultes, est chargé de l'exécution du présent décret.

« Fait à Paris, le 8 avril 1889.

« *Le Président de la République française,*

« Signé : CARNOT.

« Par le Président de la République :
« *Le Garde des sceaux,*
Ministre de la justice et des cultes,

« Signé : THÉVENET. »

Acte est donné du présent décret. Il sera inséré au procès-verbal et déposé aux archives.

En suite de ce décret, j'aurai l'honneur de convoquer MM. les sénateurs pour le vendredi 12 avril, à deux heures.

M. Buffet a déposé un projet de résolution.

M. Georges Martin propose la question préalable ; mais, avant de la soumettre au Sénat, je dois donner lecture du projet de résolution présenté par M. Buffet ; l'Assemblée statuera ensuite en connaissance de cause :

« Le Sénat déclare, aux termes de l'article 12 de la Constitution, qu'il ne peut fonctionner comme cour de justice jusqu'à ce que la loi qui déterminera la procédure à suivre pour l'instruction, l'accusation et le jugement des attentats contre la sûreté de l'État ait été promulguée. »

Sur la question préalable il a été présenté une demande de scrutin public.

A gauche : L'ordre du jour pur et simple !

M. FRESNEAU. Nous demandons également le vote au scrutin public sur la proposition de M. Buffet. (Agitation. — Bruit.)

M. LE PRÉSIDENT. Messieurs, si, au lieu d'échanger vos observations sous forme de conversations particulières, vous demandiez la parole pour les produire à la tribune, le Sénat pourrait en profiter. (Assentiment. — Le silence se rétablit.)

M. TOLAIN *et plusieurs sénateurs à gauche.* Nous demandons l'ordre du jour pur et simple.

M. LE PRÉSIDENT. Le règlement ne permet pas de passer à l'ordre du jour sur la question préalable.

Je dois la soumettre au Sénat.

J'ai reçu, je le répète, une demande de scrutin public signée de MM. Edmond de Lafayette, Alfred Girard, Munier, Léon Journault, Frézoul, Jean Macé, Cirier, Dietz-Monnin, Gayot, plus une signature illisible.

Le scrutin est ouvert.

(Les votes sont recueillis. — MM. les secrétaires en opèrent le dépouillement.)

M. LE PRÉSIDENT. Je suis informé qu'il est nécessaire de procéder au pointage des votes.

Je propose au Sénat de suspendre sa séance pendant un quart d'heure.

(Le pointage a lieu. — La séance, suspendue à trois heures dix minutes, est reprise à trois heures et demie.)

M LE PRÉSIDENT. Voici le résultat du scrutin sur la question préalable :

Nombre des votants	249
Majorité absolue	125
Pour	172
Contre	77

Le Sénat a adopté.

III

Séance du 7 avril.

Présidence de M. Le Royer.

HAUTE COUR DE JUSTICE.

Au début de la séance, M. le Président donne lecture du décret instituant le Sénat en Haute Cour de justice.

Ce décret était précédé d'un rapport ainsi conçu :

Rapport au Président de la République française.

Monsieur le Président,

M. le procureur général près la Cour d'appel de Paris a demandé à la Chambre des députés l'autorisation de poursuivre devant la juridiction compétente M. Boulanger (Georges-Ernest), sous l'inculpation d'attentat contre la sûreté de l'État et de complot.

La Chambre, dans la séance du 4 avril courant, a accordé l'autorisation sollicitée.

En conséquence, et attendu qu'il s'agit d'attentat contre la sûreté de l'État et de faits connexes, j'ai l'honneur, monsieur le Président, de vous proposer de constituer le Sénat en Haute Cour de justice pour en connaître, conformément à l'article 12, paragraphe 3, de la loi constitutionnelle du 16 juillet 1875.

Je vous prie d'agréer, etc.

Le Garde des sceaux, ministre de la justice et des cultes,
THÉVENET.

Le Président de la République française,

Sur le rapport du garde des sceaux, ministre de la justice et des cultes ;

Vu la demande en autorisation de poursuites déposée le 4 avril 1889 et la délibération de la Chambre des députés portant la même date ;

Vu l'article 12, paragraphe 3, de la loi du 16 juillet 1875 ;

Le conseil des ministres entendu,

Décrète :

Article 1er.—Le Sénat est constitué en Haute Cour de justice pour statuer sur les faits d'attentat contre la sûreté de l'État et autres faits connexes relevés à la charge de M. Boulanger (Georges-Ernest), général en retraite et député, et de tous autres que l'instruction aura fait connaître.

Art. 2. — Le procureur général près la Cour d'appel de Paris remplira les fonctions de ministère public près la Haute Cour, assisté de MM. Roulier, avocat général, et Duval, substitut du procureur général près la même Cour.

Art. 3. — La Haute Cour se réunira au palais du Luxembourg le 12 avril 1889.

Art. 4. — Le garde des sceaux, ministre de la justice et des cultes, est chargé de l'exécution du présent décret.

Fait à Paris, le 8 avril 1889.

CARNOT.

Par le Président de la République,
Le Garde des sceaux, ministre de la justice et des cultes,
THÉVENET.

ARRÊT DE MISE EN ACCUSATION

La chambre d'accusation de la Haute Cour, ouï, dans sa séance du samedi 6 juillet 1889, M. le président en son rapport sur l'instruction ordonnée par l'arrêt de la Haute Cour de justice, en date du 12 avril 1889 ;

Ouï, dans la même séance, M. le procureur général en ses réquisitions par lui déposées sur le bureau de la chambre d'accusation, lesquelles réquisitions sont ainsi conçues :

Le procureur général près la Haute Cour,

Vu les pièces de la procédure...

HENRI ROCHEFORT

IV

Acte d'accusation.

Le procureur général près la Haute Cour de justice expose que, par arrêt du 12 juillet 1889, la chambre d'accusation de ladite Cour a renvoyé devant le Sénat, constitué en Haute Cour de justice, pour y être jugé conformément à la loi, les nommés :

Boulanger (Georges-Ernest-Jean-Marie), né à Rennes le 29 avril 1837, général en retraite, domicilié à Paris, rue Dumont-d'Urville, 11 *bis* ; jamais condamné, en fuite ;

Dillon (Arthur), né à Paris le 18 mars 1834, sans profession, domicilié à Neuilly, boulevard d'Argenson, 6 ; jamais condamné, en fuite ;

De Rochefort-Luçay (Henri-Victor), né à Paris, le 30 juin 1831, journaliste, domicilié à Paris, boulevard Rochechouart, 56, ou à Boulogne, route du Bord-de-l'Eau ; déjà condamné, en fuite ;

Déclare, le procureur général, que, des pièces et de l'instruction, résultent les faits suivants :

Le 17 avril 1882, Boulanger, alors général de brigade, fut nommé directeur de l'infanterie au ministère de la guerre ; c'est à ce moment qu'il manifesta des ambitions excessives.

Avant tout, il rechercha la popularité.

Pour frapper les imaginations, il écrivit ou fit écrire sa biographie, dite populaire, précédée d'un portrait équestre, et, par l'entremise d'un agent secret, demanda au directeur de la Librairie militaire de répandre ce factum dans l'armée.

En même temps, Boulanger nouait des relations dans tous les partis, s'assurait le concours de gens tarés et prenait l'attitude d'un général politique.

Nommé général de division le 18 février 1884, il fut appelé aussitôt au commandement de la division d'occupation de Tunisie. Là, il poursuit en secret l'exécution de ses plans. L'instruction a révélé qu'il avait entretenu alors divers agents occultes ; à Tunis, c'était une vieille femme, son ancienne maîtresse, qui venait de purger à Saint-Lazare une condamnation à six mois d'emprisonnement pour escroquerie ; à Paris, c'était un soi-disant journaliste condamné trois fois pour escroquerie. Ce dernier était chargé par Boulanger de recueillir et d'expédier les renseignements confidentiels et de faire attaquer le résident général comme les généraux qui lui portaient ombrage. Il envoyait lui-même les articles les plus violents, que son agent de Paris faisait insérer.

Cependant l'argent manquait ; on recourut aux affaires véreuses pour essayer de s'en procurer. Son agent et lui convinrent de partager un pot-de-vin de 212,000 francs, s'il faisait expérimenter dans sa division et accepter au ministère un système de café en tablettes; d'autre part, il mit son autorité et le titre de sa fonction au service d'un marchand d'épaulettes moyennant une commission de vingt centimes par paire d'épaulettes, à partager entre lui et son courtier. La correspondance de l'accusé, saisie chez un tiers, a complété sur ces deux points la preuve testimoniale.

Boulanger, rappelé à Paris, continua son travail souterrain en vue de se créer des partisans dans le monde politique et dans l'armée.

Il fut appelé au ministère de la guerre au mois de janvier 1886.

Disposant désormais de moyens puissants pour ourdir sa trame, il se met résolument à l'œuvre. Il se livre dans toute la France à une propagande effrénée. Le dossier renferme quarante-quatre portraits différents de lui, dont seize sont suivis de véritables légendes à l'usage des classes populaires. Dans une de ces images, il est représenté sous un dais portant les attributs de la souveraineté. Au bas, figure le titre significatif de « Boulanger protecteur ».

Comme les éditions de Paris ne suffisaient pas, il tira une partie de ses portraits de Wanorbach, près de Hambourg, en Allemagne. La presse lui fit une réclame jusque-là sans exemple. Les subventions aux journaux s'élevèrent, d'après sa comptabilité, à 242,693 fr. pendant dix-sept mois de ministère.

Entre temps, ses agissements suivaient une marche parallèle. Ses agents de la première heure ne l'avaient pas quitté. Il y avait joint un homme de main précédemment condamné pour attentat à la pudeur, et un autre personnage frappé sous son ministère même de cinq années d'emprisonnement et qu'il avait osé recommander aux juges correctionnels. On trouve dans les pièces ce renseignement, qu'il faisait donner par ses maîtresses des rendez-vous nocturnes très suspects.

Quand Boulanger tomba du ministère au mois de mai 1887, une campagne ardente fut engagée par des amis secrets pour l'imposer au cabinet en voie de formation et pour le représenter au pays comme l'homme nécessaire. L'enquête a établi que les qualités d'organisateur dont ses amis le paraient étaient au moins singulièrement exagérées. A la surprise générale, on allait jusqu'à lui attribuer le monopole du patriotisme. Un grand nombre de protestations imprimées d'avance menaçaient ou injuriaient le gouvernement : il envoya à tous les protestataires des remerciements chaleureux. Il avait commis, durant les dix-sept mois de son administration, les plus graves indélicatesses, en détournant les fonds de l'armée pour les appliquer soit aux besoins de sa vie privée, soit aux dépenses de sa propagande. Il avait, à cet effet, puisé indifféremment dans la caisse des fonds secrets et dans la caisse de réserve. Là, une explication est nécessaire.

Les ministres de la guerre disposent d'une somme annuelle pour faire face aux dépenses secrètes de l'armée. Cette somme s'élevait en 1886-87 à 700,000 francs; depuis lors, elle a été réduite à 500,000 francs.

Ils n'ont pas à rendre compte de l'emploi de cet argent, mais à la condition expresse que sa destination générale sera respectée : c'est le trésor de l'armée.

Depuis 1872, et surtout 1878, les ministres se sont appliqués à faire des économies sur le chapitre des fonds secrets afin de créer une épargne : c'est l'origine de la réserve. Cette caisse s'est enrichie de leurs économies accumulées. Ils ont estimé que leur devoir strict était d'y apporter sans cesse et de n'y puiser jamais. Ces fonds devaient être appliqués aux besoins impérieux de la défense.

Boulanger, le premier et le seul, a violé cette patriotique tradition. Il a pris dans la caisse de réserve 279,000 francs.

Qu'a-t-il fait de cette somme? Il a donné, sous forme de prêt, 140,000 francs au Cercle militaire, qui était en réalité dans sa pensée un instrument de propagande politique. En outre, à la veille de son départ, n'étant plus ministre, il s'est emparé d'une somme de 30,000 francs mise à part et l'a détournée.

Le reste a été par lui confondu avec les fonds secrets, et tout a été dissipé sans acception d'origine, au préjudice de l'armée et de la défense.

Il résulte de l'instruction que les services les plus importants et les plus délicats étaient négligés et que les dépenses sur tous ces points avaient plutôt faibli; mais, en échange, Boulanger, au cours de la même période, versait 60,000 francs à un notaire pour acquitter des dettes successorales; il libérait pour 10,000 francs de titres nominatifs, remettait plus de 6,000 francs à un affidé chargé de missions particulières, tentait avec l'*Avenir national* une opération commerciale de clichage qui se traduisait par une perte supérieure à 30,000 francs, attribuait sans cause des sommes importantes à ses créatures du ministère, déjà pourvues de traitements et de gratifications, faisait meubler en ville deux appartements, payait 12,000 francs à l'un des tapissiers, etc., etc.

Ces détournements ne sont rappelés ici qu'à titre de renseignements, car ils sont justiciables d'une autre juridiction au même titre que l'affaire des cafés et l'affaire des épaulettes.

Mais il en est un autre dont la Haute Cour est saisie, parce qu'il est connexe au crime de complot et d'attentat. Boulanger s'est emparé d'une somme de 242,693 francs qui ne pouvait être dépensée

M. LE ROYER

PRÉSIDENT DE LA HAUTE COUR DE JUSTICE

*« Nous allons procéder à l'appel nominal; vous avez été
à la peine, il est juste que vous soyez à l'honneur.*

(Séance du 13 août 1889.)

2.

que dans l'intérêt de l'armée et qu'il a dissimulée sous forme de subvention à la presse.

Et il ne s'agissait pas de saisir l'opinion de certaines questions militaires, comme cela a pu se produire à certaines époques ; il n'était question que de sa glorification personnelle et de sa propagande politique.

Quatre mois après avoir quitté le ministère, Boulanger s'est préoccupé de cette situation ; il a fait dresser une note soi-disant justificative, grosse de mentions inexactes, a exprimé le dessein d'obtenir *quitus* pour le fonds de réserve en même temps que pour les fonds secrets, et même a rédigé à cet effet une lettre pour le chef de l'État ; mais peut-être a-t-il trouvé que cette démarche offrirait des dangers, et il y a renoncé. Lorsque Boulanger quitta le ministère, on lui offrit un commandement ; il refusa, prétendant, dit-il, rester quelque temps à Paris pour mettre ordre à ses affaires.

Un témoin autorisé a expliqué en ces termes ce qu'étaient les affaires de Boulanger : « Le général, a-t-il dit, recevait à l'hôtel du Louvre un nombre considérable de personnes et était chaque jour accompagné d'un nombreux état-major d'officiers dans sa promenade au bois de Boulogne ; le gouvernement, préoccupé de ces agissements, invita le ministre de la guerre à lui donner un commandement en province. »

L'accusé, dont cet éloignement contrariait les plans, remercia de cette nouvelle faveur en faisant crier à l'exil ; l'*Intransigeant* déclara qu'il était déporté.

A cette heure, le complot était formé, il était mûr : on va le voir en plein fonctionnement. C'est à cette heure aussi qu'apparaissent ceux avec qui Boulanger l'a organisé : Dillon, son camarade de l'École militaire, son compagnon inséparable ; Henri Rochefort, un des visiteurs assidus de la rue Saint-Dominique.

Dillon (Arthur), fils de Pierre Dillon et d'Adèle Poitevin, a été lieutenant de cuirassiers. C'est en 1868 qu'il s'est avisé, sans cause connue, d'ajouter à son nom le titre de comte au bas de lettres missives. Dès cette époque, il a été l'objet d'une plainte assez grave de la part d'un créancier.

Démissionnaire en 1869, il a repris du service en 1870, mais paraît n'avoir pas fait la campagne, car, trois ans plus tard, en portant plainte contre lui, un créancier dit l'avoir hébergé pendant la guerre aux environs du Mont-Saint-Michel. Sa nomination de capitaine souleva des protestations, et, à l'époque de la revision des grades, la note ci-après fut placée à son dossier : « Officier à ne pas conserver, n'a jamais paru au régiment. »

Il devint par la suite chef d'escadron dans l'armée territoriale ; en 1878, il fut déféré à un conseil d'enquête sur les indications d'un officier de cavalerie (le marquis de L...), comme s'étant paré de son titre pour faire des opérations avec des marchands de chevaux anglais. Les renseignements recueillis alors sur son compte furent des plus fâcheux : « Il donne, disait-on, son adresse rue..., n° 111. Mais il n'y va que pour retirer ses lettres, et cache son domicile réel pour se soustraire aux poursuites de ses créanciers. » Ceux-ci l'accusent de déloyauté, son honorabilité est gravement compromise. Le conseil d'enquête le déclara absous, mais la vie privée de Dillon ne fut pas jugée conforme à ce qu'exige la dignité d'un officier. Il fut, en conséquence, suspendu pour un an, puis après il donna sa démission.

Depuis lors, il semble avoir appartenu au monde des affaires et s'être enrichi par un mariage.

Henri Rochefort est trop connu pour qu'on ait à donner à la justice des renseignements sur son compte.

Depuis longtemps, il a érigé en profession la diffamation et l'appel à la violence. On sait ce qu'il a fait en 1871 ; car, si la condamnation est effacée, la honte demeura ineffaçable. La conspiration de Boulanger ne pouvant conduire qu'à la guerre civile, Rochefort y avait sa place marquée. Mais ce qui n'est pas explicable chez cet homme, dont tout le monde connaît la conduite pendant l'invasion, c'est son audacieuse affectation de patriotisme.

C'est par la production des articles de l'*Intransigeant* que sa coopération a été mieux établie par l'instruction.

Il convient toutefois d'y ajouter qu'au dire d'un témoin honorable il a prélevé pour sa feuille 100,000 francs sur la caisse du complot.

Ce qui démontre clairement cette influence et cette connivence, c'est que Rochefort a toujours annoncé la veille, dans son journal, ce que Boulanger devait dire ou faire le lendemain. De même, pour toutes les scènes de violence, c'est lui qui a donné le mot d'ordre, qui a provoqué et fixé les rendez-vous.

Ce complot a eu incontestablement pour but de détruire le gouvernement existant. Ce n'est pas aux mots qu'il faut s'arrêter, mais aux faits eux-mêmes : Boulanger ne s'était entouré que des ennemis de la République ; les princes et leurs principaux confidents formaient alliance avec lui ; les anarchistes Morphy, Soudey et autres étaient au nombre de ses lieutenants.

Il acceptait l'argent de l'étranger ; son but était d'imposer au pays sa dictature avec le titre de protecteur ou de consul à vie ; il cherchait à savoir si certaines chancelleries l'accepteraient, remerciait les correspondants qui lui parlaient d'un prochain coup d'État ou ceux qui lui écrivaient du fond d'un presbytère : « Nous sommes vos fidèles sujets. »

Dès qu'il fut tombé du ministère, le complot, complètement organisé, entra dans la période d'exécution. Le 28 mai éclata une première scène de désordre. Des bandes parurent devant les Bouffes, criant : « Vive Boulanger ! » et furent dispersées près de l'Opéra. Le 31, une échauffourée plus grave se produisit devant le Cercle militaire. Plusieurs colonnes convergèrent vers le faubourg Saint-Honoré, aux cris de : « Vive Boulanger ! A l'Elysée ! » Dans la seule rue d'Antin, il fallut s'attaquer à une bande de 1,500 personnes, masser de la cavalerie devant la Chambre et occuper fortement le palais du chef de l'Etat.

Le 21 juin, l'ordre public était menacé sur la rive gauche ; des rixes se produisaient au nom de Boulanger près de Cluny.

L'accusé s'est efforcé de décliner la responsabilité de ces désordres. A l'entendre, s'il avait voulu recourir à un coup de force, c'eût été au cours de son ministère, alors qu'il disposait de l'armée. Cette explication n'est pas admissible. En effet, tant qu'il a été ministre, il a préparé son avènement et ses menées sont connues ; mais, avant d'agir, il fallait enlever le commandement suprême du Paris militaire à un général loyal et respectable entre tous, qui devait être aux heures de crises le plus incorruptible serviteur de la loi. Or il l'a tenté, mais il n'y est pas parvenu ; voilà l'obstacle qui l'a arrêté.

D'ailleurs, en se perpétuant au ministère, il comptait sur le temps, qui est toujours gros d'imprévu et qui mesure leurs jours aux vieillards. De la rue Saint-Dominique, il épiait l'Élysée.

Mais à la fin du mois de mai, quand il comprit que cette voie lui était fermée, il cessa aussitôt de conserver les apparences pour prendre l'attitude d'un révolté.

Rochefort lança la menace, et aussitôt la paix de la rue fut troublée.

Ces scènes violentes, qu'on fomentait presque chaque soir pour tâter la police et la garde républicaine, allaient être bientôt suivies de deux tentatives caractérisées d'attentat.

Boulanger devait partir le 8 juillet au soir pour Clermont-Ferrand. S'éloigner à ce moment de son centre d'intrigues, c'était l'ajournement, sinon la ruine de ses espérances. Son entourage et lui en jugèrent ainsi. Mais comment rester ? Rochefort imagina d'ameuter la foule et d'empêcher par elle le départ.

Un mouvement populaire bien dirigé pouvait tout changer en une heure. Le mot d'ordre fut donné en conséquence. Une bande de 10,000 à 15,000 individus prit Boulanger à l'hôtel du Louvre pour lui faire escorte ; 20,000 hommes au moins le reçurent devant la gare et le portèrent en triomphe en brisant les portes. C'est là seulement que les meneurs démasquèrent leur plan.

Aussitôt plusieurs milliers de manifestants s'opposèrent au départ

du train. Tous criaient autour de Boulanger : « Il ne partira pas ! A
l'Élysée ! »

Que faisait-il, cependant, en face de ce tumulte qui se changeait
en émeute ? Loin de chercher à l'éviter ou à le contenir, il se prê-
tait à tout, il attendait.

A un certain moment, les agents et les employés de la compagnie parvinrent à déblayer la voie et le chef de gare donna le signal
du départ. Boulanger n'avait alors qu'un geste à faire pour écarter
ceux qui étaient près de lui, qu'à se détourner d'eux ; il ne le fit pas
et resta. C'était l'encouragement. La foule aussitôt se rua de nouveau sur la voie ; cinq cents personnes entourèrent la machine, se
couchèrent sur les rails, se pendirent aux roues, et les cris redoublè-
rent : « Il ne partira pas ! A l'Élysée ! »

La masse d'hommes augmentait sans cesse au dehors ; le chef
d'exploitation télégraphiait de tous côtés pour avoir des secours.

Ce n'était pas une manifestation de sympathie, comme l'ont prétendu les amis de Boulanger, car l'émeute grondait loin de lui,
comme auprès de lui.

De la fenêtre d'une brasserie, un inconnu agitait son chapeau
au bout de sa canne, et à chaque signal la foule s'élançait ; la police était réduite à exécuter des charges incessantes sur la place
de la Bastille, et pendant que ces masses étaient concentrées dans
le quartier de la gare, une bande forte de plusieurs centaines d'individus marchait sur l'Élysée au cri de : « Vive Boulanger ! » Des
rassemblements considérables se formaient aux abords de l'Opéra.

L'existence des meneurs et la constatation d'un mot d'ordre
sont également exclusives de l'idée d'une manifestation de sympathie pacifique.

Boulanger aurait pu mettre fin à ce désordre en quittant la gare ;
il resta. Tous les détails recueillis dans l'instruction établissent qu'il
a incontestablement déchaîné l'émeute le soir du 8 juillet 1887.

L'effervescence se prolongea. Quand il eut enfin quitté la gare,
les furieux se répandirent au dehors en criant : « A l'Élysée ! A
bas Grévy ! C'est Boulanger qu'il nous faut ! » Une colonne, la
plus agressive de toutes, était commandée par un officier en uniforme. Il y eut collision ; une brasserie d'où partaient des projec-
tiles fut enlevée d'assaut par la police. Quelques agents et M. le
secrétaire général de la préfecture furent atteints. A minuit, les dé-
ploiements militaires étaient encore nécessaires du côté de l'Élysée
et de l'Opéra.

Il résulte des enquêtes que Boulanger n'a renoncé que malgré
lui à l'exécution de l'attentat. Un des contingents sur lesquels il
comptait sans doute, celui des anarchistes, lui a fait défaut. Cependant l'exaltation croissante des bandes, encouragées par sa

présence, aurait pu suppléer au nombre, quand un énergique officier de paix pénétra dans la gare à la tête de cent cinquante agents et prit la foule à revers : celle-ci ne sut pas à quelles forces elle avait affaire et se rejeta en désordre sur les quais.

C'était la défaite. A cet instant, le chef de gare adjura Boulanger de partir; un ami, qui jugeait sans doute la partie perdue, lui conseilla aussi la retraite. Sa troupe était refoulée; il pouvait craindre une arrestation. C'est alors seulement qu'il a consenti à monter sur une machine et à disparaître.

Mais il ne renonçait que momentanément à la tentative d'attentat; la date de son retour offensif était déjà fixée.

En effet, peu d'instants après, ses affidés vociféraient dans les groupes : « On recommencera le 14. » Rochefort, dans sa feuille, invitait le public à faire à la revue de Longchamps une manifestation colossale.

Le plan était visible; les régiments de la garnison de Paris avaient été ardemment travaillés. Boulanger, jugeant l'armée d'après lui-même, la croyait capable d'indiscipline.

On projeta donc de l'ébranler par des clameurs et d'obtenir des défections. Le cortège officiel, les généraux de l'armée furent insultés devant les troupes; des pierres furent lancées sur le passage des membres du gouvernement; si le ministre de la guerre ne fit pas charger, c'est que les bandes apostées s'abritèrent derrière un rempart de femmes et d'enfants.

L'instant fut critique. M. Déroulède, caché au fond d'un massif, près de la Cascade, recevait, de minute en minute, ses émissaires et donnait des ordres. Près de l'Étoile, un régiment fut cerné par des bandes d'hommes disciplinés, obéissant visiblement à un mot d'ordre, qui le pressèrent sur son centre et sur ses flancs et tentèrent de le couper à plusieurs reprises. Il fallut recourir aux dispositions défensives les plus sérieuses.

On avait été réduit à renforcer sur l'heure la garnison par l'appel de deux régiments de Senlis et de Melun.

L'attaque avorta, mais l'insuccès de la journée ne découragea pas les criminels, et, au milieu de la nuit, ils firent marcher une colonne de 1,500 ou 2,000 émeutiers sur le palais de l'Élysée.

Là encore, force resta à la loi.

Que faisait Boulanger en ce moment-là? Il avait quitté secrètement le siège de son commandement, trois jours après sa prise de possession, avait feint une maladie pour ne point passer la revue de ses troupes à Clermont, et était venu se cacher à Paris, où il attendait l'issue de l'événement chez un de ses agents secrets.

Pour mieux dissimuler sa présence, il fit alors publier une lettre qui portait en tête : « Clermont-Ferrand, 14 juillet. »

Ce nouveau coup manqué, il caresse encore l'espoir d'une prompte revanche, ainsi que le prouve une dépêche chiffrée qu'il adresse le 30 à Déroulède et dont voici les termes : « N'avez pas répondu si vouliez encourager effervescence. »

Le 6 août, un de ses confidents lui écrivait :

« J'attends des instructions écrites et les exécuterai. J'ai toujours considéré ce qui vient de se passer comme un prologue, mais je ne plaçais le premier acte qu'à la rentrée des Chambres. Tu pourrais avoir raison. J'attends des ordres. »

Le lendemain 7, Dillon télégraphiait :

« La période des plaidoyers est terminée. Préparons-nous aux faits, et préparons ces faits à notre convenance. Encore une fois, la situation est bonne. Conservons-la pour le moment, mais préparons la reprise. »

La traduction de ces dépêches a été laborieuse. On l'a due surtout à la découverte des papiers cachés dans une mercerie avec les preuves de l'embauchage. Chacun des principaux affiliés avait un livret en son nom ; c'est Dillon qui, avec une science véritable, avait arrangé les complications des chiffres. La possession de ces notes manuscrites seule a permis la traduction de certains télégrammes.

Mêmes précautions étaient prises pour les adresses et les signatures. Boulanger s'appelait *Spes*, ou *Crimée*, ou *Jeanne*, ou *Émile*. Ses courriers politiques lui parvenaient sous double enveloppe, à l'adresse de M. Desblancs. M. Thiébaud recevait les dépêches chiffrées sous le couvert d'une dame de sa famille. M. Déroulède empruntait parfois le nom de Flachon, parfois s'appelait *Mademoiselle Maldugne, Mademoiselle Prudence Brausse*. C'est sous ce dernier vocable que, dès le 20 juillet, Boulanger lui offrit une candidature dans la Meuse.

Dillon, à partir de ce moment, fut le correspondant et le conseiller de chaque jour.

Rochefort fit mieux : il donna sur place un autre lui-même dans la personne de Baillière, ancien fonctionnaire de la Commune et son ancien compagnon d'évasion. Ce Baillière, dès le premier jour, devint, à Clermont, le séide et l'agent du général.

Les émissaires politiques abondaient à l'état-major. On y voyait, tour à tour, Morphy, l'anarchiste, et M. Thiébaud, l'impérialiste. Souvent aussi Boulanger venait clandestinement ou disparaissait dans d'autres directions.

C'est ainsi que le 1er janvier 1888 il partit, après l'heure des réceptions, vêtu d'un pardessus gris, coiffé d'un chapeau gris, mou, dont il avait rabattu les bords. Ainsi déguisé, il arriva le soir à Lyon, et déclara se nommer Louis Solard, âgé de quarante-six ans, propriétaire. Il gagna, le lendemain matin, la gare de Perrache. Quelque temps après, le bruit se répandait, au delà de la frontière, qu'il s'était rendu à Prangins. Le fait, il est vrai, n'a pas été démontré, mais, du moins, on a la certitude que l'alliance a été conclue.

Sur ces entrefaites, les agents de Boulanger se livraient à des tentatives de corruption de fonctionnaires en annonçant que l'avènement de leur maître au pouvoir ne se ferait pas longtemps attendre.

Boulanger manifestait toujours le même souci de se faire valoir et de fixer l'attention au point de vue de ses ambitions politiques.

Tantôt il lançait une lettre-manifeste par l'entremise de M. Laur, tantôt il calomniait le ministre de la guerre dans certains journaux, tantôt il agitait le pays par ses candidatures multiples de candidat inéligible.

En vain, il niait l'évidence ; sa correspondance déchiffrée le confondit. Frappé de trente jours d'arrêt, puis déféré à un conseil d'enquête, il était, au mois de mars 1888, condamné par les généraux pour fautes graves contre la discipline et était mis d'office à la retraite.

Dans l'intervalle, il s'était rendu coupable d'une troisième tentative d'attentat.

A la fin du mois de novembre 1887, il se trouvait régulièrement à Paris en qualité de membre de la commission de classement des officiers. C'est alors que la crise présidentielle causa une profonde émotion dans les sphères politiques. Les réunions et les pourparlers se multiplièrent. L'inquiétude était générale ; aussi le ministre de la guerre crut-il opportun d'ordonner à tous les généraux en chef de rejoindre leur poste. Boulanger seul désobéit et passa la nuit suivante en conciliabules. C'était une double infraction à ses devoirs militaires les plus stricts.

Il ne s'en tint pas là. Certains hommes politiques soulevant en sa présence l'hypothèse d'un mouvement populaire et d'une lutte en face de l'armée, il rompit tout à coup un silence « énigmatique », pour dire que l'armée resterait dans ses casernes. Ce propos séditieux était, comme l'a fait remarquer un général, de nature à motiver son renvoi devant un conseil de guerre.

En sortant de cette réunion, il alla en présider une autre plus intime, dans laquelle tout un plan fut élaboré. Un de ses amis secrets devait prendre la présidence du conseil, et le sieur Laguerre devait être chargé des postes et télégraphes. On oublierait (sic) de faire protéger par la police et par la troupe l'Élysée et le Palais-Bourbon ; les bandes soudoyées manifesteraient donc en toute liberté et expulseraient sans coup férir le chef de l'État et les députés ; après

ÉMEUTE A LA GARE DE LYON

quoi Boulanger, cédant au soi-disant vœu populaire, prendrait immédiatement le pouvoir.

L'événement ne se prêta pas à la réalisation de ce projet, mais le mot d'ordre était donné dans ce sens. Immédiatement, Rochefort excita la foule et lui assigna rendez-vous devant la Chambre. M. Déroulède s'y trouva à l'heure dite, essaya d'entrer, n'y put parvenir, et cria, sur la place, au parti révolutionnaire, dont les chefs étaient tous présents : « Mes amis, le mot d'ordre est : « Vive Grévy ! Vive Boulanger ! » La masse aussitôt devint très houleuse, la police dut charger et établir des barrages. Le commissaire de police reconnut alors certains individus et put étudier les attitudes : « J'estime, a-t-il dit à l'instruction, que ces gens-là étaient payés. » Quelques heures plus tard, M. Déroulède était arrêté rue de Rivoli, à la tête d'une colonne, ayant à ses côtés Soudey, l'anarchiste.

Le lendemain, les mêmes gens revinrent, singulièrement renforcés, et sans hésiter attaquèrent la police et la garde républicaine. Sur la place de la Concorde, près des chevaux de Marly, des gardiens furent blessés, dont trois grièvement.

A l'entrée de la rue Royale, d'autres agents furent accueillis à coups de pierre ; un d'eux tomba. Les gardes à cheval étaient cernés. Un émeutier tira un coup de revolver sur un des soldats ; un autre soldat fut renversé de son cheval et frappé à coups de bûche. On le releva grièvement blessé ; son casque avait été brisé sur sa tête. Un peu plus loin, les agents furent encore assaillis et un autre gardien de la paix fut blessé.

Les bandes d'assaillants, dans lesquelles on reconnaissait beaucoup de gens aperçus la veille, manœuvraient avec discipline, affirment les témoins, et semblaient, comme toujours, obéir à un mot d'ordre.

Cette fois encore, le plan de Boulanger fut déjoué par la fidélité de la troupe et par l'énergie de la résistance.

A partir du 25 mars, on retrouve l'accusé à Paris, chef désormais assuré d'une coalition composée de tous les ennemis de la paix, de l'ordre et de la République.

Il va profiter de son éligibilité pour organiser en face de la Constitution le système plébiscitaire ; à la tête d'un état-major turbulent et sans scrupules, il va former publiquement un contre-gouvernement. Sous son inspiration, la Ligue des patriotes répudiera son caractère d'origine pour se constituer en une sorte de garde prétorienne.

Il entretiendra dans nos rues le désordre à l'état permanent. Quiconque ne criera pas : « Vive Boulanger ! » sera menacé de mort ou frappé. Il aura à sa solde une troupe de camelots pour l'acclamer partout où il passera ; lui et ses amis jetteront l'argent à pleines mains pour obtenir des vivats et tromper l'opinion publique.

Il paraît superflu de suivre Boulanger pas à pas durant cette dernière année; ce qui importe, c'est d'énoncer les faits principaux relevés à sa charge.

L'accusé n'a pas de fortune personnelle ; sa retraite est modeste, et cependant il dispose de sommes considérables. Au temps de son ministère, il était réduit à prendre dans la caisse publique jusqu'aux sommes les plus minimes pour faire face à ses besoins, et, peu de semaines après sa mise à la retraite, un personnage du monde impérialiste racontait tout bas que la caisse Boulanger, tenue par Dillon, contenait 900,000 francs.

Le mystère de cette richesse subite n'a pu être complètement éclairci.

L'opinion à l'étranger serait, d'après les renseignements recueillis, que l'ex-général a reçu de grosses subventions d'un prince prétendant. On sait aussi que certains financiers, et même quelques gens du monde, l'ont tour à tour aidé de leur bourse, et qu'un syndicat s'est formé hors de France, sous les auspices de Dillon, pour prêter à Boulanger des sommes remboursables à gros intérêts s'il parvient au pouvoir.

L'administration des postes a fourni le relevé de toutes les lettres chargées expédiées à Boulanger depuis le commencement de l'année 1888. Le nombre s'en élève à 1,275. Les pays étrangers y figurent pour 118. L'Italie a effectué 14 envois; l'Autriche, 3 ; l'Allemagne, 1.

Le dossier renferme une autre indication : le sieur Vergoin a été obligé d'avouer devant trois témoins qui l'interrogeaient rudement que Boulanger a été subventionné par l'étranger.

Au point de vue de la démonstration du complot, il faut reconnaître que l'entretien secret de la caisse par des partisans inavoués est un argument sans réplique. Au point de vue de la moralité, le fait n'a pas moins d'importance. Ces sommes étaient remises à Boulanger dans un but politique. Il ne pouvait, sans descendre un échelon de plus, en appliquer une partie notable à son luxe particulier et à ses plaisirs.

C'est, comme à Tunis et comme au ministère, le système des détournements. Dans un pays de probité et de fierté virile comme le nôtre, de telles questions se posent avec une netteté inflexible. L'homme qui a un revenu annuel inférieur à 12,000 francs, qui ne travaille pas et qui dépense plusieurs centaines de mille francs par an est irrémédiablement perdu dans l'opinion.

Boulanger s'est efforcé sans relâche de détourner les militaires de leurs devoirs et de corrompre les agents des administrations civiles pour obtenir des adhérents et des auxiliaires en vue de sa candidature. L'instruction a fait sur ce point une démonstration complète.

Qu'il suffise de citer un exemple : au mois de décembre 1888, les agents de Boulanger entraînent deux soldats dans un café où la surveillance n'est point à craindre ; ils les endoctrinent, leur disant : « Boulanger va faire une révolution, vous ne tirerez pas sur nous, nous serons devant vous, vous nous reconnaîtrez. »

Ce disant, ils continuent à les faire boire et leur glissent une pièce d'or dans la main.

A quelques jours de là, Boulanger a essayé lui-même de corrompre le chef de la sûreté.

Les faits constatés étaient déjà nombreux, lorsqu'une saisie, pratiquée au mois de juin, mit en complète lumière les agissements du conspirateur.

Il est aujourd'hui avéré qu'il a fait appel à un grand nombre de fonctionnaires du gouvernement pour en obtenir la complicité et la trahison. Beaucoup ont résisté, mais il a trouvé chez plus d'un une déloyauté égale à la sienne.

Les liasses d'adhésions sont jointes au dossier.

Sur la plupart des lettres, il a tracé en travers, au crayon bleu, les phrases de sympathie et de remerciements qu'un secrétaire devait copier à l'adresse des serviteurs infidèles de l'Etat. Il a collectionné, étiqueté, conservé avec complaisance les assurances les plus viles et même les propositions criminelles. Le dossier est plein à cet égard des renseignements les plus précieux et des preuves les plus tristes de l'abaissement du sens moral dont Boulanger a été le principal artisan. La saisie de ces archives ne doit donner lieu à aucune citation avant les débats : il n'est pas inutile cependant de rappeler le soin avec lequel Boulanger gardait les lettres commençant par *Ave, Cesar, Imperator ;* on lui parlait d'un concours armé, d'épées offertes, des propos indisciplinés de certains soldats ou de la livraison acceptée par lui de rapports secrets sur la défense de nos frontières.

Rochefort écrivait avec cynisme en 1887 : « Votre police est à nous. » C'était un mensonge ; mais il n'a pas tenu à Boulanger et à Rochefort que l'enrôlement ne fût général.

Boulanger, plus d'une fois, a avoué le complot. Il s'est vanté, au mois de janvier 1889, d'ouvrir l'Exposition au mois de mai ; lorsque le sieur Laguerre, à la tête d'on ne sait quel groupe, lui a offert une canne, il a promis de s'en servir à l'occasion « comme d'un manche à balai ».

Rochefort a écrit de son côté que, « si le commissaire de police paraissait, on lui rappellerait qu'il se trompe de porte avec quelques bons revolvers d'un sérieux calibre. »

Les principaux affiliés ont parlé couramment d'un coup de force, même dans des réunions publiques.

Et dès que la justice a voulu demander des comptes aux trois conjurés, ils ont avoué une fois de plus en prenant la fuite.

Tous les faits ci-dessus énoncés sont, sans exception, justifiés par les actes de procédure, et le réquisitoire, qui renferme une analyse plus complète, mentionne, à chaque page, les numéros des pièces auxquelles il se réfère. Ainsi la preuve des moindres détails est établie et sera produite.

En conséquence, le général Boulanger, Rochefort et Dillon sont accusés :

1° Boulanger, Dillon et Rochefort-Luçay, d'avoir, au cours des années 1886, 1887, 1888, 1889, concerté et arrêté ensemble un complot ayant pour but soit de détruire ou de changer le gouvernement, soit d'exciter les citoyens ou habitants à s'armer contre l'autorité constitutionnelle ;

Avec cette circonstance que ledit complot a été suivi d'actes commis ou commencés pour en préparer l'exécution.

Rappelons les textes du Code pénal qui prévoient les faits relevés par l'acte d'accusation : -

ART. 87. — L'attentat dont le but est soit de détruire ou changer la forme du gouvernement, ou l'ordre de successibilité au trône, soit d'exciter les citoyens ou habitants à s'armer contre l'autorité impériale, est puni de la peine de la déportation dans une enceinte fortifiée.

ART. 88. — L'exécution ou la tentative constituent seules l'attentat.

ART. 89. — Le complot ayant pour but les crimes mentionnés aux articles 86 et 87 :

S'il a été suivi d'un acte commis ou commencé pour en préparer l'exécution, sera puni de la déportation.

S'il n'a été suivi d'aucun acte commis ou commencé, la peine sera celle de la détention.

Il y a complot dès que la résolution d'agir est concertée et arrêtée entre plusieurs personnes.

S'il y a eu proposition faite et non agréée de former un complot pour arriver aux crimes mentionnés dans les articles 86 et 87, celui qui aura fait une telle proposition sera puni d'un emprisonnement d'un an à cinq ans.

ART. 169. — Tout percepteur, tout commis à une perception, dépositaire ou comptable public, qui aura détourné ou soustrait des deniers publics ou privés, sera puni des travaux forcés à temps, si les choses détournées ou soustraites sont d'une valeur au-dessus de 3,000 francs.

Si les accusés ne se présentent pas et doivent, par conséquent être jugés par contumace, voici le texte des articles du code d'instruction criminelle qui régleront la procédure :

Art. 465. — Lorsque, après un arrêt de mise en accusation, l'accusé n'aura pu être saisi, ou ne se présentera pas dans les dix jours de la notification qui en aura été faite à son domicile, le président du tribunal rendra une ordonnance portant qu'il sera tenu de se présenter dans un nouveau délai de dix jours.

Sinon, il serait déclaré rebelle à la loi.

Il sera suspendu de l'exercice de ses droits de citoyen.

Ses biens seront séquestrés pendant l'instruction de la contumace.

Toute action en justice lui sera interdite pendant le même temps.

Toute personne sera tenue d'indiquer le lieu où il se trouve.

Art. 466. — Cette ordonnance sera publiée à son de trompe ou de caisse, le dimanche suivant, et affichée à la porte du domicile de l'accusé, à celle du maire et à celle de l'auditoire de la cour d'assises.

Art. 467. — Après un délai de dix jours, il sera procédé au jugement de la contumace.

Art. 468. — Aucun conseil, aucun avoué ne pourra se présenter pour défendre l'accusé contumax.

Si l'accusé est absent du territoire européen de la France, ou s'il est dans l'impossibilité de se rendre, ses parents ou ses amis pourront présenter son excuse et en plaider la légitimité.

Art. 471. — Si le contumax est condamné, ses biens seront, à partir de l'exécution, considérés et régis comme biens d'absent.

Art. 476. — Si l'accusé se constitue prisonnier, ou s'il est arrêté avant que la peine soit éteinte par la prescription, le jugement rendu par contumace et les procédures faites contre lui seront anéantis de plein droit, et il sera procédé à son égard dans la forme ordinaire.

2° Boulanger, d'avoir, depuis moins de dix ans, notamment les 8 et 14 juillet, 1er et 2 décembre 1887, à Paris, commis un ou plusieurs attentats dont le but était soit de détruire ou de changer le gouvernement, soit d'exciter des citoyens ou habitants à s'armer contre l'autorité constitutionnelle ;

Lesquels attentats ont été manifestés par des actes d'exécution ou des tentatives qui n'ont été suspendus ou n'ont manqué leur effet que par des circonstances indépendantes de la volonté de leurs auteurs ;

3° Dillon, d'avoir, avec connaissance, aidé ou assisté Boulanger dans les faits qui ont préparé ou facilité l'action, et de s'être ainsi rendu complice du crime d'attentat ci-dessus spécifié ;

4° Rochefort, d'avoir, par machinations ou artifices coupables, provoqué au crime d'attentat, ordonné des instructions pour le commettre ; d'avoir, avec connaissance, aidé ou assisté Boulanger dans les faits qui ont préparé ou facilité l'action, et de s'être ainsi rendu complice du crime d'attentat ci-dessus spécifié ;

5° Boulanger, d'avoir, en 1886 et 1887, à Paris, étant dépositaire ou comptable public, détourné ou soustrait des deniers publics qui étaient entre ses mains en vertu de ses fonctions ;

Avec cette circonstance que Boulanger a commis les détournements ou soustractions ci-dessus pour se procurer les moyens de commettre les crimes d'attentat et de complot spécifiés plus haut, ou pour en faciliter l'exécution ;

Crimes prévus et punis par les articles 87, 88, 2, 89, 59, 60 et 169 du Code pénal.

Fait au parquet de la Haute Cour, le 15 juillet 1889.

Le Procureur général,
QUESNAY DE BEAUREPAIRE.

Ces documents sont complétés :
Par la signification qui a été faite à chacun des accusés ;
Par le signalement des accusés.

La Signification :

L'an mil huit cent quatre-vingt-neuf, le seize juillet,

A la requête de monsieur le procureur général près la Haute Cour de justice, lequel fait élection de domicile en son parquet, sis dite ville, au palais du Luxembourg,

J'ai, Charles-Marie-Georges Dupuis, huissier audiencier à la Cour d'appel de Paris, demeurant même ville, au Palais de Justice, signifié et laissé copie au nommé Boulanger (Ernest), demeurant à Paris, rue Dumont-d'Urville, n° 11 *bis*, où étant et parlant comme en l'original,

De l'arrêt et de l'acte d'accusation qui précèdent.

A ce que, du contenu auxdits arrêts et acte d'accusation le susnommé n'ignore, je lui ai, en parlant comme dessus, laissé la présente copie.

Coût : soixante-quinze centimes.

G. DUPUIS.

Signalement de Boulanger (Georges-Ernest-Jean-Marie) :

Né à Rennes, le 29 avril 1837, d'Ernest-Jean-Rosalie et de Mary-Anne Webb-Griffith.
Agé de cinquante-deux ans.

Taille, 1^m,68 environ.

Front large et ridé, cheveux châtains un peu grisonnants, coupés en brosse, barbe blond roux coupée ras sur les joues, clairsemée sur les côtés, taillée en pointe, moustache châtain, teint mat, yeux bleus enfoncés dans l'orbite, sourcils épais.

Signes particuliers : patte d'oie aux tempes très prononcée, rides sur les joues, cou fort, marche lourde, porte le haut du corps en avant et penche un peu la tête à droite.

Certifié conforme :

Le Greffier en chef,
ALBERT SOREL.

SIGNALEMENT DE ROCHEFORT-LUÇAY
(HENRI-VICTOR) :

Né à Paris, le 30 juin 1831, fils de Claude-Louis et de Marie Morel.

Agé de cinquante-huit ans.

Taille, 1^m,70 environ.

Front haut et découvert. — Cheveux crêpés tout blancs (touffes sur le devant). — Moustache grisonnante, plutôt blanche, avec quelques poils noirs, barbe (barbiche au menton de même nuance). — Yeux brun foncé presque noirs. — Sourcils bien fournis. — Teint pâle, presque cadavérique.

Signes particuliers : joues un peu creuses par le bas ; pommettes saillantes ; figure allongée, patte d'oie aux tempes, cou long. Démarche : se tient très droit ; a eu la variole et en porte encore quelques marques sur le visage.

Certifié conforme :

Le Greffier en chef,
ALBERT SOREL.

M. MERLIN

PRÉSIDENT DE LA COMMISSION D'INSTRUCTION

HAUTE COUR DE JUSTICE

AUDIENCE DU JEUDI 8 AOUT 1889

PRÉSIDENCE DE M. LE ROYER.

(L'audience est ouverte à une heure un quart.)

M. LE PRÉSIDENT. L'audience est ouverte.

Il est procédé à l'appel nominal.

M. LE PRÉSIDENT. Conformément aux prescriptions de l'article 470 du code d'instruction criminelle, M. le greffier en chef va donner lecture à la Cour :

1° De l'arrêt de renvoi ;

2° De l'ordonnance de déchéance ;

3° Des procès-verbaux de notificati n, de publication et d'affiche de ladite ordonnance ;

La parole est à M. le greffier en chef.

M. le greffier en chef donne lecture de ces différentes pièces :

Arrêt de renvoi rendu par la chambre d'accusation le 12 juillet 1889.

La chambre d'accusation de la Haute Cour, ouï, dans sa séance du samedi 6 juillet 1889, M. le président en son rapport sur l'instruction ordonnée par l'arrêt de la Haute Cour de justice, en date du 12 juillet 1889 ;

Ouï, dans la même séance, M. le procureur général en

ses réquisitions par lui déposées sur le bureau de la chambre d'accusation, lesquelles réquisitions sont ainsi conçues :

Le procureur-général près la Haute Cour,

Vu les pièces de la procédure...

I. — *En ce qui concerne Soudey :*

Attendu qu'il n'existe pas contre lui charges suffisantes de s'être rendu coauteur ou complice des crimes de complot et d'attentat relevés contre Boulanger et autres; vu l'article 229 du code d'instruction criminelle, requiert qu'il plaise à la chambre d'accusation de la Haute Cour dire qu'il n'y a lieu à suivre contre lui.

II. — *En ce qui concerne Reichert :*

Attendu qu'il n'existe pas contre lui charges suffisantes de s'être rendu coauteur ou complice des crimes de complot et d'attentat relevés contre Boulanger et autres; vu l'article 229 du code d'instruction criminelle, requiert qu'il plaise à la Chambre d'accusation de la Haute Cour dire qu'il n'y a lieu à suivre contre lui.

III. — *En ce qui concerne Boulanger seul :*

Sur les deux chefs de corruption et sur les deux chefs de détournement non connexes et relevés contre Boulanger, militaire en activité de service; attendu qu'il n'y a lieu qu'à les réserver pour être statué ultérieurement, ainsi qu'il appartiendra, requiert qu'il plaise à la chambre d'accusation de la Haute Cour lui donner acte de ses réserves.

IV. — *En ce qui concerne Boulanger, Dillon et Rochefort, sur le chef de complot :*

Attendu qu'il existe sur eux charges suffisantes :

D'avoir, au cours des années 1886, 1887, 1888 et 1889, à Paris et à Clermont-Ferrand, concerté et arrêté ensemble un complot ayant pour but soit de détruire ou de changer le gouvernement, soit d'exciter les citoyens ou habitants à s'armer contre l'autorité constitutionnelle;

Avec cette circonstance que ledit complot a été suivi d'actes commis ou commencés pour en préparer l'exécution.

Sur le chef d'attentat :

Attendu qu'il existe contre Boulanger charges suffisantes d'avoir, depuis moins de dix ans, spécialement les 8 et 14 juillet, 1er et 2 décembre 1887, à Paris, commis un ou plusieurs attentats dont le but était soit de détruire ou de changer le gouvernement, soit d'exciter les citoyens ou habitants à s'armer contre l'autorité constitutionnelle, lesquels attentats ont été manifestés par des actes d'exécution ou des tentatives qui ont été suspendus ou n'ont manqué leur effet que par des circonstances indépendantes de la volonté de leurs auteurs;

Attendu qu'il existe contre Dillon charges suffisantes d'avoir, avec connaissance, aidé ou assisté Boulanger dans les faits qui ont préparé et facilité l'action, et de s'être ainsi rendu complice du crime d'attentat ci-dessus spécifié;

Attendu qu'il existe contre Rochefort charges suffisantes d'avoir, par machinations ou artifices coupables, provoqué au crime d'attentat ou donné des instructions pour le commettre; d'avoir, avec connaissance, aidé ou assisté Boulanger dans les faits qui ont préparé ou facilité l'action, et de s'être ainsi rendu complice dudit crime d'attentat ci-dessus spécifié.

V. — En ce qui concerne Boulanger seul :

Attendu qu'il existe contre lui charges suffisantes d'avoir, en 1886 et 1887, à Paris, étant dépositaire ou comptable public, détourné ou soustrait des deniers publics qui étaient entre ses mains en vertu de ses fonctions ;

Avec cette circonstance que Boulanger a commis les détournements ou soustractions ci-dessus pour se procurer les moyens de commettre les crimes d'attentat et de complot spécifiés plus haut ou pour en faciliter l'exécution ;

Crimes prévus et punis par les articles 87, 88, 2, 89, 59, 60 et 169 du code pénal ;

Vu les articles 227, 231, 232 et 134 du code d'instruction criminelle ; 10, 11 et 12 de la loi de procédure du 10 avril 1889;

Requiert qu'il plaise à la chambre d'accusation de la Haute Cour dire qu'il y a lieu à accusation contre Boulanger, Dillon et Rochefort; rendre contre chacun des susnommés une ordonnance de prise de corps et ordonner qu'ils seront renvoyés devant le Sénat constitué en Haute Cour de justice, pour y être jugés conformément à la loi.

Fait au parquet de la Haute Cour, le quatre juillet mil huit cent quatre-vingt-neuf.

Le procureur général,

QUESNAY DE BEAUREPAIRE.

Les pièces du procès ayant été déposées sur le bureau, le procureur général s'étant retiré avec le greffier, après en avoir délibéré dans les séances des 9, 10, 11 et 12 juillet 1880, hors la présence de procureur général.

En ce qui touche Soudey :

Attendu qu'il n'existe pas contre lui charges suffisantes de s'être rendu coauteur ou complice des crimes de complot et d'attentat relevés contre Boulanger et autres ;

En ce qui concerne Reichert :

Attendu qu'il n'existe pas contre lui charges suffisantes de s'être rendu coauteur ou complice des crimes de complot et d'attentat relevés contre Boulanger et autres ;

En ce qui concerne Boulanger seul :

Sur les deux chefs de corruption relevés à la charge de Boulanger, général commandant le corps d'occupation de Tunisie, et sur les chefs de détournements autres que celui d'une somme de 242,693 fr. 65, dissipée à son profit sous forme de subventions à la presse. Attendu que ces faits ne peuvent être considérés comme connexes aux crimes de complot et d'attentat relevés dans le réquisitoire et que, par suite, ils échappent à la juridiction de la Haute Cour, qu'il y a lieu, purement et simplement, de donner acte à M. le procureur général de ses réserves ;

4

*En ce qui concerne Boulanger, Dillon et Rochefort
sur le chef de complot :*

Attendu que des pièces et de l'instruction résultent contre eux charges suffisantes d'avoir, au cours des années 1886, 1887, 1888, 1889, concerté et arrêté ensemble un complot ayant pour but, soit de détruire ou de changer le Gouvernement, soit d'exciter les citoyens ou habitants à s'armer contre l'autorité constitutionnelle, avec cette circonstance que ledit complot a été suivi d'actes commis ou commencés pour en préparer l'exécution ;

Sur le chef d'attentat :

Attendu que des pièces et de l'instruction résultent contre Boulanger charges suffisantes d'avoir, depuis moins de dix ans, notamment les 8 et 14 juillet, 1er et 2 décembre 1887, à Paris, commis un ou plusieurs attentats dont le but était, soit de détruire ou de changer le Gouvernement, soit d'exciter les citoyens ou habitants à s'armer contre l'autorité constitutionnelle ;

Lesquels attentats ont été manifestés par des actes d'exécution ou de tentatives qui n'ont été suspendus ou n'ont manqué leur effet que par des circonstances indépendantes de la volonté de leurs auteurs ;

Attendu que des pièces et de l'instruction résultent contre Dillon charges suffisantes d'avoir, avec connaissance, aidé ou assisté Boulanger dans les faits qui ont préparé ou facilité l'action, et de s'être ainsi rendu complice du crime d'attentat ci-dessus spécifié.

Attendu que des pièces et de l'instruction résultent contre Rochefort charges suffisantes d'avoir, par machinations ou artifices coupables, provoqué au crime d'attentat ou donné des instructions pour le commettre ; d'avoir, avec connaissance, aidé ou assisté Boulanger dans les faits qui ont préparé ou facilité l'action, et de s'être ainsi rendu complice dudit crime d'attentat ci-dessus spécifié ;

En ce qui concerne Boulanger seul :

Attendu que des pièces et de l'instruction résultent contre

lui charges suffisantes d'avoir, en 1886 et 1887, à Paris, étant dépositaire ou comptable public, détourné ou soustrait des deniers publics qui étaient entre ses mains en vertu de ses fonctions, avec cette circonstance que Boulanger a commis les détournements et soustractions ci-dessus pour se procurer les moyens de commettre les crimes d'attentat et de complot spécifiés plus haut, ou pour en faciliter l'exécution, crimes prévus et punis par les articles 87, 88, 2, 80, 59, 60 et 169 du code pénal ;

Vu les articles 227, 229, 231, 232 et 134 du code d'instruction criminelle ; 10, 11 et 12 de la loi de procédure du 10 avril 1789 ;

Dit qu'il n'y a lieu à suivre contre Soudey, dit également qu'il n'y a lieu à suivre contre Reichert, donne acte au procureur général de ses réserves sur les deux chefs de corruption et sur les deux chefs de détournements, non connexes et relevés contre Boulanger, militaire en activité de service ;

Ordonne :

La mise en accusation de Boulanger, Dillon et Rochefort ;

Les renvoie en conséquence devant le Sénat constitué en Haute Cour de justice ;

Ordonne que par tout huissier ou agent de la force publique, les nommés Boulanger (Georges-Ernest), Dillon (Arthur) et Rochefort (Victor-Henri), seront pris au corps, conduits à la maison de justice de la Conciergerie et écroués sur les registres de ladite maison ;

Ordonne :

Que le présent arrêt sera exécuté à la diligence du procureur général près la Haute Cour de justice.

Fait au palais du Luxembourg, le vendredi 12 juillet 1889, en la chambre des mises en accusation de la Haute Cour de justice, où siégeaient :

MM. Merlin, président, *Cordelet, Demôle, Trarieux, Cazot, Munier, de Marcère, Lavertujon* et *Morellet*, tous composant la commission d'instruction et d'accusation de la

Haute Cour de justice, qui ont signé le présent arrêt avec M. Albert Sorel, greffier en chef.

Signé à la minute :

MERLIN, CORDELET, DEMÔLE, TRARIEUX, CAZOT, MUNIER, DE MARCÈRE, LAVERTUJON, MORELLET ET SOREL.

Ordonnance de déchéance contre Boulanger Dillon et Rochefort-Luçay.

Nous, Philippe-Élie LE ROYER, président de la Haute Cour de justice,

Vu : 1° L'ordonnance de prise de corps, rendue par la chambre d'accusation de la Haute Cour de justice, le 12 juillet 1889.

Contre : 1° Boulanger (Georges-Ernest-Jean-Marie), âgé de cinquante-deux ans, général en retraite, député, domicilié à Paris, rue Dumont-d'Urville, n° 11 *bis*, en fuite ;

2° Dillon (Arthur), âgé de cinquante-cinq ans, sans profession, domicilié à Neuilly-sur-Seine, boulevard d'Argenson, n° 6, en fuite ;

3° De Rochefort-Luçay (Henri-Victor), âgé de cinquante-huit ans, journaliste, domicilié à Paris, boulevard Rochechouart, n° 57, ou à Boulogne-sur-Seine, route du Bord-de-l'Eau, en fuite :

Accusés, savoir :

Boulanger, Dillon et Rochefort.

Sur le chef de complot :

D'avoir, au cours des années 1886, 1887, 1888, 1889, concerté et arrêté ensemble un complot ayant pour but, soit de détruire ou de changer le Gouvernement, soit d'exciter les citoyens ou habitants à s'armer contre l'autorité constitutionnelle ;

Avec cette circonstance que ledit complot a été suivi d'actes commis ou commencés pour en préparer l'exécution ;

Sur le chef d'attentat :

BOULANGER,

D'avoir, depuis moins de dix ans, notamment les 8 et 14 juillet, 1er et 2 décembre 1887, à Paris, commis un ou plusieurs attentats, dont le but était, soit de détruire ou de changer le Gouvernement, soit d'exciter les citoyens ou habitants à s'armer contre l'autorité constitutionnelle.

Lesquels attentats ont été manifestés par des actes d'exécution ou des tentatives qui n'ont été suspendus ou n'ont manqué leur effet que par des circonstances indépendantes de la volonté de leurs auteurs;

DILLON,

D'avoir, avec connaissance, aidé et assisté Boulanger dans les faits qui ont préparé ou facilité l'action, et de s'être ainsi rendu complice du crime d'attentat ci-dessus spécifié;

DE ROCHEFORT-LUÇAY,

D'avoir, par machinations ou artifices coupables, provoqué au crime d'attentat, ou donné des instructions pour le commettre; — d'avoir, avec connaissance, aidé ou assisté Boulanger dans les faits qui ont préparé ou facilité l'action, et de s'être ainsi rendu complice dudit crime d'attentat ci-dessus spécifié;

BOULANGER, seul,

D'avoir, en 1886 et 1887, à Paris, étant dépositaire ou comptable public, detourné ou soustrait des deniers publics qui étaient entre ses mains en vertu de ses fonctions;

Avec cette circonstance que Boulanger a commis les détournements ou soustractions ci-dessus pour se procurer les moyens de commettre les crimes d'attentat et de complot spécifiés plus haut ou pour en faciliter l'exécution;.

Crimes prévus et punis par les articles 87, 88, 2, 89, 59, 60 et 169 du code pénal.

2° L'arrêt rendu par la même chambre d'accusation ledit jour 12 juillet 1889, portant renvoi des susnommés devant la Haute Cour de justice, pour y être jugés conformément à la loi;

4.

3° Les originaux de la signification de cet arrêt faite aux susnommés à leur dernier domicile, le 16 juillet 1889, dûment enregistrés, desquels actes il résulte que les susnommés n'ont pu être saisis ;

4° Et, enfin, les articles 465 et 466 du code d'instruction criminelle, et l'article 32 de la loi du 10 avril 1889 ;

Attendu que les susnommés n'ont pu être saisis et qu'ils ne se sont pas présentés dans les dix jours de la signification qui leur en a été faite de l'arrêt de mise en accusation ci-dessus daté et énoncé ;

Ordonnons que lesdits Boulanger, Dillon et Rochefort-Luçay seront tenus de se présenter dans un nouveau délai de dix jours, sinon qu'ils seront déclarés rebelles à la loi, qu'ils seront suspendus de l'exercice des droits de citoyen, que leurs biens seront séquestrés pendant l'instruction de la contumace, que toute action en justice leur sera interdite pendant le même temps ; qu'il sera procédé contre eux et que toute personne sera tenue d'indiquer le lieu où ils se trouvent.

Enjoignons au premier huissier, sur ce requis, de mettre la présente ordonnance à exécution ; de la faire publier à son de trompe ou de caisse et afficher tant à la porte du dernier domicile de Boulanger, Dillon et de Rochefort-Luçay, accusés absents, qu'à celle du maire de leurs arrondissements, et enfin à celle de l'auditoire de la Haute Cour de justice.

Fait et donné au palais de la Haute Cour, à Paris, le 27 juillet 1889.

Le Président de la Haute Cour,
Signé: E. LE ROYER.

Le greffier en chef donne ensuite lecture des procès-verbaux de signification, de publication et affichage de l'ordonnance de déchéance.

M. LE PRÉSIDENT. La parole est à M. le procureur général près la Haute Cour de justice.

RÉQUISITOIRE DE M. LE PROCUREUR GÉNÉRAL

Messieurs, le ministère public a pour habitude, lorsque les accusés sont absents, de ne pas motiver ses conclusions ; il dépose des réquisitions écrites ; les pièces sont remises sur le bureau : cela suffit. Mais aujourd'hui la situation est fort différente. A défaut des gens mis en cause, nous avons leurs incessants plaidoyers venus de loin.

Vous êtes, Messieurs, en présence d'explications et d'allégations qui nous arrivent ainsi par-dessus la mer, en présence d'un dossier qui jusqu'ici a été fermé, et vous avez, je crois, un extrême désir de savoir ce que ce dossier peut contenir.

Le pays, lui aussi, désire que la lumière soit faite ; et cependant, jusqu'à présent, on en a été réduit à la connaissance de mon acte d'accusation, qu'à dessein j'ai fait très sommaire, parce que je supposais qu'il ne serait pas impossible qu'il fût falsifié.

Par conséquent, la Haute Cour se trouve, à l'heure actuelle, dans l'ignorance ; et si la dignité nous a jusqu'ici commandé le silence, la conséquence en a été qu'aujourd'hui, en face de notre discrétion décente, les accusés ont pris une attitude que je ne veux pas qualifier — je tâcherai de ne rien qualifier dans l'affaire, j'essayerai seulement d'exposer ; — mais, enfin, les accusés ont pris une attitude qu'il est intéressant, au moins, de faire connaître.

Fuite et contumace.

Ils ont pris la fuite. Ils ont déclaré avant qu'ils étaient les fondateurs d'un parti, — je ne veux pas faire de politique, j'indique seulement quelle a été leur formule ; — ils ont dit, ils ont prétendu qu'ils étaient les fondateurs d'un parti qui serait assurément le parti national, puisque c'est le parti du courage et de la vertu !

Et cependant, nous avons vu les mêmes accusés prendre la fuite au moment où nous avions seulement le projet de les faire interroger sous le contrôle de l'opinion publique.

Avant de cacher leur personne, ils ont caché leurs papiers ;

et lorsqu'ils ont ainsi disparu, nous les avons, non pas vus, mais entendus, en face de notre instruction demeurée secrète, déclarer parjures des témoins dont ils ne possédaient même pas les noms, déclarer fausses des pièces qu'ils n'avaient point lues, et, discutant dans le vide, bien loin de l'objectif que nous nous étions proposé, répondre à des questions que nous ne leur avions pas posées ; de sorte qu'il y avait bien, il faut l'avouer, de quoi égarer, dans de certaines proportions, l'opinion publique, d'autant plus qu'ils ne s'en sont pas tenus là.

Lorsque l'arrêt de renvoi a été rendu, nous les avons vus décliner, je ne dirai pas la compétence, mais la dignité du Sénat convoqué en Haute Cour de justice ; nous les avons vus invoquant, sous le prétexte d'en appeler au peuple, je ne sais quelle juridiction impossible, déclarer dans leurs manifestes — car c'est par des manifestes qu'ils ont plaidé — nous les avons vus déclarer que leurs juges passeraient en cour d'assises ; et, tous les jours, encore aujourd'hui, sur le seuil même de cette salle d'audience, promettre au magistrat qui a l'honneur de faire ici son devoir, le traitement que l'un d'eux, jadis, si l'histoire est fidèle, a infligé au président Bonjean.

Eh bien ! Messieurs, est-il possible, dans ces conditions, de croire que nous puissions répondre à une pareille défense et confondre de pareils accusés par le silence ?

Je ne le pense pas, quant à moi. Je ne crois pas qu'il soit possible de dire, aujourd'hui comme d'habitude, que le dépôt d'un dossier clos sur le bureau d'une chambre du conseil soit suffisant pour éclairer les juges qui veulent bien me faire l'honneur de m'écouter et pour éclairer derrière eux l'opinion publique. Aussi, j'ai voulu déroger à l'usage, sans pour cela, Messieurs, rompre en quoi que ce soit avec la plus stricte légalité.

Je me suis promis d'ouvrir pour vous ce dossier, et aujourd'hui j'ai la prétention de tout prouver ; j'ai la prétention de tout vous dire, et je suis convaincu que dans quelques heures la lumière sera faite d'une façon éclatante : j'en prends l'engagement.

Ceci étant dit, sans vouloir m'étendre dans le moindre préambule, je me permettrai seulement d'ajouter qu'en vous

M. QUESNAY DE BEAUREPAIRE

PROCUREUR GÉNÉRAL

« Le procès Boulanger et les outrages des boulangistes seront l'honneur de ma carrière. »

(Réquisitoire.)

exposant l'affaire, c'est-à-dire en ouvrant le dossier et en feuilletant devant vous, sans presque y joindre de commentaires, je ne descendrai pas une minute jusqu'à discuter les étranges, les inqualifiables factums qui nous arrivent tous les jours d'Angleterre.

Je me bornerai à dire aux accusés, à l'accusé qui surtout parle : « Il fallait venir ici; il fallait aujourd'hui, devant la Haute Cour, amener vos témoins ; j'aurais amené les miens, j'aurais produit vos autographes, — ils sont tous ici. J'ai là onze ou douze cents pièces que nous aurions examinées contradictoirement, et nous aurions eu — ce qui est toujours une satisfaction d'homme à homme — l'avantage de nous regarder en face pour discuter. (*Mouvement en sens divers.*)

Dès lors qu'étant à même de venir — et je crois qu'on vous a suffisamment attendu, pourrais-je dire — dès lors qu'étant à même de venir, vous n'êtes pas venu et que vous voulez remplacer votre présence par des pièces dont je vais tout à l'heure, par la lecture des miennes, démontrer l'imposture — je dois vous dire que je laisse tomber ces papiers maculés de calomnies et d'hypothèses et qui ne peuvent être considérés comme une réfutation de l'instruction faite par de respectables magistrats.

Ceci dit, je ne réfuterai pas, je ne m'inquiéterai pas de ce qui s'imprime au dehors; je ne m'occuperai pas davantage de ces plaidoiries essayées à longue portée par-dessus la Manche; non, je vais prendre le dossier, et j'aurai encore le droit de répondre à une préoccupation souvent manifestée de l'accusé, à savoir qu'il ne discute pas avec le procureur général.

C'est toujours le procureur général qui est pris à partie dans ces pseudo-plaidoiries. Il n'a rien à faire ici. Le procureur général — vous allez le voir peut-être trop longtemps, mais d'une façon fort instructive — ne sera qu'un porte-parole; ce sont les pièces du dossier que j'oppose à Boulanger : ce sont là ses véritables et uniques adversaires; ce n'est pas moi, et le procureur général, vous pourrez vous le dire demain, n'aura été dans l'affaire — qu'il le laisse donc de côté — que le dossier qui parle.

Puisqu'il n'a pas voulu entendre le dossier, la Haute Cour, elle, l'entendra.

Le procureur général expose la méthode qui va suivre ; il ne parlera qu'en magistrat qui dit le strict nécessaire.

Le complot.

En premier lieu, Messieurs, — et ici je commence, — nous reprochons à Boulanger, à Dillon et à Rochefort d'avoir ensemble ourdi un complot qui devait avoir pour moyen la violation des lois, et comme conséquence au moins possible les discordes civiles ; pour but, le remplacement du Gouvernement légal par la dictature. Nous allons établir ces faits, ou du moins nous allons l'essayer — c'est notre devoir — par le seul groupement de documents qui, eux, bien entendu, sont incontestables.

Antécédents de Boulanger.

L'ambition de Boulanger — ceci peut être dit sans discussion, et il faut bien que je pose des bases — l'ambition de Boulanger date de loin et n'a jamais connu de limites. Ce sont les pièces qui l'apprennent. Sans antécédents militaires — je n'ai ni l'intention ni la compétence nécessaire pour discuter ce qui peut caractériser la valeur militaire d'un officier général — sans antécédents militaires, puisqu'il n'a jamais commandé même une brigade devant l'ennemi, il a fait jouer tous les ressorts pour devenir général très jeune ; et certains incidents parlementaires, auxquels je me borne à faire allusion, nous font savoir qu'il a trouvé de respectables protections dans les rangs de l'armée par des moyens qui n'avaient pas été choisis l'épée à la main sur les champs de bataille.

Son portrait serait facile à faire, ou plutôt à rééditer, car il a été tracé maintes fois d'une plume cruelle par la plupart des publicistes qui l'encensent plus ou moins aujourd'hui.

Je me borne à cette allusion discrète, et, sans vouloir faire ce portrait après tant d'autres, je me borne à invoquer sur ce point vos souvenirs.

Boulanger, il faut bien le reconnaître, et vous allez le voir tout à l'heure lorsque j'aurai l'honneur de vous analyser les pièces, Boulanger a su tirer une très grande force des éléments de notoriété plus ou moins factices que lui avait procurés son arrivée prématurée à un grade supérieur, et il a surtout — ceci est non moins incontestable — tiré une force véritable de l'intensité de ses idées fixes d'ambitieux.

C'est muni de ces armes que nous allons le voir tout à l'heure jouer à l'homme providentiel et donner l'assaut au Gouvernement en criant toujours, d'un ton doucereux : « Vive le Gouvernement ! »

Nommé en 1882 directeur de l'infanterie au ministère de la guerre, il posa aussitôt les fondations de son édifice.

D'une part, il noua des relations politiques sur le compte ou sur le nombre desquelles je me garderai bien de retenir l'attention de la Haute Cour. A cet égard, les personnages qui appartiennent au monde parlementaire sont beaucoup mieux renseignés que moi-même.

Mais, d'autre part — c'est là ce qui m'importe et c'est ce que les membres de la Haute Cour ne savent pas — d'autre part, dis-je, Boulanger, dès cette époque où il était directeur de l'infanterie, s'assura le secours d'agents secrets, et l'on voit que je n'ai pas tardé à venir à ce qui est bien la question du procès.

Agents secrets.

Le premier agent est un sieur Buret dont la valeur morale est extrêmement relative, qui a des prétentions et qui est entré en relations avec Boulanger, lorsque celui-ci était directeur de l'infanterie au Ministère de la Guerre. Buret fut présenté en 1882 à Boulanger par le général Thibaudin :

« Je croyais, ajoute Buret, trouver en lui l'homme capable de relever l'armée française. A partir de ce moment, je me suis dévoué complètement à lui : ma présentation eut lieu par le général Thibaudin, alors ministre, de qui j'avais obtenu une audience.

« Le général Boulanger était alors directeur de l'infanterie. »

Son second agent, toujours en remontant à l'époque où il était directeur de l'infanterie, fut un nommé Hentz, sur le compte duquel je n'ai pas de renseignements.

Boulanger eut, à ce moment, une préoccupation très naturelle ; n'ayant point de passé, ayant besoin de prestige, il

AFFICHAGE A L'HOTEL DE M. BOULANGER

chercha à se rendre populaire par des moyens artificiels, et, à cet effet, il rédigea ou fit rédiger — ce qui est à peu près la même chose — sa première biographie légendaire, avec son portrait équestre sur la couverture. C'était « l'histoire d'un héros, destinée aux casernes et aux villages » ; nous l'avons dans notre dossier, — nous avons tout dans notre dossier. — La librairie militaire Dumaine, qui envoie chaque jour des imprimés aux corps de troupes, devait être le meilleur des agents de propagande ; Boulanger la sollicita donc dans ce but par l'entremise de son émissaire Hentz.

En Tunisie.

M. Boulanger est appelé en 1884 au commandement de la division d'occupation en Tunisie ; il veut y jouer au vice-roi devant ses troupes, en s'efforçant par des moyens tapageurs de gagner une de ces popularités que les services militaires ne font généralement acquérir qu'après de longues années de dangers et de dévouement ; comme il avait le commandement des forces militaires, il a cherché — c'était son objectif tout indiqué — à faire disparaître l'autorité qui le primait, celle du résident civil, M. Cambon.

Est-ce vrai, tout cela ?

Laissons la parole à M. Cambon lui-même, alors résident à Tunis, aujourd'hui ambassadeur du gouvernement français.

Il ne peut pas être suspecté. D'abord il ne peut être suspecté de rien et, en ce qui concerne Boulanger, il ne peut l'être de partialité, car la première partie de sa déposition est tout entière consacrée à un hommage rendu au général commandant le corps d'occupation de Tunisie, tant que certain ministère qui l'y avait envoyé est resté au pouvoir, période au cours de laquelle Boulanger n'a cessé de se montrer correct. Mais après lui avoir rendu cet hommage, M. Cambon ajoute : Il y a eu une crise ministérielle, un changement de cabinet, l'attitude alors a complètement changé.

Croyait-il — ici je lis textuellement — croyait-il à un changement de système en Tunisie ? Ne se considérait-il plus comme tenu par les instructions données par l'ancien cabinet ? Son ambition était-elle éveillée par l'offre du portefeuille de la guerre à l'issue de la crise du 30 mars 1885 ?

Je ne sais rien. Toujours est-il qu'à partir de ce moment, les moindres affaires devinrent des prétextes à réclamations et à conflits.

Tantôt l'administration des douanes, tantôt celle des travaux publics avaient à se défendre contre les réclamations peu justifiées des administrations militaires, et les règlements élaborés à Paris entre les différents départements ministériels étaient tenus pour non avenus. Un jour même, le général annonça l'intention de faire enlever de vive force des ballots d'étamine destinée à la fabrication des drapeaux et retenus en douane pour le payement des droits.

J'avançai personnellement la petite somme nécessaire au dédouanement, et l'incident n'eut pas de suites; mais les journaux ne manquèrent pas de dire que j'avais mis l'embargo sur le drapeau français et de représenter l'armée comme humiliée par le régime du protectorat. Le régime prudent et ménager des deniers de la France avait pour ennemis naturels les solliciteurs d'emplois et de concessions qui considèrent une colonie comme une mine à exploiter aux dépens du Gouvernement. Il se forma peu à peu à Tunis, un parti réclamant l'établissement du régime militaire et la réunion entre les mains du général Boulanger des pouvoirs de résident et de commandant en chef. Ce parti était-il indirectement encouragé par le général ? Je ne saurai l'affirmer, mais il agissait comme s'il se fût senti appuyé, et l'opinion se répandait de plus en plus que le seul défenseur de l'honneur national en Tunisie était le général Boulanger.

On trouve ensuite dans la déclaration de M. Cambon un fait qui est trop connu pour que j'en parle, c'est celui d'une lutte avec le tribunal de Tunis à propos d'une condamnation correctionnelle que le général Boulanger avait considérée comme insuffisante.

Mais ce qui est intéressant à retenir dans cette déclaration, c'est le fait suivant :

A la suite de la condamnation que Boulanger ne voulait pas accepter, il rédigea un ordre du jour aux troupes, où il dénonçait le pouvoir civil et soulevait le conflit dans les conditions les plus aiguës.

M. Cambon ayant eu connaissance de cet ordre du jour, alla trouver M. Boulanger et obtint de lui qu'il ne fût pas publié ni porté à la connaissance des troupes.

M. Boulanger donna, à cet égard, sa parole, et peu d'heures après, l'ordre du jour était répandu à profusion et lu à trois appels devant les régiments de la division.

Déclaration du général de Dionne.

Telle est la déclaration de M. Cambon ; voici maintenant celle de M. le général de Dionne.

Il y a eu, en effet, beaucoup de généraux entendus dans cette instruction qui semblait suspecte à certains des accusés, parce qu'ils trouvaient peut-être que l'élément civil y était prédominant. S'ils avaient voulu y venir, elle leur aurait cependant offert de bien grandes garanties : car ce dossier est plein de dépositions faites sous la foi du serment par des généraux français, et si M. Boulanger avait été ici, c'est en face de ses pairs qui ont illustré ou honoré l'uniforme qu'il a porté lui-même que nous l'aurions placé.

Voilà donc le général de Dionne, qui commande en ce moment l'école de guerre et qui a été le successeur de Boulanger en Tunisie, qui fait la déclaration suivante :

> Lorsque je suis arrivé en Tunisie, je n'y ai trouvé que des dissentiments très sérieux entre l'autorité civile et l'autorité militaire, qui tenaient surtout à l'absence complète de délimitation des attributions des uns et des autres.
>
> Ces dissentiments avaient été mis en évidence par plusieurs faits pour lesquels M. le général Boulanger avait cru devoir recourir à la violence...

Ce n'est pas M. Cambon qui parle, c'est M. le général de Dionne.

> ...M. le général Boulanger avait cru devoir recourir à la violence contre des actes ordonnés par le ministre résident, afin de sauvegarder ce qu'il croyait être les intérêts du corps expéditionnaire. C'est ainsi...

Vous allez voir si les intérêts du corps expéditionnaire étaient engagés.

> ... C'est ainsi qu'il fit enlever une caisse de drapeaux dans la douane de la Goulette par la force militaire pour ne pas payer les droits.
>
> Dans une autre circonstance, il fit chasser par une troupe armée les agents voyers qui voulaient procéder à la réparation d'une route.
>
> Il est résulté de l'attitude prise par M. le général Boulanger, continue M. de Dionne, qu'il s'était acquis une très grande popularité dans toute la division d'occupation, et que lorsqu'il a été nommé ministre, on prévoyait pour lui des destinées plus élevées encore.

Et M. le général de Dionne couronne sa déposition en nous disant qu'à cet égard il a trouvé aux archives, à Tunis, la lettre d'un jeune officier général qu'il a eu la discrétion de ne pas nommer et qui faisait à Boulanger partant alors pour la France une déclaration, je ne dirai pas de loyalisme, mais de dévouement, conçue dans des termes d'un lyrisme tel

M. CONSTANS

MINISTRE DE L'INTÉRIEUR

« *Acta, non verba.* »

que les généraux de l'armée française se trouvaient effacés.

Voilà donc le général de Dionne et M. Cambon qui nous renseignent sur les actes apparents de Boulanger en Tunisie.

La femme Pourpe.

Mais à ce moment, il n'y avait pas que des actes apparents : Boulanger avait des agents secrets, il en avait un à Tunis même : c'était une femme Pourpe bien connue, comme Buret, par ses naufrages devant la police correctionnelle.

Il paraît que Boulanger aurait dit récemment qu'il n'avait jamais connu cette femme. Eh bien, moi, j'ai en main la preuve — et je vous la communiquerai tout à l'heure — qu'il l'a connue beaucoup et toujours ; qu'il l'a connue étant général à Tunis et qu'il a été très lié, trop lié même avec elle quand il était ministre de la guerre; qu'alors qu'il commandait le 13ᵉ corps, il a continué avec elle des relations très intimes, dans des conditions fort compromettantes; je vais vous faire voir ce qu'est la dame Pourpe.

Voici, Messieurs, les renseignements qui ont été recueillis sur cette femme, qui a été l'agent secret de Boulanger, à Tunis et depuis, le retour en France, du général.

« La dame Pourpe (Juliette-Victorine), etc., etc., a quitté son mari en 1864. Dans le courant de cette même année, elle alla se fixer à Dijon où elle tint un pensionnat — elle a tenu dans beaucoup de villes des pensionnats de jeunes filles — qu'elle cessa de diriger pour soi-disant retourner à Paris.

En 1880, la dame Pourpe alla s'installer à Paris, rue Blomet, où elle ne vivait que d'expédients, d'escroqueries. Elle prétendait cependant puiser ses moyens d'existence dans le produit de sa collaboration à divers journaux; elle se targuait d'expédier le courrier de certains personnages.

Sur ces entrefaites, elle entra en relations avec deux hommes d'affaires des plus véreux, les nommés Duron et Ollivier, dont l'agence était alors située rue de la Procession, 52. Le chiffre des escroqueries commises par la femme Pourpe, à Paris seulement, au cours de son association avec Duron et Ollivier, ne s'élèverait pas à moins de 120,000 francs.

En 1881 ou en 1882, elle est allée tenir un pensionnat à

Chartres. Pendant son séjour dans le chef-lieu d'Eure-et-Loir, elle commit des escroqueries au préjudice de plus de trente personnes et se rendit même complice de faux. Elle fut condamnée à Chartres.

J'arrive maintenant à un chapitre qui nous intéresse davantage.

Il fallait bien parler de sa condamnation, parce que, pendant qu'elle était en prison, subissant sa peine, elle reçut une visite — celle du général Boulanger.

Je crois que, lorsque j'aurai démontré que Boulanger, général de l'armée française, ancien ministre de la guerre, a été entouré à ses débuts politiques d'agents comme la femme Pourpe, que c'est là qu'il a pris ses points d'appui, ses inspirations, ses confidents et qu'il est ainsi arrivé à son abdication morale, j'aurai fait déjà une partie de ma preuve. Je continue.

Le général Boulanger n'est jamais allé la voir au dépôt; mais en 1884, étant directeur de l'infanterie au ministère de la guerre, il est allé la visiter à Saint-Lazare, et il se serait rendu à cette prison en tenue civile, muni d'une autorisation régulière signée du procureur général.

Il se serait entretenu quelques instants avec la détenue, dans le bureau du directeur.

Il résulte de l'enquête que le général Boulanger, sur la demande de la femme Pourpe, serait intervenu, à plusieurs reprises, en faveur de Duron et d'Ollivier.

Ce sont les maîtres chanteurs auxquels j'ai fait allusion tout à l'heure en passant. « Grâce à lui, ces individus auraient pu trafiquer tout à leur aise, sans craindre l'action de la justice, car chaque fois qu'ils étaient menacés, Boulanger intervenait en leur faveur. »

Arrivons à 1884. Et ici je lis le passage du rapport qui s'y réfère.

A cette époque, le général Boulanger, nommé chef de la division d'occupation en Tunisie, alla prendre possession de son commandement. La femme Pourpe le suivit à Tunis.

A son arrivée, elle s'installa à proximité du quartier général, où elle se rendait presque tous les jours, ce qui intriguait les officiers de l'entourage du général Boulanger, qui la suspectaient d'être un agent du Gouvernement ou du général lui-même. Ils la prirent en aversion, et il est probable qu'ils firent part à ce dernier de leurs scrupules à l'égard de cette femme, car, à un moment donné, ses visites au quartier général devinrent moins assidues.

A ceux qui la questionnaient au sujet de sa présence en Tunisie, elle répondait qu'elle avait été envoyée par le Gouvernement pour se livrer à des études sur les mœurs des habitants, pour préparer les éléments d'un ouvrage géographique. La femme Pourpe exerçait sur le général Boulanger, même quand il était ministre de la guerre, un grand ascendant. Elle s'est vantée d'avoir fait obtenir par son intermédiaire de l'avancement à plusieurs officiers, ainsi que certaines faveurs à des particuliers, et il est de notoriété publique qu'il la protégeait ouvertement parce qu'elle était pour lui d'une grande utilité à tous les points de vue.

Il est fort possible qu'elle lui ait servi d'agent, car cette femme était sans scrupules et ne reculait devant aucun procédé pour satisfaire sa passion de l'argent.

Voici les renseignements qui ont été recueillis, et ce n'est pas tout ; nous en ferons connaître d'autres en leurs lieu et place. Et qu'on ne s'étonne pas si c'est un rapport de police. Toutes les fois qu'il s'agit de complot — l'histoire est là pour nous l'apprendre — tous les régimes ont senti la nécessité et la légitimité de recourir aux rapports de police.

Mais l'accusation n'a pas seulement, en ce qui concerne la femme Pourpe, des rapports de police :

Déclaration de M. Bernard.

Voulez-vous me permettre d'interroger — j'espère, en présence de la robe que je porte, que ce témoin ne vous sera pas suspect — un des membres de la cour de cassation et de laisser la parole à M. le conseiller Bernard, qui, étant procureur de la République à Paris, a connu la femme Pourpe et les liens secrets qui unissaient cette femme à Boulanger !

Voilà ce que disait M. Bernard :

Peu de temps après ma nomination de procureur de la République à Paris, mon attention fut appelée sur une dame Pourpe qui avait été l'objet d'une plainte. Cette dame s'était prévalue de relations avec le général Boulanger et avait exploité le nom de ce dernier. J'appris, soit par M. Bouchez, alors procureur général près la cour d'appel de Paris et mon prédécesseur au parquet, soit par M. Ditte, mon substitut, que cette dame était bien connue au parquet, et qu'avant mon arrivée au tribunal, M. Ditte et M. Bouchez avaient eu à s'occuper d'elle.

Je me souviens d'une façon formelle qu'au moment où on me parlait de la femme Pourpe, plusieurs fois, soit M. Bouchez, soit M. Ditte me racontèrent que le général Boulanger, étant ministre de la guerre, était intervenu dans une affaire concernant cette dame et un tapissier dont je ne sais pas le nom — je le sais et je vous le dirai tout à l'heure — « et qu'il avait versé à ce dernier une somme de 15,000 francs. » — Je vous expliquerai aussi si c'est avec son argent ou avec l'argent de la France que Boulanger a payé cette somme.

Je ne puis vous fournir de renseignements plus précis sur ce fait antérieur à mon entrée en fonctions, mais le récit qui me fut fait de ce versement de 15,000 francs par le général Boulanger alors ministre, me frappa suffisamment pour être parfaitement présent à ma mémoire.

Je me souviens aussi que M. Bouchez et M. Ditte me racontèrent que M. Gragnon, préfet de police, avait fait saisir, dans des conditions que j'ignore, mais au sujet d'incidents auxquels Mme Pourpe était mêlée, des papiers et documents provenant du général Boulanger ou lui appartenant, et se trouvant soit en possession de cette dame, soit entre les mains de ses créanciers.

Ce qui m'a frappé dans ce récit, c'est qu'on y dit que les papiers et documents ayant trait au général Boulanger ne lui avaient été remis qu'après avoir été photographiés par les ordres de M. Gragnon, ce dont M. Boulanger s'était plaint.

Voilà la déclaration de M. Bernard.

M. le procureur général cite une déclaration de M. Ditte, membre de la Cour d'appel, tout à fait conforme à celle de M. Bernard.

S'il m'était permis de consulter mes souvenirs — je ne veux pas dire mes souvenirs personnels, je n'en ai pas, et, si j'en avais, je ne les apporterais pas à cette place — mais s'il m'était permis de consulter des pièces étrangères jusqu'à présent au dossier, je dirais à la Haute Cour que ce matin, en arrivant ici pour me tenir à une heure à ses ordres, j'ai reçu des renseignements très précis de mon substitut de Reims, et en même temps, on en recevait de non moins précis du préfet de la Marne, indiquant qu'il y a deux ans la femme Pourpe habitait dans l'arrondissement de Reims ; là, comme toujours, elle a été saisie, et sa propriétaire qui a fait pratiquer la saisie, est détentrice, à l'heure où je parle, de pièces appartenant au général Boulanger, laissées entre les mains de son ancien agent, cette dame Pourpe, et même de linge, notamment d'un certain linge de table ayant appartenu au général Boulanger, linge de table presque historique qu'il avait fait marquer — je raconterai tout cela par le menu lorsque j'en serai arrivé aux détournements — de trois étoiles entre deux drapeaux.

Si le général Boulanger avait comparu devant la Haute Cour, j'aurais demandé à M. le président d'user de son pouvoir discrétionnaire, et demain j'aurais eu ces gens de Reims avec les pièces dont ils sont porteurs, pour apporter un dernier élément de démonstration à une chose qui pourtant est déjà bien établie.

La femme Pourpe était donc l'agent à Tunis, comme Buret était l'agent à Paris.

L'agent Buret.

Buret, qui se trouvait à Paris, avait une triple mission du général résident à Tunis. Je vous le montrerai par des lettres. Buret devait d'abord battre en brèche le pouvoir civil de Tunis, autrement dit, pour employer le mot à la mode, il devait faire ou faire faire une campagne, — j'en demande pardon aux militaires, cela s'appelle une campagne — une campagne de presse contre M. Cambon. En second lieu, il devait organiser la réclame dans l'intérêt de Boulanger. Il s'agissait encore là d'une campagne de presse. Seulement ici c'était une campagne laudative. Il avait une troisième mission : il fallait ouvrir la voie et par conséquent déblayer le chemin du Capitole.

Et la meilleure façon d'agir était de préparer l'avènement de Boulanger au ministère.

Messieurs, cette triple mission, Buret s'en acquitta, je ne dis pas consciencieusement, je ne prononce pas le mot de conscience à propos de pareilles affaires, mais il s'en acquitta du mieux qu'il put. Nous avons, pour le prouver, les lettres de Buret, les lettres du général Boulanger, portant sa signature.

C'est très fâcheux pour lui; il paraît qu'il avait oublié l'existence de ces autographes.

Aujourd'hui, nous sommes certains qu'ils existent, parce qu'ils sont ici, sur le bureau; vous les lirez, et, Messieurs, sans qu'il soit besoin de recourir à une expertise en écriture, vous aurez la preuve qu'ils sont bien sortis de la plume de cet homme qui, ayant lancé à travers le monde tant de milliers d'autographes, a fait connaître partout son écriture comme son image.

Mais, cette fois encore, le général Boulanger a oublié tout cela.

Et, détail intéressant, on a bien dit que Buret avait vendu à M. le ministre de l'intérieur les pièces qu'il possédait, mais il paraît que Boulanger, lui, avait voulu les acheter aussi.

Le procureur général établit que les pièces du dossier Buret n'ont pas été, comme le prétend Boulanger, falsifiées en 1889 et qu'elles portent le timbre de Tunis avec le millésime de la poste de 1885.

Donc, ces lettres, Messieurs, ne sont pas supposées ; elles sont là. Je ne puis pas les faire connaître toutes ; elles commencent par : « Mon cher monsieur Buret. » La progression est littérairement adoptée et en quelque sorte soignée dans son exécution jusqu'aux moindres nuances.

Il y a le « cher M. Buret » ; puis le « cher Buret » et puis il y a le cher ami, le bon ami, et à la fin des lettres les plus tendres, il y aussi comme un petit coin de tendresse pour Mme Buret qui offrait de si bons dîners aux amis intimes.

Ceci est important à dire, et je tiens à le dire, parce que plus l'intimité est établie et plus le renseignement de moralité a de portée. -

Je me permettrai de vous citer une lettre, la voici, c'est un fac-similé. L'original s'en trouve au dossier. Est-ce qu'il est possible de nier celle-là ?

M. Boulanger est ministre de la guerre ; son ami Buret vient pour le voir au ministère. Ce n'est pas Buret qui le dit, c'est le papier lui-même : « Cabinet du ministre. »

M. Buret ne pouvant pas pénétrer auprès de Boulanger qui a en ce moment un visiteur, prend du papier du cabinet du ministre et fait porter par un huissier, à M. Boulanger, la missive suivante :

Monsieur le ministre,

Je quitte à l'instant notre ami Granet. Nous nous proposons de manger demain soir les derniers perdreaux de l'année, bien et dûment truffés. Ce sera chez moi. Voulez-vous oublier vos grandeurs et venir incognito avec nous. On vous rendra votre liberté aussitôt que vous le désirerez.

Et M. Boulanger a écrit de sa main sur cette pièce qui est toute de l'écriture de Buret, sur le papier du cabinet du ministre, il a écrit, en travers et au crayon bleu — c'est toujours ainsi qu'il annote : — « Oui, j'essaierai, mais ne m'attendez pas après sept heures et demie. »

Une déposition sur laquelle il sera revenue plus loin, établit que Boulanger et Buret se tutoyaient fréquemment.

Campagne de presse.

Arrivons maintenant à ce que Buret a fait à Paris, en 1885, pour son correspondant de Tunis. Nous allons trouver M. Boulanger s'occupant de faire faire la campagne de presse, et trouvant que les journaux, dont il gourmande la mollesse, ne disent pas autant de bien de lui et autant de mal de M. Cambon qu'il peut le désirer du fond de son exil. Voici des copies, textuelles, bien entendu, de ses télégrammes et des lettres de son écriture, qui toutes portent le timbre de Tunis, 1885 :

Mon cher ami, j'ai vu le *Petit Journal*, mais poussez donc raide Magnier, ses atermoiements me semblent louches.

Lundi. Eh bien, attendons trois jours puisqu'il n'y a pas moyen de faire autrement pour l'*Evénement*, mais mettez dans la *Nation* demain soir dans tous les cas.

Dimanche. Eh bien, et votre *Evénement*, il fait comme les autres, il flanche ! Car j'ai beau le lire, je ne vois rien.

Voilà des lettres qui, il me semble, ont encore une signification assez grande pour établir l'intimité, d'une part, la mission de l'autre.

Maintenant, nous allons vous lire, à titre de spécimen, quelques télégrammes concernant la mission relative à la destruction politique de M. Cambon.

Mercredi, 18 novembre.

Mon cher ami,

Vous m'obligeriez infiniment en faisant reproduire par un aussi grand nombre de journaux que possible l'article de tête de la *Lanterne*.

Nous avons lu cet article dans la *Lanterne*. Je vous assure qu'il n'était pas tendre pour le malheureux M. Cambon.

M. THÉVENET

GARDE DES SCEAUX, MINISTRE DE LA JUSTICE

Vous ne pouvez donc pas trouver un seul journal — dit-il dans une dépêche suivante — pour soutenir la campagne ?

Merci de votre lettre, — dit-il dans un troisième télégramme — et de vos télégrammes. Merci surtout de votre dévouement.

D'après ce qu'on m'écrit, j'ai lieu de croire que X... — c'est le nom d'un ministre que je passe — me revient un peu. Je serais curieux de connaître son impression quand il aura vu le président du tribunal, bien que ce dernier ne m'aime pas, il aime encore moins C... — c'est M. Cambon — ... L'essentiel maintenant est de préparer les ministres par les amis. C'est à quoi vous travaillez, j'en suis sûr. Bien préparée ainsi, mon action ira toute seule lors de mon arrivée à Paris.

Il arrive à Paris; il descend à l'hôtel du Louvre. Sa préoccupation l'y a suivi; il rédige lui-même un article violent contre M. Cambon et il envoie un télégramme confidentiel à son cher Buret :

Confidentiel. — Mon cher Buret, faites donc reproduire dans quelques journaux l'article ci-joint sur les sieurs Cambon et Allegro, et faites de même. Vous m'obligeriez pour les articles qui pourraient suivre sur le même sujet. Ne négligez rien pour que C... soit mis à la porte le plus tôt possible; le moment est bien choisi.

Vous voyez quelle était la mission de Buret.

Eh bien, ils ont échoué et ils ont immédiatement organisé un système que nous verrons appliquer souvent. Boulanger a, sous forme de lettre à un ami, rédigé un véritable manifeste, et voilà en quels termes il était conçu :

Le décret qui vient de paraître, rendu sans que mon avis ait été demandé, m'imposait le devoir de provoquer ma mise en disponibilité, c'est ce que je viens de faire, je tombe parce que j'ai voulu défendre mes subordonnés contre l'étranger et contre l'administration de Cambon qui ruine la Tunisie.

L'armée me sera, j'en suis convaincu, reconnaissante de mon attitude; vous recevrez cette lettre lundi ou mardi prochain. Si d'ici là vous n'avez pas reçu un télégramme vous donnant contre-ordre, je vous autorise à la répandre partout et à en faire l'usage que vous jugerez convenable, mais sans qu'elle paraisse émaner de moi, bien entendu.

M. de Beaurepaire expose que M. Boulanger et M. Buret correspondaient en chiffres. C'est en chiffres qu'a été rédigée cette dépêche relative à M. Cambon: « Il faut que Cambon soit mis à la porte. » Boulanger assurait Buret qu'il pouvait raconter dans ses lettres les choses les plus confidentielles et que jamais officier d'ordonnance ni secrétaire n'ouvrait ses lettres.

Boulanger ministre

Après avoir dit cela sur Boulanger en Tunisie, je n'ai pas besoin de m'y arrêter davantage. Prenons-le à son entrée au ministère.

A ce moment, il faut bien dire, puisqu'il est convenu que c'était un homme ambitieux, que, devenu ministre, Boulanger ne se trouvait plus alors séparé du pouvoir suprême que par un échelon. Depuis la Tunisie il avait encore franchi un échelon intermédiaire ; les occasions allaient lui devenir plus faciles, et, comme je vous le démontrerai dans la dernière partie de mon réquisitoire, on n'allait plus se trouver gêné, comme à Tunis, par le manque de ressources pécuniaires.

Si à Tunis on avait été obligé de chercher par tous les moyens possibles l'argent qui, en politique comme pour le reste, est le nerf de la guerre ; quand on a été au ministère de la rue Saint-Dominique, l'argent était plus abondant et par conséquent, on allait pouvoir marcher avec d'autres individus que Buret, et à la fin on pourrait même se passer de Buret.

Voici ce qui se produisait à ce moment-là : le directeur de l'infanterie avait eu une biographie héroïque qu'on avait cherché à lancer, qu'on avait dû lancer ; mais dont nous ne connaissons pas encore la propagande, puisque je me suis arrêté au refus de Baudouin ; la biographie héroïque va être remplacée par une légion de biographies et de portraits dès que M. Boulanger arrive au ministère de la guerre.

Nous allons avoir l'extension de la fausse légende, et il suffit, pour s'en convaincre, de consulter un dossier annexe qui est là, sur le bureau, avec les autres, et dans lequel il est établi que pendant qu'il était ministre de la guerre, M. Boulanger a fait faire de sa personne quarante-quatre portraits différents, dont seize ont été suivis de biographies variées ; et parmi ces quarante-quatre portraits, afin que nul n'en ignore, il a donné commande à un ami intime, dont je vous ferai l'histoire tout à l'heure, un nommé Pech dit de Cadel, il a donné, dis-je, la commande de lui faire un portrait qui a, comme entrée de jeu, été tiré à 20,000 exemplaires et qui le représente peint en rouge, avec le titre de « Boulanger protecteur », une main posée sur le sceptre.

Cette biographie est là. Nous en avons sept ou huit exemplaires; j'espère que la Haute Cour voudra bien la regarder, elle est suffisamment instructive. Mais je ne sache pas — et je crois que je suis dans le vif de la question — que sous un gouvernement qui est le gouvernement légal, un homme qui se pique de légalité et qui veut, comme on l'a dit tant de fois, arriver seulement par les voies légales, fasse faire son portrait en Cromwell protecteur, et alors qu'il n'y a aucune vacance du pouvoir ni un fauteuil dictatorial à occuper en France, se fasse peindre en dictateur.

Par conséquent, voilà un portrait qui, suivant moi, est bien significatif, et quand il se joint à quarante-trois autres, et que les biographies les plus modestes sont des biographies qui représentent ce général à peu près l'égal du général qui revenait d'Arcole et des Pyramides, j'ai bien le droit de dire qu'il y a là un système de propagande politique qui fait comprendre que, dès cette époque, on a besoin de correspondre par dépêche chiffrée.

Autres agents.

Au ministère, les agents secrets se multiplient; il faut faire connaître les principaux.

D'abord un nommé François Georges. Ne vous effrayez pas de ce nom plébéien, vous allez voir cet individu prendre des noms plus sonnants.

« François Georges s'est adonné à l'ivrognerie depuis que sa femme est morte... il est représenté comme un escroc de la plus belle eau. A son domicile, il s'est fait inscrire sous le nom de comte de Benay ? Il y reçoit jusqu'à cinq ou six femmes . . . . . alors qu'il demeurait rue Laplace, il aurait eu les mêmes fréquentations, il aurait reçu là pendant trois jours la dame Limousin compromise dans l'affaire des décorations. »

Il est bon de faire savoir quels étaient ainsi ses vrais services. Le concierge de cette maison a déclaré que son locataire lui aurait montré des lettres du général Boulanger. On relève également qu'il habitait à telle époque, à tel en droit, sous le nom de marquis d'Epernon, venant, on ne dit pas de Tunisie, mais d'Algérie. Alors qu'il demeurait rue

Laplace, 6, où il est resté six mois, il aurait écrit une brochure boulangiste, intitulée *1888-1889*, pour laquelle il aurait reçu une somme de 250 francs.

Il faisait distribuer cette brochure sur la voie publique par des camelots à sa solde, et on l'aurait entendu se plaindre hautement du général Boulanger, qui ne lui donnait pas assez d'argent. Il n'a pas été constaté qu'il recevait des lettres chargées. Il vint ensuite demeurer rue Vineuse. Là, il se vante d'être connu intimement du général Boulanger avec lequel il aurait plusieurs fois déjeûné. Puis voilà un témoin irrécusable, une pièce écrite trouvée chez lui.

Parmi les pièces saisies à son domicile, se trouve une carte de condoléance à lui adressée par M. Henri Rochefort, à l'occasion des obsèques de son fils. Il aurait donc eu ainsi des connaissances multiples dans le parti, et partout on connaît sa situation, on le représente comme un escroc, un souteneur, etc.

Il a fait distribuer des brochures du parti après les avoir écrites, et il a employé pour cela un camelot nommé René.

Voilà donc un homme qui était encore dans cette intimité, qui était un des agents de Boulanger. Cet homme, les agents de police et le magistrat qui lit le rapport expurgé, sont obligés malgré eux de dire que c'était un escroc et un souteneur.

Nous allons en voir maintenant un autre. C'est un nommé Cattoire. L'origine de nos renseignements ne sera suspecte à personne. Il a été l'objet d'une lettre qui a été trouvée dans le dossier de la Ligue des patriotes. C'est un ligueur qui écrivait à un autre ligueur, avec non pas un sentiment d'animosité, mais d'envie vis-à-vis de ce pauvre Cattoire. Voici la lettre : « Je suis allé à midi chez toi et je n'ai pas eu le plaisir de te rencontrer puisque tu es en voyage. Je veux te dire ce qui en est de Cattoire. Il a été condamné à cinq ans de prison, et pour ne pas expier sa peine il a passé la frontière et habite Mouscron...

« Déjà, lorsque le général était ministre de la guerre, il avait des rapports avec lui et j'ai vu au moins cinquante lettres qu'il avait reçues de lui. Bien plus, lors de son procès, et le jour même de sa condamnation, il arrivait au tribunal une dépêche du ministre de la guerre priant le tribunal de vouloir bien user de toute indulgence à l'égard de Cattoire... »

On ne peut recommander plus officiellement.

« Tu vois bien... que c'est bel et bien un boulangiste. »

C'est ainsi qu'il se permet de le recommander aux camarades.

Voilà donc, par conséquent, encore un homme dont les liens sont bien établis, dont le passé est bien établi aussi. Nous voyons, en définitive, à l'origine de cette affaire quels sont les hommes que nous aurons ensuite à accuser.

Il y en a un autre, c'est l'auteur du portrait du lord protecteur Cromwell au manteau rouge et la main sur le sceptre. Je parle de M. Pech de Cadel.

Pech de Cadel.

Pech-Cadel — car s'il est « de » pour le monde, il ne l'est pas pour la justice — est né à Lodève, il a fait de bonnes études, et il faut bien le dire, il est entré à l'école de Saint-Cyr.

Au cours de la campagne de 1870, il fut nommé capitaine; mais la commission de revision des grades le remit sous-lieutenant. Plus tard il fut officier d'ordonnance du général Janin.

A cette époque il se lia avec Mme B..., qui lui fit contracter de nombreuses dettes.

« Venu à Paris en 1879, M. Pech de Cadel, qui avait dissipé tout son patrimoine, commençait par faire, à la salle du boulevard des Capucines, des conférences sur le phonographe. Il s'occupait de courtage pour les assurances. Il était fort besogneux et passait même pour vivre quelque peu aux dépens d'une demoiselle K..., fille galante. »

En 1883, il se fit dans la presse un certain bruit autour de son nom. Il avait inventé une conspiration, et un journaliste fut condamné à 1 fr. d'amende et 1 fr. de dommages-intérêts.

Pech fut condamné à son tour, le 26 août suivant, à un an d'emprisonnement.

Encore un ami qui a eu des malheurs; et il m'est impossible pour celui-là de dire quels malheurs il a subis, parce que, pour prononcer les peines dans le genre de celles qui ont frappé Pech, il faut à la cour d'assises demander le huis clos.

Il a donc été condamné à une année d'emprisonnement. Cette peine a été réduite à six mois par décision gracieuse.

Lorsque Boulanger commença à faire parler de lui, Pech publia dans le *Paris-Journal* une biographie du général Boulanger, qui parut ensuite en brochure, avec portrait et illustrations.

Le mois suivant, il en fit publier une autre, et ensuite une troisième.

Il est également l'auteur d'une brochure intitulée : « La vérité sur le général Boulanger. »

Dans toutes ses publications, Pech ne visait que la question de gain, et le programme du général qu'il avait créé en 1888. Nous avons tous ces renseignements sur Pech de Cadel, et à mon parquet j'en ai trouvé un autre, qui a été mis dans le dossier : c'est un renseignement qui émane de Pech lui-même : l'année dernière, Pech a porté plainte en escroquerie et abus de confiance contre Boulanger, qui ne voulait pas lui remettre la totalité des émoluments qu'il lui avait jadis promis pour ses droits et frais de courtage.

Et trois jours après avoir déposé cette plainte à mon parquet, M. Pech de Cadel m'envoya ou envoya à mon prédécesseur une lettre de désistement en annonçant que, avis ayant été donné par lui de la plainte qu'il avait portée, il avait reçu satisfaction pécuniaire dans l'intervalle.

Foucault de Mondyon.

Voilà donc encore un ami ; eh bien, en voici un autre dont j'ai l'histoire depuis hier, et cela a beaucoup d'intérêt à un certain point de vue, parce que nous allons, en vous lisant cette lettre, vous montrer, par avance, que, dans peu d'heures, Messieurs, lorsque nous exposerons une certaine question de détournement de 30,000 francs, nous apporterons avec cette pièce la réfutation la plus écrasante du système paradoxal qui a été essayé depuis quelques jours.

Pour le moment, je tiens à vous faire connaître cette lettre, parce que, au moment où nous allons voir Boulanger se lancer à l'escalade du pouvoir, nous saurons aussi quels sont ses étais, quels sont ses amis ; vous vous rappelez le vieux proverbe : nous serons satisfaits, je crois, tous, de savoir qui il hantait.

C'est un nommé Foucault, celui-là qui, pour une certaine littérature, s'appelle, je crois, M. de Mondyon.

Voici ce que c'est que ce Mondyon, qui a délivré un reçu de 32,000 francs; il y a quelques jours, paraît-il.

Le nommé Foucault, dit de Mondyon, est né dans la Charente-Inférieure, en 1849.

« Ancien précepteur des enfants du prince de Caraman-Chimay, il n'a jamais eu de fortune personnelle ; il a toujours vécu jusqu'à ce jour d'intrigues et d'escroqueries. Il avait fondé autrefois, rue de Balzac, avec une dame Meillan ou Meilhan, — retenez bien ce nom, Messieurs, — une agence de banque et un journal ayant pour titre « le Syndicat ». Mme Meillan, — c'est l'associée, — qui tenait à cette adresse une pension de famille, faisait également du proxénitisme.

« Elle fut arrêtée et condamnée à cinq ans de prison et à cinq ans de surveillance. » Après sa condamnation, on atténua un peu la durée de sa peine, à la condition qu'elle quitterait la France. Elle fut s'établir à Berlin. Dans ce pays — continue le rapport qui m'est expédié avec la signature du préfet de police lui-même à la date d'hier ou d'avant-hier — dans ce pays, à Berlin, « Mme Meillan, qui avait toujours conservé des relations avec Foucault, — c'est M. de Mondyon, — servit d'agent secret au gouvernement français ; mais en même temps, elle renseignait la police de M. de Bismarck. Foucault était, dans ces opérations, son intermédiaire à Paris.

« On ne sait pas à quelle époque Mme Meillan est rentrée dans la capitale; mais, depuis trois ans au moins, elle demeure avec Foucault, — de Mondyon — telle rue, tel numéro.

« Cette dame a également servi d'agent secret au général Boulanger quand il était ministre de la guerre, et même après.

« Le colonel Vincent, qui était alors un ami intime de Foucault, venait plusieurs fois par semaine déjeuner ou dîner à sa table.

« On affirme que des Allemands venaient aussi chez Foucault pendant la nuit. Après le retour de Berlin de la dame Meillan, ce serait une dame veuve Morel — je vous indique le nom — qui aurait reçu pendant quelque temps les correspondances allemandes de Mme de Mondyon.

« M. Mouton, secrétaire du général, qui a son appartement même rue, était également un ami intime du faux ménage de Mondyon; on est d'avis que Foucault — M. de Mondyon — et sa maîtresse doivent avoir chez eux des documents précieux. »

Vous voyez quelle est leur moralité, leur passé judiciaire, n'est-ce pas? Eh bien, ils ne se cachent pas pour dire que si Boulanger arrivait au pouvoir, ils seraient haut placés, et se vengeraient de ceux qui leur auraient fait du tort.

Et puis, ces deux petites lignes, que je vous rappellerai avec soin quand il s'agira des faits d'indélicatesse, ces deux petites lignes qui sont les dernières, mais qui ne sont pas les moins importantes :

« Dans le fac-similé du reçu de 32,000 fr. » — c'était le système de défense de ces jours derniers — « la femme Moret, celle qui recevait les correspondances allemandes, a reconnu l'écriture de M\u1d50\u1d49 Meillan; » mais nous avons dans ce rapport de police un autre paragraphe qui ne manque point d'un certain intérêt, c'est à savoir que — et ici je cite textuellement comme si, scribe, j'ouvrais les guillemets :

« Le nommé Foucault est allé à Londres la semaine dernière pour rendre visite au général Boulanger, et il en est revenu avec plusieurs billets de mille francs. »

Pour les mauvaises langues, on trouverait là peut-être — je le ferai en discutant — une explication facile du fac-similé.

Le procureur général dit que ces renseignements de moralité sont pour lui d'une importance capitale.

Lorsque nous voyons, en effet, des actes suspects, des actes probablement mauvais, commis par un homme dont tout le passé est honorable et qui n'a jamais été entouré que d'honnêtes gens, nous disons : Oh ! non, ce n'est pas assez de preuves; il nous faut autre chose. Il est parti, il est absent. Ce n'est pas une fuite, et nous sommes convaincus que, s'il était là, cet homme honnête, avec son cortège d'honnêtes amis, serait arrivé à une disculpation possible.

On dit cela; mais lorsque, à l'inverse, on voit un homme se mettre en route vers les conspirations ténébreuses avec Buret, avec Foucault dit de Mondyon, avec la femme Pourpe et les autres, et lorsque toutes les dépêches qu'on a recueillies à toutes les époques où cet homme a eu besoin du télégraphe, portent chez lui et à sa charge la révélation de cette habitude de ne pas dire la vérité; lorsque l'on voit cet homme et ses agents arriver à l'accomplissement d'actes suspects, d'actes louches, alors, malgré soi, il faut bien l'avouer, on est autrement pessimiste, et l'on est obligé, justement parce qu'on a une conscience, de se dire : Ah! vilaines gens! ah! choses suspectes! venez donc ici; il ne s'agit pas de rester à Londres : c'est bien facile. Venez donc ici, parce que le cas est grave; il s'agit de votre honneur, il s'agit de quelque chose de plus précieux au monde que la liberté. Venez donc, parce que vraiment quand on a votre passé et vos habitudes, et quand on a vos amis, on a grand besoin de se défendre.

(L'audience est suspendue pour vingt minutes.)

REPRISE DE L'AUDIENCE

M. le Président. L'audience est reprise.

Le procureur général continue son exposé en faisant d'abord remarquer, ce qui a un intérêt évident au point de vue de l'accusation, si Boulanger a apporté dans la réalisation d'un de ses desseins secrets, celui de se créer la légende du futur dictateur, la même loyauté que dans toutes les autres affaires qu'il a cherché à mener à bonne fin dans son intérêt personnel.

Biographies et imageries.

Pour donner la preuve, je prends deux pièces.

La première est une lettre officielle qu'il écrit au préfet de police d'alors pour lui demander de faire cesser la vente de sa biographie dans les rues de Paris.

Voici la copie textuelle de cette pièce, qui est datée du 8 février 1887, la seconde année de son ministère :

J'ai l'honneur de vous adresser, en appelant sur lui votre haute, attention, un écrit qui n'a rien de bien grave, mais qui, tiré à un grand nombre d'exemplaires et colporté sur la voie publique, produit m'assure-t-on de plusieurs côtés, une mauvaise impression.

Je ne puis demander de poursuites contre l'auteur de cette publication que je ne saurais considérer comme injurieuse ni diffamatoire;

— ce même écrivain est l'auteur de cette brochure où on vante le plus la beauté du général ; c'est un témoin qui nous l'apprend ; — mais, ajoute-t-il, contre les distributeurs de laquelle vous pouvez avoir peut-être une certaine action.

Voilà donc ce haut fonctionnaire modeste qui arrive à éprouver de grandes craintes et à sentir l'excès des publications laudatives qui sont faites en son nom, et qui demande au préfet de police de les supprimer.

Cependant, lorsque nous entendons un des témoins, le libraire et l'éditeur qui est arrivé, lui, à pouvoir fournir aux colporteurs les biographies destinées à être livrées au public, voici ce que nous apprenons.

Vers septembre 1886 et plus tard, au plus fort des polémiques de journaux qui attribuaient à Boulanger la paternité de ces brochures, le général Boulanger crut devoir les faire saisir ; mais au lendemain de cette saisie le tirage et la vente continuaient de plus belle comme auparavant. Cette saisie fut concertée entre l'éditeur et le capitaine Driant. Elle n'avait d'autre but que de donner le change à l'opinion.

J'ajoute que cette brochure illustrée, coloriée, avec le portrait du général Boulanger sur la couverture, se vendait 5 centimes.

Il est également à notre connaissance que sous le ministère de Boulanger on confia à une entreprise de propagande boulangiste des brochures qui devaient être distribuées gratuitement dans les écoles primaires de toutes les communes de France.

Voilà ce qu'il faisait ou ce qu'il faisait faire. Quand on criait au scandale, il disait à M. le préfet de police : « Arrêtez ! » et il envoyait ensuite furtivement, à l'heure suivante, M. le capitaine Driant, son confident de la bonne heure. Celui-ci allait trouver l'éditeur qui venait de recevoir par voie d'huissier le mot « Arrêtez ! », et lui disait tout bas : « Continuez donc, je vous en prie. »

Voilà, Messieurs, ce petit fait de moralité sur lequel je trouve qu'il n'était pas inutile d'attirer un instant l'attention de la Haute Cour.

L'imagerie française a donc ainsi beaucoup fourni, puisqu'il a fallu que, dans les moindres écoles de France, on provoquât l'admiration des grands et des petits pour la personne de M. le ministre de la guerre. Mais cette imagerie française, quels que fussent ses efforts, n'a pas suffi, et M. Boulanger a eu recours, pour une plus grande propagation, à l'imagerie allemande.

Nous avons une pièce qui est extraite du dossier de la Ligue des patriotes et qui, par conséquent, ne se trouve à notre procédure que par voie d'annexe, mais est tout aussi probante et que j'ai par suite tout autant le droit d'invoquer.

Imageries allemandes.

Voici ce qu'à la cote 8 du dossier de la Ligue des patriotes, il est loisible de lire : « Le sieur Borel, né, à Saint-Martin de Belleville, exerce la profession d'encadreur et se livre au commerce en gros des chromolitographies ; il les achète de préférence à l'étranger où il se les procure à bas prix, et il les commande à la maison Gustave Seitz, à Wanorbeck, près de Hambourg. — Le pays, par conséquent, est bien fixé. — Il ne possède pour la vente de ses chromos ni boutique, ni magasin, et il se les fait adresser à son domicile particulier; c'est là que les camelots viennent s'approvisionner. Il a reçu en octobre 1888 de la maison Seitz — ceci est postérieur au ministère, remarquez-le bien, mais il n'est pas dit dans cette déclaration que cette commande fût la première en date, — il a reçu en octobre 1888 de la maison Seitz, deux types de chromos, représentant l'un, le général Boulanger à cheval au milieu d'une bataille, et l'autre ne donnant que son buste. Les chromos livrés aux camelots et à un certain nombre de petits boutiquiers ne portaient pas d'indication d'origine ni de nom d'imprimeur. »

Je vous lis ceci, pour vous montrer qu'il ne s'agit pas d'un rapport de police; il y a eu poursuite devant le tribunal de simple police pour contravention à la loi du colportage; et le fait a été ainsi établi à raison de l'infraction aux dispositions de la loi de 1881.

Par conséquent, nous avons la certitude que Boulanger tirait d'Allemagne, pour les livrer à l'admiration des Français, des portraits qui étaient fort belliqueux, au moins pour quelques-uns, car pour d'autres on se contentait du buste.

7ᵉ CORPS D'ARMÉE.
13ᵉ Division.
25ᵉ Brigade.
133ᵉ RÉG D'INFANTERIE.
LE COLONEL

Billez, le 8 mai 1885

Monseigneur,

C'est vous qui m'avez proposé pour général ; c'est à vous que je dois ma nomination. —

Aussi, en attendant que je puisse le faire de vive voix à mon premier passage à Paris, je vous prie d'agréer l'expression de ma vive reconnaissance. Je serai toujours fier d'avoir servi sous un chef tel que vous et béni serait le jour qui me rappellerait sous vos ordres. —

Daignez agréer, Monseigneur, l'assurance de mon plus profond et plus respectueux dévouement,

Gᵃˡ Boulanger

A Monseigneur le duc d'Aumale
Paris.

FAC-SIMILÉ

DE LA LETTRE AUTOGRAPHE DE M. BOULANGER AU DUC D'AUMALE.

Tous ces portraits, envoyés en France, avaient pour but d'arriver au résultat final, c'est-à-dire, non pas à la diffusion des lumières, mais des traits du général et étaient destinés sans doute à produire des manifestations qui devaient conduire fatalement à un plébiscite.

Côté occulte du complot.

Voilà le côté extérieur du complot ; voici maintenant le côté occulte.

Je vais d'abord mettre sous vos yeux une lettre absolument confidentielle, puisqu'elle était écrite par le ministre de la guerre à une femme, et vous montrer que cette lettre était révélatrice de menées souterraines et secrètes. La voici. Je passe, bien entendu, tout ce qui commence, tout ce qui finit, et vous me rendrez cette justice que je le passe par bon goût et par système de discrétion, car cette lettre n'est pas isolée dans nos collections judiciaires, et, si j'étais un de ces organes du ministère public cherchant par tous les moyens à frapper un homme et à doubler une accusation de faits précis bien qu'inutiles, je serais tenté d'ouvrir dans ce dossier une liasse qu'il ne serait peut-être pas sans intérêt de consulter, parce qu'elle vous révèlerait qu'elle était la corruption des mœurs de Boulanger.

Mais je ne le ferai pas, et je ferai passer sous vos yeux cette lettre uniquement parce que je me place à un autre point de vue. Si je lis cette lettre, adressée à X..., je ne nommerai personne, je ne nommerai même pas la personne, dont le nom m'appartient cependant, car il s'agit d'un homme qui est présenté comme sollicitant une entrevue secrète et nocturne.

Je me contenterai de dire — vous verrez la lettre si vous voulez, messieurs, lorsque vous vous constituerez en chambre du conseil pour délibérer : « Si M. de X... *veut* me voir, je pourrai le recevoir demain soir, vendredi, au ministère. » Jusqu'à présent, ce n'est pas étonnant, mais il ajoute : «... à onze heures et demie du soir. A cette heure, il n'y a personne. » Puis : « *mais il est bien entendu que c'est lui qui désire me voir. Pas d'imprudence, n'est-ce pas ?* » La fin de la lettre nous importe peu et nous inspirerait à tous un même sentiment que nous n'avons pas envie de laisser percer.

J'ai donc tout ce qu'il me fallait : à savoir qu'il s'adressait même à des femmes pour donner au ministère des rendez-vous à des personnes fort recommandables, mais qui ne voulaient venir dans le cabinet que pour y avoir le tête-à-tête de onze heures et demie, « à l'heure, dit-il lui-même dans sa lettre, où l'on est certain de ne trouver personne. »

Je dis que ceci me révèle, par voie d'induction, ce cheminement parallèle, ce cheminement secret dont je vous parlais tout à l'heure.

Chute du ministère.

Ayant donc dit cela, j'arrive maintenant au moment où Boulanger tomba du ministère. Il était ministre aux environs de janvier 1886, il est tombé du ministère le 17 mai 1887. La crise ministérielle s'est infiniment prolongée, et le ministre qui devait succéder à Boulanger n'a pu prendre effectivement possession de l'hôtel de la rue Saint-Dominique que le 31 mai, quoique le cabinet fût tombé depuis plus de deux semaines.

Je vous indique ces dates, parce qu'il m'arrivera à plusieurs reprises, au cours de ma discussion, de vous parler de la chute du ministère ; il m'arrivera de vous parler de Boulanger ministre *in extremis* et de Boulanger au lendemain de son départ.

Il est donc bien établi que lorsque Boulanger a quitté le ministère, le complot était ourdi. Dès le lendemain, je vais vous en faire toucher du doigt le fonctionnement.

Ah ! on n'établit jamais un complot à son origine, parce que le complot c'est le secret ; parce que ce qui constitue le complot, se sont les ténèbres, et que jamais l'œil étranger ne peut arriver à percer ces ombres épaisses pour aller trouver les gens qui méditent et préparent le mal dans la nuit.

Mais lorsque le complot est organisé, il se manifeste, et alors, lorsque vous voyez ses origines, lorsque vous voyez ses ressorts qui agissent, alors vous trouvez qu'il a prouvé le mouvement en marchant, comme disait l'ancien, et à ce moment vous dites : Il y a complot démontré, parce qu'il y a démonstration des effets de ce complot.

Eh bien, lorsqu'il a quitté le ministère, le complot était ourdi d'avance, la bande existait, et je ne serai pas bien longtemps avant de faire entrer en scène ceux qui en ont été avec Boulanger les auteurs principaux.

Messieurs, vous sentez bien, vous devinez bien au ton que je prends depuis que j'ai l'honneur de parler devant vous, que je ne suis pas un magistrat cherchant à passionner le débat et à faire en quoi que ce soit de la politique ; je me préoccupe seulement de l'application des lois, et en fait de politique, je n'ai qu'une idée : Y a-t-il en France un gouvernement légal ? A-t-on cherché par des moyens illicites à détruire et renverser ce gouvernement ? Voilà toute la question.

Jamais je ne sortirai de ce cercle. Mais j'ai bien le droit, quelle que soit la discrétion que j'y apporte, j'ai même le devoir de vous indiquer que, lorsque Boulanger était au ministère, lorsqu'il avait son portrait en Cromwell accroché jusque dans les chaumières, à ce moment-là, lui et les gens qu'il recevait dans des conditions si mystérieuses, n'étaient séparés du pouvoir que par quoi ?... Par un échelon à franchir !

Presque en face de la rue Saint-Dominique, il y avait un autre palais occupé par un octogénaire ; et, entre ces deux palais, il y avait place pour tous les rêves, pour tous les désirs ; et, peut-être, comme cela arrive fréquemment en matière de cupidité successorale, on regardait l'homme de quatre-vingts ans pour voir si sa taille n'était pas plus courbée, et si l'échéance n'était pas prochaine.

Nous le savons ; et dans mon acte d'accusation j'ai énoncé un fait qui n'est pas établi par des pièces écrites, mais qui est bien connu de tous ceux qui sont au courant des choses françaises. Il y avait un homme, et il existe encore, grâce au ciel, qui était le général en chef des forces de Paris.

On a voulu l'éloigner, obtenir son départ !

Celui-là, il le savait, et nous le savons tous, en face de combinaisons criminelles, il serait toujours un obstacle. Et devant les dangers du dedans, comme devant les périls du dehors, ce sera toujours sa noble poitrine qui sera placée au premier rang !

On n'a pas pu obtenir son départ ; on a été obligé de compter avec le temps, avec l'imprévu !... Et de même qu'on écrivait à Buret, de Tunis : « Il y a des moments où il faut savoir attendre », on s'est dit la même chose à la rue Saint-Dominique, et on a attendu !

Calomnies antipatriotiques.

Puis, la politique, dont je n'ai cure, s'est emparée de Boulanger ; il est tombé inopinément ! Qu'a-t-on fait alors ? On a fait une campagne qui m'appartient au point de vue de l'accusation, parce que c'est le sieur Rochefort qui l'a conduite ; on a fait une campagne pour crier à la France : « Insurgez-vous ! Empêchez à tout prix Boulanger de quitter le ministère ! C'est lui l'homme sauveur ! C'est le seul qui puisse diriger nos armées et ramener l'âge d'or en France ! Il faut imposer son maintien au Gouvernement coûte que coûte ! »

Les articles les plus séditieux, les plus coupables sont sortis chaque matin de la plume d'un homme que, tout à l'heure, je vais vous faire connaître ! A ce moment, on a même essayé de faire mieux ; on a fait imprimer des pétitions séditieuses dans lesquelles on a traité — elles figurent au dossier — le gouvernement français de ministère prussien. On a dit que nous étions les laquais de l'Allemagne. Et M. Boulanger n'a pas eu — c'est là que je trouve le crime — un mot de protestation indignée, un de ces bonds involontaires d'honnêteté qui clament et s'opposent à certaines infamies débitées.

Il n'a pas dit : Non, je ne veux pas qu'on dise cela de ma part, je n'accuse point les Français d'être les alliés des Allemands ; si c'est ainsi que vous voulez me défendre, si c'est ainsi que vous voulez me faire de la réclame, si c'est par cette voie que vous voulez m'amener à l'Elysée, j'aime mieux n'y jamais mettre les pieds, parce que je ne veux pas qu'on prononce en mon nom des paroles impies, et qu'on crache sur la France dans l'intérêt de Boulanger.

Il n'a pas dit cela ; et s'il n'a pas dit cela, voulez-vous

que je vous dise ma pensée ? Eh bien, ce jour-là, cet homme
était un conspirateur, un soldat dévoyé, un grand coupable.
Il a laissé faire, et on a répandu dans le public, dans toutes
les agglomérations ouvrières, agricoles ou autres, des pétitions
séditieuses, et j'ai dans mon dossier — je les ai bien comptés,
— 12 télégrammes tendres du général Boulanger qui remercie
ces séditieux de leurs paroles odieuses.

Savez-vous pourquoi on faisait cela ?

C'est que, en quittant le ministère, on quittait le marche-
pied du pouvoir, on quittait ce levier qui allait permettre
peut-être d'obtenir ce résultat matériel que l'on croyait déjà
tenir à si faible portée et l'on était rejeté dans l'incertitude et
dans l'inconnu. Voilà ce qui s'est produit. Voilà qui est
connu ; nous avons les télégrammes de M. Boulanger ; nous
avons les articles de Rochefort ; nous avons les signatures
collectives qui sont autant d'insultes, je ne veux pas dire
pour notre Gouvernement, mais pour ma patrie.

Voilà ce qui s'est produit lorsque Boulanger a quitté le
ministère.

Mais pourquoi donc disait-on que cet homme était la pro-
vidence de la France et que sans lui notre patrie était
perdue ? Qu'avait-il donc fait ? On nous a souvent dit, d'après
lui, qu'il avait au ministère si bien organisé la défense et si
bien relevé la place où planter notre drapeau, que nous pou-
vions le considérer comme le restaurateur de la patrie.

Œuvre militaire de Boulanger.

On y revient encore aujourd'hui. Est-ce que ces plaintes
étaient fondées ? Est-ce que l'acceptation par lui sous forme
de télégramme de toutes ces protestations avait une raison
d'être ? Car, enfin, on pourrait dire qu'il a été de bonne foi.
Comment ! Boulanger a-t-il donc été à ce moment, et comme
ministre, le restaurateur de la patrie ? Je ne veux rien
juger ; je vais laisser parler des généraux français, nos
témoins, qui vont vous parler avec le tact, avec la discrétion
attristée qu'ils ont apportée au cours de leurs dépositions,
écrites, mais qui, sentant, comme des honnêtes gens, qu'il
fallait rendre hommage à la vérité, sont venus nous apporter
certains documents, certains renseignements dont l'utilité,

dont l'importance est frappante. Par exemple, M. Boulanger a toujours dit qu'il avait organisé un système de baraquements dans l'Est qui à lui seul pouvait lui mériter une place au Capitole.

Que dit le général Ferron? Aucun de vous n'ignore qu'il a été le successeur de M. Boulanger comme ministre de la guerre :

Au ministère, dit-il, mon attention a été appelée sur le service de l'habillement. En examinant la situation de ce service, je n'ai constaté qu'une irrégularité relative à la confection des bourgerons de laine (200,000) destinés aux bataillons des réservistes territoriaux.

Afin de mieux conserver le secret sur la formation de ces bataillons, le général Boulanger, sans entretenir la commission de l'armée ni la commission du budget, avait fait confectionner ces bourgerons sur les fonds du budget extraordinaire de l'armée.

J'ai constaté que ces baraquements avaient été construits dans de bonnes conditions, qu'ils étaient même confortables et que les travaux avaient été adjugés avec des rabais variant de 7 à 19 p. 100 au-dessus des prix des bordereaux des places.

Une faute pratique, grave, avait toutefois été commise dans leur construction; on avait eu le tort, malgré les avis donnés, de les entreprendre un mois avant les élections du parlement allemand. Cette imprudence habilement exploitée a contribué à augmenter considérablement la majorité du prince de Bismarck.

Je n'ai pas besoin de vous lire la suite; mais je vous montre par cette déclaration que le général Ferron a constaté deux choses, à savoir le bon aménagement matériel des baraquements de l'Est, et la parfaite inopportunité de leur construction, parce que, par suite d'une maladresse grave, et malgré les avis donnés, on avait eu l'air de les construire par bravade, en face d'un peuple, je ne dis pas ennemi, mais d'un peuple étranger qui, toujours prêt à examiner de près nos actes et à tirer avantage de nos fautes, avait considéré comme un défi cette construction intempestive.

Mais si j'avais voulu continuer la lecture de la déposition du général Ferron, — elle vous aurait fait connaître encore autre chose qui n'est pas sans importance, à savoir que si Boulanger a fait construire des baraques, il n'a jamais mis un soldat dedans et que c'est le général Ferron qui, par suite d'un travail et d'une sollicitude qui a été moins tapageuse, mais plus pratique, est arrivé ensuite, quoique les dangers pouvant se produire de l'autre côté de la frontière fussent aussi grands au point de vue des susceptibilités à éveiller, à y placer sans bruit, au seul point de vue patriotique et sans avoir fait vendre nulle part son image, 25,000 hommes qui représentaient la défense nationale de certains points.

Voilà donc, en ce qui concerne les baraquements, vous le voyez, une exagération que je ne veux pas qualifier, mais qui assurément ne saurait convenir à un général français, à l'aide de laquelle le général Boulanger est arrivé à se faire représenter, au moment de la crise ministérielle, comme l'homme nécessaire.

Le fusil Lebel.

Il y a autre chose : il y a le fusil Lebel. Dieu sait si on nous a parlé du fusil Lebel, et si, depuis plusieurs années, il nous est possible d'ouvrir, d'une main inoffensive et ne cherchant qu'un instant de loisir innocent, une feuille publique quelconque, sans nous heurter à un factum ou à une lettre de M. Boulanger nous parlant du fusil Lebel où de l'affaire Schnœbelé.

Eh bien, nous allons voir ce que vaut cette question du fusil Lebel, et c'est l'homme le plus compétent de l'armée française en matière d'armement — je ne diminue pas les autres généraux en disant cela — c'est le général Gras qui va renseigner la Haute Cour.

Voici ce que dit le général Gras :

Le ministre désirait que la commande de 30,000 armes du nouveau modèle, donnée à la fin de septembre 1886, fût terminée en avril 1887. Or, quelle que fût l'impulsion donnée aux manufactures d'armes, quelques procédés de fabrication qu'on employât, ce résultat ne pouvait pas être obtenu. A cette date, il n'y avait encore, — remarquez-le bien, on nous a parlé de centaines de mille fusils, — à cette date, il n'y avait encore que 2,500 fusils entièrement terminés ; mais un grand nombre de pièces étaient en magasins et, dix semaines plus tard, c'est-à-dire le 15 juin suivant, — il avait quitté le ministère le 30 mai, — la commande de 30,000 armes était livrée.

Plus tard, sous le ministère du général Ferron, on a essayé de faire croire que la fabrication avait été ralentie. C'est une erreur.

Pour réaliser le *desideratum* du général Boulanger, on avait employé des procédés exceptionnels et applicables à une petite commande, mais inadmissibles pour une commande considérable.

Il a donc été nécessaire de régulariser la fabrication et de faire sortir les armes complètes de chaque manufacture.

La dernière phrase est celle-ci :

> D'ailleurs, vers la fin du ministère du général Boulanger, la production journalière était plus apparente que réelle, attendu que les pièces étaient déjà confectionnées et qu'on n'avait plus qu'à opérer le montage.

C'était encore un trompe-l'œil, et s'il y a eu de ce côté de bonnes intentions, je veux bien le reconnaître et je suis tout prêt à m'incliner devant elles, j'ai du moins le droit d'ajouter que le général Boulanger ne pouvait arriver à ne pas rendre suspectes ses bonnes intentions par la façon dont il a cherché à battre monnaie avec des résultats qu'il a représentés comme ce qui alors n'était que des espérances.

Par conséquent, à ce point de vue comme au point de vue des baraquements de l'Est, il n'a rien fait que ce qu'ont fait les autres ministres et encore.

Voilà, messieurs, ce que j'avais à vous dire sur ce point qui, à mon sens, ne manque pas d'intérêt. Il en manque si peu, qu'en 1888, beaucoup de journaux qui se piquent d'être importants, et auxquels je ne veux nullement contester leur importance, ont fait une campagne des plus vives contre le général Boulanger pour soutenir qu'il n'avait au sortir du ministère de droit qu'à un seul titre, celui de désorganisateur. Et j'ai là au dossier — je ne vous le lirai pas — un article de plusieurs colonnes du journal le *Figaro*, qui assurément fut le plus cruel dans l'exécution militaire de l'ancien ministre.

Il est vrai que c'est vers cette époque que le général Boulanger, qui avait déjà un certain amour pour les courtisans, mis de mauvaise humeur par l'article du *Figaro*, écrivait ceci à une dame :

« Ma chère petite, les gens du *Figaro* sont des coquins, et toi tu es une bête si tu les crois.

Rochefort.

Je vous ai expliqué, messieurs, que le journal l'*Intransigeant* a commencé à cette époque, une campagne qu'on peut appeler une campagne séditieuse en faveur du maintien, quand même, du maintien imposé du général Boulanger au ministère, le Gouvernement étant menacé même de désordres s'il ne se soumettait pas à son rappel.

C'est donc à cette époque que Rochefort apparaît dans l'affaire, avec le rôle qui naturellement lui est propre, celui de l'homme qui provoque par la voie de la presse.

Il y a un article dans la dernière loi sur la presse, de juillet 1881, qui prévoit cette provocation quand elle est relative au complot, à l'assassinat ou à la tentative d'attentat suivie d'effet; mais il y a un article du code pénal qui englobe celui de la loi spéciale, aux termes duquel sont complices tous ceux qui ont aidé, qui ont assisté l'auteur du crime, tous ceux qui ont donné des instructions pour le commettre.

Or, nous allons voir, à partir d'aujourd'hui, le sieur Rochefort, la plume à la main et donnant des rendez-vous, lançant des mots d'ordre, incitant, non seulement au tumulte de la rue, mais à tous les actes de la conspiration par des articles qui ne laissent aucun doute sur sa connivence et sur sa coopération. Nous voyons le sieur Rochefort qui, au dire d'un témoin parfaitement honorable, M. Alibert, est venu, tout au moins une fois, frapper à la caisse boulangiste tenue par M. Dillon, et en a retiré, un jour, une somme de 100,000 francs.

Nous avons un autre témoin, un journaliste de Rouen qui, ayant causé avec Rochefort, un jour où celui-ci ne jouait pas au plus fin, a reçu de lui cette déclaration: « Boulanger a toute confiance en moi et il ne fait rien sans me consulter. »

Nous allons donc, avec ce point de départ, suivre, à partir du jour où nous sommes arrivés, le sieur Rochefort dans ses articles de l'*Intransigeant*, et si je vous le montre, à propos de tous ces actes, même des actes d'embauchage de fonctionnaires, à propos de tous les mouvements dans la rue, même ceux qui peuvent être considérés comme de simples actes préparatoires, même ceux qui doivent être considérés comme des tentatives d'attentat, si je le trouve toujours la veille livrant la pensée de derrière la tête de Boulanger, donnant rendez-vous à sa tourbe, et faisant qu'à un certain endroit, à une certaine heure déterminée par lui dans son numéro de la veille, il se trouvera là des agents de discorde et de désordre, il y aura là une guerre livrée, pierres ou bûcher en main, à la police, je vous aurai prouvé que Boulanger, s'il a eu d'autres lieutenants, a eu

Rochefort pour lieutenant principal, et vous n'en serez pas surpris, parce que l'histoire de Rochefort n'est pas à faire.

Rochefort et Déroulède.

J'ai, peut-être, puisque mon devoir est fort étendu, à vous donner, messieurs, des renseignements, renseignements écrits — je n'en connais point d'autres. — Je vais vous en donner deux qui seront vite portés à votre connaissance ; le premier, c'est que Rochefort s'est trouvé en contact avec un homme dont je parlerai incidemment plus tard, qui lui serre la main aujourd'hui, M. Déroulède.

Un jour, Rochefort a cru possible — j'ai là les journaux sous la main — de déclarer M. Déroulède criminel parce que, officier français, il avait coopéré à la reprise de Paris contre l'insurrection.

M. Déroulède a peut-être changé d'opinions depuis, je n'ai pas à rechercher ses opinions ou ses variations, mais M. Déroulède, à cette époque, avec une fierté noble, a trouvé que défendre Paris en 1871, c'était aussi bien le devoir d'un soldat que de l'avoir défendu en 1870 ; il s'est vanté de s'être battu dans les rues de Paris, comme il avait le droit de s'être battu bravement à Montbéliard, et en réponse à l'injure de Rochefort il s'est borné à lui montrer tout simplement, comme on a l'habitude de le faire avec cet homme, un peu de son mépris ; il a passé son chemin et il lui a dit dans cette lettre que voici : « Je n'ai fait fusiller personne pendant la Commune, n'ayant jamais trouvé derrière les barricades que de pauvres Français que vous y envoyiez, sans les suivre. »

Voilà ce qu'a fait M. Déroulède, voilà le jugement porté sur Rochefort. Je n'en veux pas d'autre, et à Rochefort, dont je montrerai tout à l'heure la criminalité, j'attache cet article signé Déroulède comme un casier judiciaire.

Il y a autre chose. J'ai voulu savoir, moi, ce que Rochefort a fait à l'époque où Déroulède se conduisait bien, et j'ai trouvé, messieurs, la plus grande infamie que j'aie rencontrée dans ma vie judiciaire. Et aujourd'hui Rochefort au nom… d'un chef de parti qui prétend avoir le monopole du patriotisme, Rochefort joue de la lyre patriotique ; pour nous injurier, il nous traite d'Allemands et, pour saluer son maître, il l'appelle « général Revanche ! »

Un article du « Mot d'Ordre » de 1871.

Ah ! dans quelle bouche se trouvent de pareils compliments, de pareilles insultes ? Je vais vous le dire. Dans la bouche d'un homme qui, en février 1871, alors que nous, les Parisiens, nous les pauvres soldats, nous étions obligés de laisser tomber nos fusils à terre, alors que les Allemands campaient autour de Paris, alors que s'organisait cette abominable saturnale qui devait être leur dernière joie, écrivait les lignes que je vais vous faire connaître.

C'est à ce moment que Rochefort prit la parole, dans un article dont je vais vous lire la moitié. Ce sera sa condamnation. « Rochefort, en février 1871, l'homme à qui un général français, Boulanger, serre la main, Rochefort s'est donné pour tâche, avec ce ton railleur, ce ton gouailleur que vous lui connaissez, d'insulter la patrie vaincue et l'armée prisonnière. »

Ah ! c'est bon à faire savoir, cela, parce qu'il faut que le pays connaisse ces gens-là, et jusqu'au bout j'aurai le même soin de les faire démasquer. Eh bien, voici l'article du nommé Rochefort, et quand je l'aurai lu, — je le dis ici, c'est la seule parole violente que j'aurai à prononcer ! — lorsque vous aurez entendu cet article, je n'en parlerai plus, parce que le dégoût me clora la bouche.

Les Allemands sont incontestablement atroces, Bismarck médite d'ouvrir avec nos dépouilles le magasin des 100,000 pendules, von Moltke, von Wœrder, tous von d'Outre-Rhin nous font payer les heures d'armistice dont nous avons besoin, comme un limonadier fait payer les heures de billard ; ils ont dévalisé nos fermes, crevé nos toitures, ils ont tout volé, tout fusillé, tout violé ; eh bien, c'est à peine si ces assassins et ces chapardeurs ont commis la moitié des crimes dont les armées françaises se sont rendues coupables avant de donner leur démission à Sedan.

N'est-ce pas qu'il est bien flétri par tout le monde, par tous ceux qui ont un cœur français dans la poitrine, le misérable qui a écrit ces lignes !

Je continue :

Les Allemands en France ont fusillé les maires de village qui ne pouvaient payer les contributions de guerre auxquelles ils avaient été taxés, les Français au Mexique ont pendu des patriotes qui refusaient de prendre au sérieux l'autorité d'un nommé Bazaine qui s'est illustré depuis sous les murs de Metz. Les Allemands ont emporté les meubles du château de Saint-Cloud ; les Français sont allés jusqu'en Chine voler les émaux, les brûle-parfums du palais d'Été ; les Allemands ont mis le feu aux meules de blé pour couper court à tout ravitaillement, les Français, dans les campagnes d'Afrique, coupaient les oreilles aux femmes arabes pour s'éviter la peine de détacher les anneaux qui pendaient après !

Ah ! croyez-le, au point de vue de la salubrité publique, il est bon que ces choses-là soient connues. Est-ce tout ?

Nos vainqueurs ne sont pas plus cruels envers nous que nous n'avons été féroces envers nos vaincus, et nous ne déblatérerons jamais autant contre les Prussiens de 1871 que ceux de 1813 n'ont déblatéré contre nous...

Voilà, messieurs, Henri Rochefort. Il est cloué là, et personne ne l'en déclouera jamais.

Rochefort et Boulanger.

Le réquisitoire établit maintenant, avec la série des articles de l'*Intransigeant*, que Rochefort n'a pas cessé d'être l'auxiliaire de Boulanger et a travaillé l'opinion publique en France, de façon à la troubler, soit pour que son maître restât ministre, soit pour que, cessant d'être ministre, il devînt une menace perpétuelle pour l'ordre public.

On a offert un commandement au général Boulanger ; il l'a refusé.

M. le général Ferron, qui a été chargé de le lui offrir, nous fait savoir dans quelles conditions ce commandement lui a été proposé.

Conformément au désir exprimé par le président Grévy, dit M. le général Ferron, j'ai offert au général Boulanger le commandement d'un corps d'armée. J'étais heureux des intentions du chef de l'État à l'égard de mon prédécesseur, parce qu'elles étaient conformes aux sentiments d'amitié et de reconnaissance — que j'avais encore pour lui, sans toutefois approuver les mesures qu'il avait cru devoir prendre pour la mobilisation de nos armées.

M. Boulanger a répondu à la proposition du commandement qui lui était faite en me priant de le laisser en disponibilité pendant quelques mois, ajoutant qu'il viendrait lui-même me demander un corps d'armée lorsqu'il aurait mis ordre à ses affaires. — N'oublions pas cela. — A la fin du mois de juin, le gouvernement, préoccupé des agissements du général Boulanger à Paris, — le général recevait à l'hôtel du Louvre un nombre considérable de personnes et il était chaque jour accompagné par un nombreux état-major d'officiers dans sa promenade au bois de Boulogne, — m'invita à lui donner un commandement en province.

J'insistai auprès du Président de la République et de mes collègues pour que ce commandement fût un commandement de corps d'armée. Mes raisons furent comprises, et le général Boulanger a été nommé au commandement du 13º corps d'armée, à Clermont. Il prit possession de ce commandement le 10 juillet.

C'était une grande faveur pour un homme qui était arrivé — le duc d'Aumale en sait quelque chose — général au choix très jeune, le plus jeune de tous, alors que de vieux commandants, de braves et héroïques lieutenants-colonels de 1870 n'avaient pas obtenu ce grade.

Très peu de temps après, il est nommé général de division. Il se trouvait certainement le plus jeune de sa situation, c'était un grand honneur de commander un corps d'armée. Il refusa, et nous savons que, lorsqu'un mois après, Boulanger fut nommé d'office, Rochefort présenta cette nomination comme une disgrâce et déclara que le malheureux Boulanger était un déporté ; et voici, messieurs, l'article de l'*Intransigeant*, qui est bon à connaître :

Le ministère a enfin pris un parti énergique ; il vient de déporter le général Bonlanger. Seulement, comme il lui eût été difficile de trouver un conseil de guerre pour le condamner à cette peine afflictive, on l'a déporté sans jugement ; on lui a désigné comme lieu de détention les montagnes de l'Auvergne.

Cela continue. Je vous fais grâce, bien entendu, du reste ; mais l'article était si bien écrit sous la dictée de Boulanger qu'on donnait l'heure même à laquelle il avait reçu le pli ministériel le nommant.

A Clermont-Ferrand

Boulanger quitte Paris et se rend à Clermont-Ferrand, on dira plus tard dans quelles conditions. A Clermont-Ferrand, il prend aussitôt pour agent un nommé Baillières, ancien fonctionnaire de la Commune, ancien déporté, ami de Rochefort. La conspiration continue. Le commandant du 13e corps d'armée correspond en chiffres avec ses agents de Paris.

Lorsque Boulanger s'est établi à Clermont, immédiatement il a correspondu par dépêches chiffrées. Ces dépêches se trouvent expliquées par des codes qui en donnent la clef, et nous en ont ainsi permis la traduction partielle ; mais, par suite de raffinements extrêmement curieux, indiquant une grande force d'intelligence, Dillon était parvenu à les rendre à peu près indéchiffrables.

C'est à tel point, messieurs, que, jusqu'à l'époque très récente où une perquisition heureuse nous a fait saisir la cantine du général Boulanger et, sous ses paquets personnels, la collection des codes, il avait été impossible de traduire la moitié, tout au moins le tiers de ces dépêches chiffrées. Comment y est-on arrivé? Parce que, dans cette bienheureuse cantine qui contenait des secrets curieux, nous avons trouvé en particulier une grande lettre manuscrite du sieur Dillon qui faisait la leçon à chacun et qui, par des formules quasi algébriques, livrait à chacun un procédé indéchiffrable de correspondance.

C'est bien, je crois, un acte de complicité de complot que celui de la fabrication de ces pièces, qui ne peuvent servir qu'à des conspirateurs; et alors j'ai le droit de dire qu'en rencontrant ici Dillon qui commet ces actes, je rencontre Dillon complice.

Arthur Dillon

Il faut dire maintenant quel est Dillon, principal complice de Boulanger. Dillon a trouvé que l'acte d'accusation avait été sévère pour lui. Le procureur général va laisser la parole au dossier, qui dira tout.

Nous avons d'abord une déposition de témoin. C'est la déposition d'un sieur Alibert, dont je vous ai parlé tout à l'heure. On ne trouve peut-être pas partout le témoin bon. Mais il a prêté serment, et, sous la foi du serment qu'il a prêté, il m'offre plus de garanties que ceux qui n'osent pas même venir ici apporter de simples allégations et qui ont prêté tant de fois dans leur vie des serments pour les violer.

Mais, si la déposition du témoin Alibert ne semble pas suffisante, je veux bien la passer sous silence, d'autant plus que tout ce qu'il nous dit se trouve confirmé par ce que d'autres personnes vont nous apprendre. Et alors, autant pour gagner du temps que pour prouver que mon témoin n'est pas indigne de foi, je vais arriver à la lecture d'un rapport qui, je crois, lui, ne laissera rien à désirer.

M. Dillon (Arthur), est né à Paris le 18 mars 1834. Après le décès de sa mère, il a épousé, le 18 février 1882, une demoiselle X... — peu importe le nom; — tous deux ont reconnu, afin de les légitimer, deux fils, l'un né de M. Dillon et de mère inconnue, l'autre né d'une demoiselle X... et de père non dénommé. Avant son mariage, Mme Dillon habitait Bordeaux et était, dit-on, chanteuse au Grand-Théâtre...

Ici, aucun devoir ne me forcera de vous lire la fin de cette phrase, je prierai seulement les membres de la Haute Cour de vouloir bien la lire en chambre du conseil pour être édifiés tout à fait sur le compte de M. Dillon :

... En sortant du service, — c'est un autre ordre d'idées, — M. Dillon s'installe rue de Lévis; il avait chevaux et voitures et menait un grand train de vie. On prétend, il est vrai, que sa maîtresse qui demeurait... lui venait souvent en aide par des prêts ou des dons en argent; on a même dit qu'il vivait complètement à ses dépens...

... Au bout de deux ans de cette existence, il fut traqué par ses créanciers et déménagea. Son propriétaire fit saisir ses chevaux et ses équipages en garantie d'une somme de 500 francs qui lui était due.

En quittant cette adresse, il alla demeurer chez sa maîtresse qui, bientôt après, le congédia, parce que, prétend-on, il dépensait trop d'argent et qu'elle ne pouvait suffire à ses exigences.

Cette rupture accomplie, M. Dillon, se trouvant sans ressources, se réconcilia avec sa mère qui demeurait alors dans telle rue, où il trouva la table et le logement.

Ce genre de vie lui convenait peu, et, pour être plus libre, il loua, à l'insu de sa mère, rue Jean-Goujon, un appartement où il installa sa maîtresse qui avait deux enfants.

N'ayant pas l'argent nécessaire pour remonter sa maison, il essaya de se faire livrer des voitures par Vicart et Cie, carrossiers, offrant d'en solder le montant par des actions ; — écoutez bien. — Les titres qu'il offrait en payement étaient sans valeur, et la société qui les avait émis, l' « Union des familles » avait été créée en Belgique par Philipart, le financier bien connu. MM. Vicart et Cie refusèrent le marché ; M. Dillon fit une tentative analogue auprès de M. Labourdette, carrossier, avenue Malakoff, mais sans plus de succès. Alors, il loua une remise, 2 (bis), rue Pierre-Charron, et chercha à faire l'acquisition de quatre chevaux chez Perrault, lequel, après renseignements pris, refusa de livrer les chevaux.

Afin de capter la confiance des personnes auxquelles il avait affaire, Dillon se disait propriétaire de carrières de marbre, ou bien, quoiqu'il fût célibataire, il prétendait devoir hériter de son beau-père, vieillard qu'il représentait comme âgé de quatre-vingt-quatre ans.

Par ce qui précède, on voit que Dillon ne jouissait d'aucun crédit et qu'il ne cherchait même qu'à faire des dupes.

Cette gêne se serait prolongée jusqu'en 1878 ou 1879. On constate que la situation pécuniaire de Dillon ne semble s'être améliorée qu'après la dernière émission de la compagnie du télégraphe de Paris à New-York.

Son acte de naissance ne fait aucune mention d'un titre nobiliaire — je l'ai sous les yeux, et cela est certain, — et il n'aurait pu en justifier lors de sa nomination au grade d'officier de la Légion d'honneur.

Il s'est rallié dès le début aux entreprises de Boulanger et l'on se rappelle le procès qu'il intenta au journal le *Matin*, à la suite de la divulgation faite par ce journal de dépêches échangées entre Paris et Clermont-Ferrand. Au mois d'octobre suivant, il aurait eu, à Londres, au nom du général Boulanger, une entrevue avec un très grand personnage dans un but qu'on ignore.

Je passe ces détails qui sont purement politiques, mais qui nous indiquent que Boulanger se servait de Dillon, dont le passé vous est maintenant connu; qu'après avoir été renvoyé de chez certaines femmes parce que l'on trouvait ses exigences un peu trop ruineuses, il s'en va, pour se faire remettre des marchandises, présenter des chiffons de papier qui, sous le vocable d'actions de sociétés industrielles, n'ont pas même la valeur du poids chez l'épicier.

Eh bien, cet homme qui est chargé des grandes missions publiques, la fin de ce rapport nous dit :

Il se serait alors occupé de former un syndicat de capitalistes étrangers connus pour leurs attaches non républicaines — vous le devinez bien — et il aurait réussi à trouver un certain nombre de banquiers disposés à fournir des fonds en vue de l'installation de Boulanger au pouvoir.

Ces fonds devaient servir, le moment venu, à faire un coup d'État qui, d'après ce qu'on espérait, serait pacifiquement accueilli des puissances étrangères.

Voilà donc, messieurs, les renseignements que nous avons recueillis sur M. Dillon; nous savons maintenant, au point de vue de ce que j'appellerai sa vie civile, ce qu'est le faux comte Dillon.

8.

Dossier militaire de Dillon.

M. Dillon a été officier; voici ce dossier militaire par extraits textuels :

Lorsque M. Dillon (Arthur) — tout court — a inventé le titre de comte Dillon, c'était pour solliciter — ce qui n'est point un reproche à lui faire — une faveur auprès du secrétaire des commandements de l'Impératrice. C'est lorsqu'il a écrit cette lettre que, pour la première fois, il a signé : « comte Dillon ».

Il était alors sous-lieutenant; mais à cette époque, c'était un officier qui, s'il a été conservé dans l'armée et s'il a donné sa démission volontairement, n'était pas du moins noté comme un officier modèle.

Voici, en effet, ce que je trouve sous la signature du colonel de son régiment, le colonel du 4e cuirassiers, s'adressant à M. le maréchal de France, ministre de la guerre en 1861 :

Monsieur le maréchal,

J'apprends à l'instant que Dillon (Arthur), sous-lieutenant au 4e cuirassiers, en permission de trente jours à Paris, permission expirée depuis le 20 courant est en instance auprès de Votre Excellence pour obtenir une prolongation.

Outre que cette demande est contraire aux circulaires des 10 août, etc., — suit l'énumération, — puisqu'elle n'est pas revêtue de mon avis motivé, je dois vous faire connaître, monsieur le maréchal, que Dillon a été signalé à l'état 71 de l'inspection générale comme ne devant pas obtenir de congé cette année à cause de ses nombreuses absences antérieures et du peu de zèle qu'il apporte à remplir ses devoirs.

Voilà comment il était jugé.

C'est peu de chose ; mais enfin, c'est un point de départ, et, croyez-moi, messieurs, vous connaîtrez bien mieux les faits à juger quand vous connaîtrez les hommes qui les ont commis.

Voici maintenant un extrait qui date de 1871.

Dillon était démissionnaire en 1869. Il a repris du service en 1870, et, en 1871, il s'est trouvé capitaine. A ce moment-là, l'autorité militaire a voulu, vous allez le voir, en débarrasser le corps auquel il avait le très grand honneur d'appartenir. Voici, en effet, ce que nous lisons :

État nominatif des capitaines, etc. — Dillon (Arthur), capitaine en second, à titre provisoire, était lieutenant démissionnaire ; rappelé avec son grade le 25 novembre 1870 ; nommé capitaine à titre provisoire, par décret du 1er janvier 1871. Il est impossible au chef de corps de donner sur Dillon les notes ci-dessus.

Cet officier, quoique comptant au régiment, n'y a jamais paru. Démissionnaire, rappelé à l'activité pendant la dernière campagne, il se fit attacher en qualité d'officier d'ordonnance à la personne du général Abdélal, à Bordeaux.

C'est de là qu'il va solliciter du major Demange, commandant le dépôt à Pontivy, la proposition au grade de capitaine en sa faveur, promettant de venir aussitôt rendre des services, et ajoutant que, du reste, cette nomination ne pouvait tirer à conséquence, puisqu'il était dans l'intention de donner sa démission aussitôt la campagne terminée, promesse qu'au détriment de l'avancement du régiment il s'est bien gardé de tenir.

Vous voyez que, pour se faire nommer capitaine, il a employé les mêmes moyens qu'il avait employés auparavant pour se faire remettre des voitures par les carrossiers, auxquels il présentait en échange des billets dans le genre de celui de La Châtre. Il obtient donc la seconde épaulette, qu'on lui confie, à la condition de la rendre, ce qu'il n'a jamais fait.

Cet officier est, à l'heure présente, parvenu à se faire attacher en qualité d'officier acheteur à la remonte de Paris.

Signé : Vu, le colonel du 3e cuirassiers.

PINARD.

Et, au-dessous, cette note de la main du général de brigade :

N'a aucun titre pour être conservé dans l'armée active.

A la suite de cela, il a été renvoyé, d'autant plus que je trouve, dans un rapport, la note que voici, du général de cavalerie, M. de La Salle :

Officier à ne pas maintenir en activité ; n'a jamais paru au régiment.

N'a jamais paru au régiment !...

Je ne sais pas dans quelles conditions il avait paru devant l'ennemi ; mais il y a une chose que je sais, et je vais vous lire, en partie tout au moins, la lettre — son dossier militaire en est encombré — la lettre d'un créancier qui, l'ayant vu venir, mais ne l'ayant pas vu s'en aller, et se trouvant dans l'impossibilité de mettre la main sur lui, s'adressait au ministère pour se procurer son adresse.

Ce créancier écrit ceci :

Monsieur le ministre, — la lettre est de 1873, — une circonstance aussi pénible que malheureuse me met dans la nécessité d'avoir recours à votre intervention relativement à M. le comte Dillon, capitaine dans un régiment de cuirassiers.

Cet officier est débiteur envers moi d'une somme de 1,550 francs.

Étant venu pendant la guerre se réfugier dans les parages du Mont-Saint-Michel accompagné de madame — je dis X..., bien entendu — avec laquelle il est intimement ami, il m'a envoyé... — Oh ! c'est toujours la même chose, on trouve toujours les mêmes histoires de dettes impayées, d'anecdotes particulières aux chevaliers d'industrie, de femmes galantes à la suite. Depuis que j'ai commencé mon réquisitoire, j'ai voulu vous les faire connaître l'une après l'autre, et vous voyez que ce sont toujours des décalques de la même biographie; mais je suis forcé, moi, puisque je ne suis qu'un lecteur, de vous indiquer ce qu'il y a dans le dossier; comme je tiens essentiellement à ce que l'on connaisse celui qui, à Neuilly et à la rue Dumont-d'Urville, a été pour l'opinion publique l'honorable comte Dillon, je veux vous lire jusqu'au bout ces rapports, qui ne vous laisseront pas plus d'illusion qu'ils ne m'en ont laissé à moi-même.

Voilà donc ce brave homme de créancier qui déclare que Dillon s'est réfugié — voyez-vous cet officier qui a repris du service ? — dans les parages du Mont-Saint-Michel pendant la guerre de 1870, accompagné, bien entendu, d'une femme.

« Il m'avait confié la garde et l'entretien d'un bateau... » Voilà donc cet officier de cavalerie qui quitte son corps d'armée et qui s'en va du côté du Mont-Saint-Michel avec un bateau; vous le voyez, c'est là le soldat de la défense nationale !

Cet homme dit qu'il a eu le bateau en garde, il en est bien sûr, et il dit dans sa lettre qu'il est un pauvre journalier ayant à donner à manger à quatre personnes, et que cela lui a coûté 1,500 francs.

Je lui ai écrit à ce sujet, — parce qu'il avait dit qu'il payerait peu de temps après son retour à Paris...

... Je lui ai écrit à ce sujet, plus de dix fois, afin de régler son compte avec moi ; mes missives sont restées jusqu'à ce jour sans résultat.

Le reste ne me touche pas ; d'ailleurs, des lettres de créanciers, j'en ai bien d'autres ! Je puis cependant vous en lire encore une. Elle émane d'une femme qui tient à Paris, rue du Helder, l'hôtel du Tibre.

Nous avons des témoins. Dieu ! que nous en aurions, si le débat eût été contradictoire, et comme vous auriez été édifiés, et le public aussi, sans que j'eusse besoin de prendre la parole ! Enfin, voilà cette femme de la rue du Helder qui écrit au ministre de la guerre :

Arthur Dillon est venu chez moi, à l'hôtel du Tibre, en septembre 1868 ; il s'est absenté pour quelques jours, en me disant qu'il reviendrait sous peu. Je n'ai jamais eu de ses nouvelles depuis, c'est ce qui m'engage à faire des recherches, car ce monsieur est mon débiteur.

Ce n'est pas une dette vulgaire, cela, c'est la dette de l'homme qui déménage furtivement, après avoir laissé derrière lui d'honnêtes gens à qui il avait inspiré confiance, en leur disant : Je reviendrai.

Mais ce n'est pas tout ! Dans le dossier militaire, nous allons vous montrer que Dillon a été obligé de quitter l'armée.

En effet, en 1871, le général de Lassale et d'autres officiers, dont je pourrais citer les noms, ont déclaré : « Officier à ne pas conserver. »

La commission de la revision des grades a rendu Dillon à ses autres occupations. Mais il a été nommé, en qualité d'ancien officier de l'armée, officier supérieur au 1er régiment de cavalerie territoriale, et puis, étant officier dans la territoriale, officier supérieur, il est allé souvent, très souvent, en Angleterre avec des gens qui sont de malsains compagnons de voyage.

Un jour, il a trouvé là, non pas comme ami, mais comme témoin, un officier portant un beau nom dans notre armée, le marquis de La Ferronnais, qui était attaché militaire à l'ambassade de Londres. M. le capitaine marquis de la Ferronnais, officier de cavalerie aussi, a appris — car il n'est pas capable, personne ne voudrait le croire, de l'avoir inventé — M. le marquis de La Ferronnais a appris, qu'à

Londres, M. Dillon avait la réputation de prendre la qualité d'agent du gouvernement français pour se lancer dans des affaires d'achat et de vente de chevaux — vous prononcez le mot, il est sur les lèvres de tout le monde.

M. de La Ferronnais s'en est ému pour l'honneur de notre armée, il a fait connaître au ministre de la guerre, à Paris, que M. Dillon jouait à Londres un rôle de chevalier d'industrie, — il y a dix lettres de lui au dossier. — On a réuni un conseil d'enquête pour savoir si le commandant Dillon, se disant à tort comte Dillon, — c'est là dans le texte officiel, — avait manqué à l'honneur.

En réunissant le conseil d'enquête, M. le ministre de la guerre a prescrit qu'il y aurait une enquête sur la moralité afin que le conseil pût savoir, en même temps qu'il informait sur les faits de Londres, ce que c'était que Dillon. Le conseil d'enquête s'est réuni et nous avons trouvé dans le dossier militaire un rapport qui a été recueilli sur la moralité du sieur Dillon.

Le voici :

Le sieur Dillon, officier de cavalerie, démissionnaire, désigné comme ayant habité rue de Presbourg, n° 11, n'est pas domicilié à cette adresse. Il habite chez sa mère. Il se fait adresser des lettres qu'il fait retirer par un ami quand il ne les retire par lui-même. Il cache son domicile pour échapper aux poursuites de ses créanciers. Il fait de fréquents voyages à l'étranger et particulièrement à Londres en compagnie de M. X..., ancien avocat.

Il n'est pas en cause, inutile d'insister.

Le sieur Dillon, qui se fait donner le titre de comte, a eu, le 29 novembre 1877, chez sa mère, une scène scandaleuse avec une femme Léger, du Havre, qui venait lui réclamer 2,000 francs pour vivre et qu'il a fait jeter brutalement à la rue.

Voilà comment il paye ses dettes !

Mme Dillon mère, rentrée de Fontainebleau depuis le 16 octobre, prétend que son fils est en ce moment à Londres et ses domestiques on la consigne de ne donner aucun renseignement sur sa position ; on sait cependant qu'il est poursuivi par ses créanciers qui l'accusent de déloyauté en participation avec le sieur Frignet.

Il essaye de contracter en ce moment en Angleterre un emprunt important. C'est un joueur, un prodigue dont la conduite laisse beaucoup à désirer et dont l'honorabilité est très gravement compromise.

Dillon s'est expliqué devant le conseil d'enquête, non pas sur ces renseignements-là, — il n'a rien dit à ce sujet, — mais il s'est expliqué sur ce voyage à Londres, et sur les faits vrais ou supposés de maquignonnage.

Il s'est expliqué de deux façons contradictoires : Il a d'abord raconté qu'il allait à Londres pour une affaire concernant le gouvernement français et qui aurait une grande importance en cas de déclaration de guerre, et il a dit ensuite qu'il s'agissait pour lui d'une affaire personnelle relative au câble.

Je lui laisse ces deux explications ; peu m'importe ! mais ce que je dois ajouter, c'est que les marchands de chevaux anglais ont été entendus, et qu'aux questions qui leur étaient posées par le conseil d'enquête, ils ont répondu évasivement.

Alors, le conseil d'enquête, n'ayant pas de preuves suffisantes, a acquitté le sieur Dillon sur le chef de manquement à l'honneur, comme ayant pris à tort la qualité de représentant du gouvernement français pour acheter des chevaux et les revendre. Mais, en revanche, il a déclaré ceci :

Toutefois, il résulte de l'examen du dossier et des renseignements ci-joints que Dillon...

Faites attention, messieurs, c'est signé du chef de bureau Eugène Poyer, du colonel directeur et du général qui était alors ministre de la guerre, le général Borel. Voilà les trois signatures !

Il résulte des renseignements fournis que Dillon, qui se donne indûment le titre de comte, est criblé de dettes et réduit à cacher son domicile réel pour se soustraire aux poursuites de ses créanciers qui l'accusent de déloyauté; qu'il est représenté comme un joueur, comme un prodigue ayant une honorabilité gravement comprise.

Dans ces conditions, il semble difficile que Dillon conserve dans l'armée territoriale une situation dont il méconnaît les obligations et dont il compromet la dignité.

En conséquence, on a soumis à M. le ministre de la guerre la question de savoir s'il n'y avait pas lieu de présenter à

M. le Président de la République un décret ayant pour objet de suspendre Dillon disciplinairement de son emploi pendant un an.

Voilà ce qui a été proposé, et en réponse, ou plutôt pour faire suite à cette proposition, un décret a été rendu et Dillon — non plus le comte Dillon — fut suspendu disciplinairement de son emploi pendant un an, le 5 décembre dernier, aux termes de l'article 12 de la loi du 31 décembre 1878, comme ne présentant pas au point de vue de la conduite privée les garanties qu'on doit attendre d'un officier supérieur de l'armée territoriale.

Nous en avions, autour de Boulanger, des gens suspendus disciplinairement et pas seulement par les conseils d'enquête !... En voilà un de plus !

Il a été suspendu pendant un an, placé hors cadre ; et c'est alors que, ne pouvant plus véritablement, quelque Dillon qu'il fût, revêtir un uniforme d'officier français, il envoya sa démission qui, vite, a été acceptée.

Le complot ourdi.

Le réquisitoire a dit quels sont les acteurs ; il va montrer maintenant l'action. Les conspirateurs sont habiles ; comme on l'a déjà dit, ils ne correspondent qu'en chiffres et, dans ces codes hiéroglyphiques, prennent des noms différents.

Boulanger, bien entendu, — c'est un homme d'imagination, — devait avoir du goût pour certains surnoms, pour un surnom, par exemple, plein de promesses pour sa grandeur à venir : en conséquence, distingué latiniste, il s'était surnommé *Spes*. Je crois que cela veut dire une douce espérance. Mais il ne s'appelait pas seulement *Spes* ; — son répertoire était plus riche que cela ! — et pour donner d'autres garanties à ses amis, pour ne pas leur donner que des espérances, il s'appelait aussi « Fidèle ».

Par conséquent, qu'on le désignât sous un nom ou sous un autre, ses partisans trouvaient toujours une satisfaction égale.

Ce n'est pas tout ; nous avons Thiébault, qui jamais ne s'est appelé M. Thiébault : il s'appelait Mme X... ; je n'ai pas besoin de dire ce nom, parce que c'est celui d'une très honorable dame qui existe bien réellement : c'est la belle-mère de M. Thiébault, qui, plus tendre que certaines belles-mères, faisait preuve d'affection pour son gendre, même en matière de dépêches chiffrées.

Il y avait ensuite le code spécial à M. Déroulède. Là, l'imagination du poète s'était donné carrière, et Déroulède portait plusieurs noms, entre autres le nom d'un de ses ligueurs à l'adresse de qui l'on envoyait les dépêches ; et de temps en temps, souvent même, sous la plume de son ami Boulanger, il est devenu le sieur Flachon.

D'autres noms encore, sonnant mieux à l'oreille, avaient été choisis par M. Déroulède ; il était quelquefois Mlle Maldagne, ou même Mlle Prudence Biausse.

Enfin, M. Boulanger, ne voulant point abandonner ses prétentions militaires, signait souvent aussi : « Crimée. »

Quand on est obligé d'écrire, on écrit à M. Boulanger, à Clermont-Ferrand, sous deux enveloppes superposées.

L'enveloppe intérieure pouvait porter « Spes », « Crimée », « Fidèle », ou même Boulanger ; mais l'enveloppe extérieure, celle qui était exposée à la vue du vulgaire, portait toujours l'adresse de M. Desblanc, 19, rue des Jacobins, qui était chargé de remettre sa correspondance secrète au général politique.

Appel à la révolte.

Vers ce moment, un incident se produit dont le retentissement a été très grand. M. Ferry, dans un discours, traite M. Boulanger de « Saint-Arnaud de café-concert ». Grand émoi parmi les amis de M. Boulanger.

Voici ce qu'on publiait, à cette occasion, dans l'*Intransigeant* :

L'assassin d'Herbinger — c'était l'auteur du propos qu'on désignait ainsi — fait appel à un véritable pronunciamiento contre le commandant du 13e corps d'armée. A son tour, le commandant du 13e corps d'armée *est autorisé à inviter les soldats* « à se prononcer entre lui et le ministre ».

Est-il possible d'exciter plus ouvertement à une sédition militaire ?

Supposons, ajoute l'honorable Rochefort, supposons que, convaincus du républicanisme et de la droiture politique de leur général, elles se soulèvent. — Elles, se sont les troupes du 13e corps — elles se soulèvent contre les provocations qui essayent de détruire toute discipline.

Quel serait, ajoute le journaliste, le résultat de ce mouvement, dont le Gouvernement aurait l'entière responsabilité ?

La question était donc bien posée.

Il a été, à ce moment, parlé d'un duel ; le bruit a été grand, et, à une femme alarmée, M. Boulanger écrivait une lettre à laquelle je fais à peine allusion, mais dont je retiens une demi-ligne, parce qu'on y retrouve, d'une manière bien frappante, l'objet de sa préoccupation constante. Il dit à cette femme : « Rassure-toi, pourquoi t'inquiéter ? N'ai-je pas mon étoile ? »

Partout, messieurs, nous retrouvons ce mot ; il ne cesse de le prononcer que quand M. Dillon prend à son tour la parole pour lui dire : Mais va ! tu sais bien que tu as ton étoile ! Ainsi, nous trouvons la pensée intime de M. Boulanger révélée, ès Clermont-Ferrand, par cette parole équivalente à la devise de Fouquet : *Quo non ascendam?*

Cependant Dillon conseille de temporiser ; il faut, dit-il, laisser *cristalliser la magnifique situation* de son ami. M. Boulanger se rend à ses avis et se contente de parcourir son commandement en triomphateur.

Nous avons, à cet égard, des détails qui sont extrêmement frappants ; nous savons, par exemple, que jamais il n'a parcouru les villes de son commandement qu'en voiture découverte, au pas, saluant la foule en souverain, pendant que des enfants ingénieusement apostés vendaient, à des prix que je vous prie de croire très minimes, et l'image de Boulanger et les médailles commémoratives de ses voyages.

Il a donc beaucoup voyagé, et, dans ses tournées, il s'est toujours occupé de politique. Vous savez tous, en effet, messieurs, qu'il a été puni de trente jours d'arrêt pour avoir attaqué très nettement le ministère à propos du procès d'un autre général dont le nom importe peu à l'affaire.

AUDIENCE DU VENDREDI 9 AOUT 1889

(L'audience est ouverte à une heure dix minutes.)

Général politique.

J'en étais resté hier au moment où Boulanger, commandant le 13e corps d'armée, prend à Clermont-Ferrand l'attitude d'un général politique ; et, pour vous donner une preuve de plus de la certitude que j'ai de cette attitude, je me permets de vous rappeler que, arrivé au mois de juillet à Clermont, le général Boulanger croyait déjà possible, dès le mois d'août, quoique inéligible et quoique n'ayant pas le droit, en sa qualité de militaire en activité, de s'occuper de politique militante, croyait possible, dis-je, de disposer des sièges législatifs et des affaires électorales.

On voit M. Boulanger offrir à M. Déroulède un siège législatif dans la Meuse ; il continue ses voyages qui ressemblent singulièrement à des exhibitions de petit triomphateur ; il fait aussi d'autres excursions.

Ainsi, le 1er janvier 1888, il a quitté furtivement Clermont-Ferrand. Vous remarquerez la date du 1er janvier ; c'est celle qui, jusqu'à une heure avancée de la matinée, est toujours absorbée par les fonctionnaires d'un ordre aussi élevé en réceptions et en visites officielles, de sorte que c'est le jour où il est le plus facile de faire présumer un alibi quand on s'absente.

Eh bien, après avoir vaqué à ses visites et à ses réceptions de général, M. Boulanger envoya un télégramme au chef de gare de Saint-Paul de Lyon, afin d'avoir pour le soir une voiture qui pût le prendre incognito à la gare et l'amener où ses affaires non militaires pouvaient l'appeler.

Le réquisitoire résume les dépositions recueillies sur ce point:

Voyages mystérieux.

Le général — c'est le 1er janvier — est arrivé par le train de 8 heures du soir environ, suivant qu'il s'était annoncé, et il a trouvé effectivement une voiture de place qui lui avait été réservée parce qu'il avait envoyé une dépêche dont on n'a pas conservé le texte, mais qui, au dire du chef de gare, était signée Driantou Diron. Le général a paru à la gare, et, comme il avait déjà fait de grands efforts et de grandes dépenses pour répandre son image sur tous les points de la France, il était de ces hommes, à partir de ce moment-là, qui ne pouvaient plus voyager incognito et qui étaient toujours reconnus malgré les tentatives de déguisement.

Voici, en effet, dans quels circonstances il est arrivé; et, ici, je commence ma lecture de quelques lignes:

Le général était coiffé d'un chapeau gris mou dont il avait baissé les bords. Il portait un pardessus gris.

Conduit à la voiture de place qui avait été retenue à son intention par un homme d'équipe nommé Goddo — c'est un témoin de plus que nous avons entendu — qui portait sa valise, il se fit transporter au grand hôtel de l'Univers, cour du Midi, où il a occupé la chambre n° 22.

Il s'est fait inscrire sous le nom de Solard (Louis), 46 ans, propriétaire venant de Clermont.

Aucun doute ne peut exister sur l'identité entre le général Boulanger et la personne qui s'est fait inscrire à l'hôtel de l'Univers sous le nom de Solard.

Je me suis, en effet, rendu, le 3 janvier, dans cet hôtel où il m'a été déclaré qu'aucun autre voyageur n'était arrivé en voiture dans cette soirée du 1er janvier à partir de huit heures.

Le signalement que j'ai donné d'ailleurs correspondait exactement à l'individu qui avait pris le nom de Solard.

Le général Boulanger est parti le lendemain matin, 2 janvier, vers sept heures. Il s'est fait conduire à la gare de Perrache; mais on ne sait pas quelle direction il a prise.

Je n'ai pas eu entre les mains la dépêche dont j'ai parlé ci-dessus.

J'ignore, par conséquent, de quel point elle a été expédiée.

Ainsi, vous voyez toujours le système des actes occultes qui marchent parallèlement aux actes avouables: le général

qui, le 1er janvier au matin, est en uniforme et le soir en
chapeau mou, le général qui, le matin, se trouve dans
l'exercice de ses fonctions militaires et qui, le soir, visière
baissée, est devenu M. Solard, propriétaire, pour aller prendre furtivement, le lendemain matin, un chemin de fer qui
ne peut le ramener au siège de son commandement. Nous
n'avons pas pu le suivre au delà; l'histoire de son voyage
s'arrête ici; mais pour la Haute Cour, il me semble que je
lui ai livré, par ce simple commencement de récit, un renseignement dont l'utilité ne pourra certes échapper à personne.

Voilà un voyage qui s'est accompli dans la direction d'un
pays qui s'appelle la Suisse, où, quelques mois après, on a
supposé — je parle des indigènes — qu'il avait fait un
voyage politique incognito.

Mais Boulanger se rend aussi à Paris en cachette et en désobéissance formelle des ordres reçus.

M. le général Logerot a fait ainsi sa déclaration sur ce
point :

Au commencement de 1888, le général Boulanger m'exprima le désir
d'avoir un autre commandement, sous prétexte que sa situation était
devenue difficile à Clermont.

Je lui répondis que, pour le moment, je ne pouvais lui donner d'autre
commandement; que sa situation à Clermont ne serait pas difficile, s'il ne
voulait avoir d'autres préoccupations que ses devoirs militaires. Il m'en
fit la promesse en ajoutant qu'il s'était brûlé les ailes deux fois, et que
cela lui servirait de leçon.

Il me demanda de prolonger de quatre jours son séjour à Paris, ce
qui lui fut accordé.

A quelques jours de là, huit ou dix jours, je crois, je fus informé
par M. le général Saussier que M. le général Boulanger était à Paris,
à l'hôtel du Louvre. J'envoyai immédiatement un de mes officiers d'ordonnance porteur d'une lettre prescrivant à M. le général Boulanger
d'avoir à rejoindre son poste et lui rappelant que les commandants de
corps d'armée ne pouvaient quitter le territoire de leur commandement
sans une autorisation spéciale du ministre de la guerre.

M. le général Boulanger partit pour Clermont; mais, peu de jours
après, il me demandait l'autorisation de revenir à Paris.

Je lui répondis qu'il ne m'était pas possible d'accéder à sa demande,
que son nom avait été mis en avant au sujet de prochaines élections,
et que, dans son intérêt même, il devait rester à son poste.

Quarante-huit heures après, nouvelle demande de venir à Paris, pré-
textant l'état grave de la santé de Mme Boulanger.

J'avais envoyé à l'hôtel du Louvre un de mes officiers d'ordonnance pour constater l'état de santé de Mme Boulanger, et j'acquis la certitude qu'elle n'était pas malade.

Je répondis à cette nouvelle dépêche que, les raisons qui m'avaient fait lui refuser la permission demandée deux jours avant étant les mêmes, j'avais le regret de ne pouvoir revenir sur ma décision.

Je fus informé de cette faute grave par M. le ministre de l'intérieur, qui communiqua au conseil des ministres diverses dépêches relatives à ce voyage, émanant du préfet du Puy-de-Dôme, du commissaire spécial de Clermont, du commissaire de la gare de Lyon et de divers agents de la sûreté de Paris.

Les rapports de ces derniers agents faisaient ressortir que M. le général Boulanger ne venait pas à Paris pour des affaires de famille, mais bien pour se mettre en relations avec des personnages politiques.

Muni de ces renseignements, et ne pouvant pas tolérer, de la part d'un officier général, une faute aussi grave que celle d'avoir quitté son commandement malgré la défense qui lui a été faite, j'établis un rapport à l'effet de demander la mise en non-activité par retrait d'emploi de M. le général Boulanger ; ce rapport, approuvé et signé par M. le Président de la République, parut le lendemain à l'*Officiel*. En même temps, M. le général Boulanger fut avisé par moi de la mesure prise à son égard. Ma lettre lui prescrivait, en outre, d'attendre à son poste l'arrivée de M. le général Broye, auquel il devait remettre le commandement du 13e corps.

M. le général Boulanger ne tient aucun compte de cet ordre. Il quitte Clermont pour se rendre à Paris sans attendre l'officier auquel il devait remettre son commandement, et oubliant la prescription ministérielle qui veut que tout officier en disponibilité ou en non-activité ne puisse résider dans telle ou telle ville sans en avoir au préalable, obtenu l'autorisation.

Ce sont ces nouvelles fautes contre la discipline qui amenèrent la convocation du conseil d'enquête qui, à l'unanimité, décida qu'il y avait lieu de mettre M. le général Boulanger à la réforme.

Le rapport établi par le conseil d'enquête ne visa que la question militaire, c'est-à-dire les fautes graves commises contre la discipline.

Mais, en vertu du droit que lui accordaient les règlements en vigueur, M. le général Boulanger pouvait, devant le conseil d'enquête, faire intervenir, pour sa défense, quelques-uns de ses amis politiques.

C'est pourquoi je fis demander à M. le ministre de l'intérieur communication des dépêches qui établissaient les rapports que M. le général Boulanger avait eus avec divers personnages politiques lors de ses voyages clandestins à Paris.

Ces dépêches formaient un dossier de 24 ou 25 pièces, qui fut communiqué à M. le président du conseil d'enquête.

Mais, je le répète, le conseil d'enquête n'en fit pas usage et ne visa que la question militaire.

Seulement, à la fin de la séance du conseil, et lorsque le président demanda à M. le général Boulanger s'il avait quelque chose à ajouter pour sa défense, ce dernier répondit qu'il était convaincu que c'était la question politique qui l'avait amené devant le conseil.

M. le général Février lui dit alors qu'il n'avait pas voulu sortir de la question purement militaire ; mais puisque lui, général Boulanger, voulait en sortir et l'amener sur le terrain politique, il avait un dossier dont il allait donner connaissance au conseil. M. le général Boulanger refusa.

Il a refusé la discussion.

Il s'est trouvé en face de ses pairs, en face de généraux qui l'avaient, à de nombreuses reprises, convaincu d'indiscipline. C'est un trait de plus à ajouter à la physionomie que vous connaissez déjà. Et lorsque M. Boulanger, excipant de la question politique, a voulu se placer sur ce terrain, M. le général Février a accepté le système de défense et a voulu ouvrir le dossier ; mais il paraît que, dès cette époque-là, M. Boulanger n'aimait pas que les dossiers fussent ouverts.

Suite du complot.

Le complot se dessine de plus en plus nettement ; au lieu de s'entourer de l'élément militaire qui était sa force et son honneur Boulanger s'entoure presque exclusivement d'agents politiques, Baillières, Morphy, l'anarchiste, Thiébaud.

Les menées secrètes dont j'ai l'honneur de vous parler par voie d'indication étaient si bien organisées et à l'estime de certains lieutenants — j'entends les lieutenants civils — de M. Boulanger, si près de l'avènement, que nous trouvons, lorsque M. Boulanger est frappé de trente jours d'arrêt, un télégramme émané d'un personnage qui est surtout important dans l'affaire par la peine qu'il s'est donnée pour se créer une importance, mais auquel je laisserai, comme il convient, le simple rôle de sous-officier de la compagnie : c'est le sieur Laguerre.

Le sieur Laguerre, envoie donc à M. le général Boulanger un télégramme que je vais vous lire, pour le complimenter, comme il devait le faire, d'être frappé pour indiscipline, et d'être, par conséquent, un mauvais commandant de corps d'armée puisqu'il devait donner à tous, dans son corps, l'exemple de l'obéissance aux lois et aux règles de la hiérarchie.

Le sieur Laguerre, très heureux d'avoir avec lui un général, qui n'était plus général que de nom, lui envoie, à propos des arrêts dont il a été frappé, le petit compliment que voici, sous forme télégraphique :

Si nouvelle mesure disciplinaire est exacte, je vous félicite ; c'est un suprême honneur... — chacun entend l'honneur à sa façon — «...que d'être frappé par les traîtres et les escrocs qui, pour peu de jours encore, nous gouvernent. »

Embauchage.

A la même époque, on donne les premières tentatives d'embauchage. C'est d'abord M. Balthazar, commissaire de police d'Orléans que M. Thiébaud a été chargé d'entreprendre.

Voici la déposition de M. Balthazar, commissaire de police d'Orléans :

J'ai connu M. Thiébaud (Georges) en 1874, 1875 et 1876, lorsque j'étais commissaire de police à Charleville. Il habitait lui-même dans cette ville et y dirigeait un journal réactionnaire.

En 1877, j'ai été disgracié par le gouvernement du 16 mai, et, malgré mes vingt-trois ans de services et mes huit enfants, j'ai été envoyé comme simple inspecteur à Belfort.

De l'époque à laquelle j'ai quitté Charleville à 1888, je n'ai plus revu M. Thiébaud.

Le 11 février de cette année 1888, étant comme je le suis encore, commissaire central à Orléans, M. Thiébaud vint faire une conférence dans cette ville. Sa conférence avait pour but d'exalter les mérites du général Boulanger.

Je le reconnus alors et, quand la réunion prit fin, nous nous rencontrâmes.

M. Thiébaud, à qui je fis part, sur sa demande, de ma situation et du sujet de mécontentement que j'avais pour avoir été disgracié à la suite du 16 mai, me conseilla de m'adresser au général Boulanger qui était, dit-il, un bon républicain et qui aimait les Alsaciens; que le général arriverait au pouvoir un jour ou l'autre et qu'il ne manquerait pas de prendre ma situation en considération.

Je lui exprimai alors mon étonnement de le voir devenu républicain lorsque je l'avais connu si réactionnaire à Charleville.

Il me répondit alors qu'avec le général Boulanger, qui rendrait à la France l'Alsace et la Lorraine, le gouvernement des républicains serait le meilleur des gouvernements. — On rendra bien cette justice à M. Thiébaud que c'était s'en tirer en homme d'esprit. — Écrivez au général Boulanger, me dit-il; ayez le soin de mettre la lettre sous double enveloppe : l'une à l'adresse du général Boulanger, l'autre extérieure, à l'adresse de M. Desblanc, 19, rue des Jacobins, à Clermont-Ferrand, son officier d'ordonnance.

« Dès le lendemain... » — tous les fonctionnaires n'ont pas fait de

8.

M. JOSEPH REINACH

« Les lois, les justes lois. »

(Les Petites Catilinaires.)

même — « ...je me suis empressé de communiquer à M. le préfet du Loiret la conversation que j'avais eue avec M. Thiébaud. »

L'effort fut vain; mais il n'en avait pas moins été tenté, et je demanderai à la Haute Cour si le général qui a pour préoccupation de remplir ses devoirs militaires, a besoin d'envoyer solliciter les commissaires de police afin de se faire adresser des actes d'adhésion sous double enveloppe.

Voici donc M. Thiébaud entré en scène ; c'est lui qui va poser bientôt la candidature de Boulanger, quoique inéligible, dans sept départements.

Permettez-moi d'abord de vous mettre sous les yeux la déposition d'un homme fort honorable, d'un député, d'un ancien sous-secrétaire d'État, M. Blandin, vieil ami de M. Thiébaud, et qui a été son confident. Je vais vous montrer que les agissements de M. Thiébaud à Orléans n'ont été qu'un acte isolé dans un ensemble dont il a été lui-même le narrateur.

Voici, en effet, la relation de M. Blandin, et je crois qu'après cela l'incident d'Orléans sera deux fois acquis.

J'ai connu M. Thiébaud enfant, à Paris, de 1855 à 1860; je connaissais sa famille. Je le perdis de vue à cette époque, quand j'allai habiter Épernay, et je n'entendis plus parler de lui... » etc.

Il le retrouve plus tard; Thiébaud était un promeneur habituel des couloirs de la Chambre des députés. Il abordait M. Blandin, qu'il considérait comme un homme digne de toute sa confiance et de toute sa sympathie ; il venait, jeune homme qui cherche sa voie, causer avec le vieux camarade d'enfance; et M. Blandin continue :

Il nous arriva plusieurs fois de causer des événements du jour, et je reconnus dans Thiébaud un jeune homme intelligent, instruit, avisé... » — je le crois bien ! — « ... et cherchant une voie. »

Par exemple, au moment où l'on parlait à la Chambre de la formation d'un centre-gauche centre-droit, Thiébaud, qui avait des relations avec M. Raoul Duval et avec M. Lepoutre, me demanda si je ne consentirais pas à faire partie de ce groupe ; je lui répondis négativement.

Nous avions à deux ou trois reprises différentes déjà parlé du général Boulanger, quand, au commencement de 1888, du 10 au 15 janvier, ayant rencontré Thiébaud dans la salle des Pas-Perdus, il me demanda ce que je penserais d'une candidature, comme député, du général Bou-

langer, pour un des sièges laissés vacants par les élections sénato-
riales qui venaient d'avoir lieu.

Je lui témoignai tout mon étonnement d'une pareille communication,
et lui demandai s'il connaissait le général Boulanger et s'il était en bons
rapports avec lui.

Il me répondit qu'il avait connu le général alors qu'il était ministre
de la guerre, qu'il avait conservé des relations avec lui, et qu'il allait
le voir à Clermont. — Ce n'est pas nous qui le lui faisions dire. —
Je lui répliquai que, s'il en était ainsi, et s'il avait l'oreille du général,
il n'avait qu'un conseil à lui donner, c'était de rester soldat, de ne
faire que son métier...

Je ne rencontrai plus Thiébaud que vers le 15 février 1888, il s'était
écoulé un mois environ depuis notre dernière rencontre.

Je lui demandai s'il avait été absent, et, sur sa réponse qu'il avait
fait un voyage, je lui dis que sans doute il était allé voir le soleil, et
qu'il avait bien fait de fuir un peu les brouillards de la capitale.

— Non pas, me répondit-il, je viens de Prangins.

— Prangins !... répliquai-je, — mais c'est le prince Jérôme qui
est là !

— Tu le connais donc? — Vous le voyez, messieurs, ils se
tutoient.

— Oui, j'ai eu deux ou trois fois l'occasion de le voir; à la suite des
deux conférences que j'ai faites à la salle du boulevard des Capucines,
il m'a témoigné désirer ma visite.

— Combien de jours es-tu resté là-bas?

— Six ou sept jours.

— Qu'avez-vous bien pu faire pendant tout ce temps?

— Nous nous sommes promenés; nous avons causé de la France, de
sa situation politique, économique, de sa Constitution, des améliora-
tions qu'il y aurait à apporter à cette dernière. — La revision d'aujourd'hui! — Et alors, sans transitions... — Messieurs c'est Thiébaud
qui parle. — ... sans transition : Vous savez, ce n'est plus une seule
candidature de Boulanger, dit Thiébaud; nous allons le présenter
partout.

— Cela vient de Prangins, répondis-je.

Thiébaud, alors se mit à rire, tourna sur ses talons et ne dit ni oui
ni non.

A tout ceci je n'attachai pas d'abord une bien grande attention...

Mais M. Blandin ajoute que quand, quelques jours après,
il vit la campagne électorale commencer et M. Thiébaud
faire des conférences pour le candidat inéligible, il fut bien
forcé de reconnaître que la conversation avait été sérieuse.

Boulanger est séduit par les propositions de Thiébaud; la
campagne électorale commence; on la suit pas à pas dans une
série de dépêches.

Campagne électorale.

En voici d'abord une qui a été adressée par Dillon au général Boulanger, à Clermont-Ferrand, le 22 février 1888 ; — ce sont, bien entendu, des dépêches chiffrées dont je vous livre la traduction.

— L'enfant de chœur a écrit à toi que vu impression produite ici par candidature sous le patronage réactionnaire, il est indispensable, demander ministre permission désavouer par lettre ceux qui ont usé de ton nom.

Et puis — vous allez reconnaître ici les conspirateurs — dans la phrase suivante, après avoir donné le conseil d'adresser au ministre un désaveu, on ajoute :

La campagne pourra être continuée quand même.

C'était chiffré, soyez tranquilles, messieurs ; on n'a pas écrit cela en clair; mais, par des traducteurs, nous avons eu l'explication de la première phrase, qui nous importait peu, et l'explication de la seconde, qui révèle tout.

M. Dillon continue :

Les uns pourront dire : Vous voyez ce qui est arrivé, malgré son désaveu tandis que sans désaveu chacun de dire : le résultat prouve que le suffrage universel l'ignore.

Je le résume sa lettre pour te prévenir du mouvement de l'opinion... »

M. Dillon, le même jour, écrivait au général Boulanger, toujours par dépêche chiffrée.

J'ai reçu lettre. Je l'attends. Bombe éclatant, bouleverse les amis de Paris surpris. Le journal crie trahison, ne votez pas, c'est manœuvre des opportunistes.

Les autres amis, plus circonspects, quoique effrayés, se sont abstenus et venus prendre renseignements, criant qu'il démente ou donne instructions.

J'ai répondu : « Du calme, vous aurez des instructions demain soir; n'ai pas aujourd'hui, et je prends responsabilité de vous dire : Il demeure étranger, mais non indifférent à ce qui se passe. Ses ennemis faisant manœuvre pour l'écraser, nous devons retourner leur ouvrage en déterminant une ovation toute morale dans les sept départements qui ont le droit d'exprimer leurs sentiments.

Et puis vient ce dernier mot : Mme de Sévigné disait que dans toute lettre c'était toujours celui-là qu'il faut consulter et interroger avec le plus de soin.

UN DÉGUISEMENT DE M. BOULANGER

« *M. Boulanger est venu trois fois à Paris, portant des lunettes bleues et affectant de boiter.* »

(Rapport du général Logerot au président de la République.)

Dillon ajoute :

« Tel est le mot d'ordre. »

Ainsi, nous voyons qu'il y avait, à ce moment, double jeu et comédie secrète. D'une part, la machination politique ; d'autre part, le mot d'ordre.

Par conséquent, Boulanger, à ce moment, était bien au fait de toutes choses, grâce à cette connivence qui est établie par les pièces écrites.

Ah ! on ne dira pas que ce sont des pièces que nous avons fabriquées, celles-là ! M. Boulanger se trouvait donc parfaitement le directeur, je ne veux pas dire de cette campagne, mais de ces intrigues électorales, et hors d'état |de pouvoir donner sa parole de soldat qu'elles lui étaient étrangères.

Nous allons voir maintenant d'autres dépêches télégraphiques. M. Dillon vient d'écrire ce que je vous ai lu ; Boulanger est bien au courant de ce qu'on dit et de ce qu'il faut répondre, du mot d'ordre qu'on demande et du mot d'ordre qu'on doit donner, et il envoie à Dillon une réponse ainsi conçue :

Reçu ta dépêche. Impossible pour dîner samedi ; prendre dimanche si tu le veux et dis-le-moi. Je viens d'écrire. Certainement vois. J'approuve tout.

J'approuve tout !

Amitiés.

GEORGES.

Dillon, sachant que Boulanger approuvait tout, avait continué la campagne, et, à la date du 26 février, il envoyait cette dépêche chiffrée :

Reçu lettre, m'y conformerai, et j'ai déjà procédé dans direction prescrite. Je verrai demain les chefs des journaux avancés pour effacer moi-même restes de mécontentement et assurer accord pour meilleur parti à tirer des faits accomplis.

Je compte même voir... — il y avait ici un nom propre qui a été mal traduit, et c'est tant mieux — ... sauf avis contraire. Je n'ai pas écrit par manque de temps, non parce que je n'avais pas matière à dire. Il nous faut dîner samedi chez de X..., télégraphie-moi, oui ou donne moi un autre jour. Je te prendrai vendredi.

A toi.

DILLON.

Nous avons dès lors ici, sans qu'il soit besoin de faire

d'autres emprunts à la procédure écrite, la certitude que Dillon et Boulanger correspondaient à propos des élections, et que lorsque Dillon, se trouvant à Paris, dirigeait les journaux d'une nuance et les journaux d'une autre nuance pour arriver à former ce qu'il appelle si bien « l'accord », à ce moment M. Boulanger lui écrivait : « J'approuve tout ! »

Les élections se sont produites, et lorsque le résultat en a été connu, le premier compliment que M. Boulanger a reçu n'est pas venu de ces journaux avancés qui avaient été apaisés, comme vous l'avez vu tout à l'heure, par les efforts diplomatiques de M. Dillon ; non, le premier compliment lui a été adressé par M. Thiébaud. M. Thiébaud a écrit : « Mon général, permettez-moi de vous féliciter de la magnifique manifestation qui a été faite sur votre nom. »

Et tout le monde n'était pas d'accord ; car il ajoute à la fin de sa dépêche, après avoir passé différents départements en revue : « Vous n'avez obtenu que 117 voix dans les Hautes-Alpes, chiffre qui donne un démenti aux calembredaines de M. Rochefort. »

Voilà donc le fait bien établi.

M. Boulanger répond à M. Thiébaud, mais ce n'est pas à lui qu'il adresse sa réponse : c'est à Mme Delouette, 33, quai Voltaire, à Paris : car c'est sous ce nom de guerre que M. Thiébaud opère politiquement.

> J'ai reçu votre télégramme. Merci. Parfait ! Voilà le moment de travailler ferme la presse.

Il faut tirer bénéfice de l'agitation dans laquelle on a jeté le pays par ces élections provoquées en faveur d'un inéligible ; il faut donc travailler ferme la presse.

Peut-être Boulanger a-t-il trouvé que M. Thiébaud ne travaillait pas d'une main assez ferme ; aussi écrivait-il le même jour à M. Dillon, toujours par dépêche chiffrée :

> Ai appris les résultats. Très bons. Il faut maintenant travailler ferme... — c'est son mot — ... la presse et X.

Quelques mensonges.

Il fallait donc travailler ferme la presse, et aussi certain personnage politique, parce que Boulanger trouvait que les élections dont il venait d'être le bénéficiaire n'étaient que des fondations sur lesquelles il y avait à construire. Telle est la situation au lendemain de l'élection. Seulement, le surlendemain, on est obligé de déchanter un peu, parce qu'une révélation se produit sur le pavé de Paris, à savoir que le Gouvernement, très patient jusque-là, s'était enfin ému et trouvait que le rôle joué par le général Boulanger n'était ni celui d'un général ni même celui d'un bon citoyen. Et alors M. Dillon envoie la dépêche suivante :

28 février. — On dit que, au conseil des ministres de ce matin, il a été décidé une enquête pour démontrer la participation aux élections. Je t'en avise, télégraphie-moi demain ; réception de ma lettre de ce soir ; son contenu ne pourrait d'ailleurs que présenter les choses à notre gré ; mais tenons-nous sur nos gardes.

Et M. Dillon reçoit du général une lettre que nous n'avons pas, et dans laquelle, incontestablement, Boulanger avait laissé entrevoir comme un moyen extrême — moyen auxiliaire de sa politique — une démission de son emploi de général commandant un corps d'armée, puisque Dillon lui envoie cette dépêche à la date du 29 :

J'ai reçu ta lettre et dépêche. Je me conforme à instruction ; mais c'est une auréole dont tu ne dois pas te débarrasser sans circonspection.

C'était, messieurs, le souci de la légende que je signalais hier.

Ne brusque rien avant notre réunion, et ne pas oublier qu'on te surveille ; comprends qu'on enquête avec rage.

Il y avait donc alors un certain danger ; aussi, à quarante-huit heures de là, le général Boulanger, qui était tenu pour ainsi parler heure par heure au courant de toutes les intrigues électorales, écrivait-il à M. le ministre de la guerre :

J'ai été et demeure étranger à tout ce qui se passe relativement aux élections législatives du 26 février.

Messieurs, on peut signer « Boulanger » tout court une pareille dépêche ; lui, il l'a signée : « général Boulanger. »

Quand on écrit de ces lettres-là, — il faut bien appeler les choses par leur nom : quand on est ainsi coutumier du

mensonge — on ne devrait pas accoler à son nom le titre de
général français !

Messieurs, Boulanger était si peu étranger à ces intrigues,
que je ne veux pas vous montrer tout entières, mais qu'il
est suffisant de vous faire entrevoir, qu'au mois de mars,
c'est-à-dire le mois suivant, alors qu'il y avait des élections
dans deux départements, celui de l'Aisne et celui des Bou-
ches-du-Rhône, Boulanger, se croyant couvert par la parole
qu'il avait donnée au ministre, était d'accord avec ses amis
pour perpétuer l'agitation dans le pays et se faire porter
candidat dans ces deux départements.

Je n'invente rien, messieurs ; et le témoin que je vais invoquer ne sera pas suspect ; son dévouement pour Boulanger et pour la dictature rêvée n'est pas douteux : je parle
du sieur Laguerre.

Le sieur Laguerre envoyait à Boulanger, le 19 mars 1888,
le télégramme suivant :

> On assure qu'on a décidé, ce matin, au conseil des ministres de vous
> faire passer devant un conseil d'enquête. Attendez-vous à tout de la
> part de ces affolés. Excellentes nouvelles de l'Aisne et des Bouches-
> du-Rhône. Lagnel s'est désisté ce matin en votre faveur. *Petit Pro-
> vençal* vous appuie énergiquement. Vous serez élu malgré vous dans
> deux départements.

Au mois de mars, alors qu'au mois de février Boulanger
avait dit : Loin de moi la politique, je ne veux m'occuper
que de mes fonctions militaires ; au mois de mars, il continue, et il écrivait de nouveau au ministre pour déclarer
qu'il ne voulait s'occuper que de ses devoirs de général de
corps d'armée ; et il l'écrivait si bien que je trouve encore
un témoin qu'il n'oserait jamais, s'il avait osé venir, discuter
devant moi : c'est Rochefort lui-même.

Rochefort, en effet, a publié dans l'*Intransigeant* la lettre
mensongère de Boulanger au ministre, la seconde, celle du
mois de mai ; et, comme il tenait à jouer un rôle dans la comédie, après avoir publié la lettre de Boulanger, lettre du
général esclave du devoir, Rochefort ajoutait :

> Nous sommes autorisés à affirmer que, de même qu'il a été complè-
> tement en dehors de la campagne électorale qui s'est terminée le 26 fé-
> vrier, de même qu'il ne s'est jamais mêlé ni de près ni de loin... —
> écoutez le mot qui lui échappe — ... à de prétendus complots exhu-

més ces jours derniers, le général Boulanger entend demeurer étranger à toutes les manifestations politiques ou de presse qui pourraient à l'avenir se produire à l'abri de son nom.

Voici le sieur Rochefort qui publie la lettre du général Boulanger et qui la fait suivre de ce commentaire. D'un côté, Laguerre lui dit : Allez ! l'intrigue politique, nous la continuons en février et même en mars, et Rochefort, d'un autre côté, prend la parole et dit :

« Jamais d'intrigue politique ! Boulanger entend rester général et rien que général, en mars comme en février ! »

La Haute Cour appréciera.

Le général Boulanger, messieurs, se trouvait en ce moment dans une situation singulière. Il était frappé comme général. Il allait devenir, à partir de ce moment-là, sans entrave et sans scrupule, un personnage politique. A ce moment, il s'agissait d'arrêter la question des voies et moyens, autrement dit de prendre attitude.

Intrigues diverses.

Dillon organise le comité de Paris et *travaille* la presse. Frappé par le conseil d'enquête, Boulanger se livre tout entier à la politique ; à Paris, à l'hôtel du Louvre, et ensuite rue Dumont-d'Urville, il commence à jouer son rôle de prétendant, se faisant plébisciter tout à son aise ; abusant de la crédulité publique par des moyens qui relèvent absolument de la réclame commerciale ; flattant tous les partis pour les jouer tous ; brandissant l'épée devant les belliqueux et secouant, devant les pacifiques, la branche d'olivier ; restant toujours l'homme aux deux visages.

Boulanger conspire ainsi avec tous les partis à la fois ; il attelle, à la fois, à son char Thiébaud et Rochefort ; le bruit court qu'il est allé voir le prince Napoléon à Prangins. La cantine, qui a été saisie chez une mercière, a apporté des révélations singulièrement intéressantes au sujet de ces intrigues variées.

Le sieur Bultel date ses lettres d'Arras, et il envoie entre autres, daté de cette même localité, un dialogue qui est la reproduction écrite d'une conversation qu'il a eue relativement à Boulanger avec le prince Victor Napoléon. Et, en tête de son dialogue manuscrit, il a écrit :

Dialogue à Bruxelles entre le prince Victor Napoléon et Ovide Bultel, le 18 septembre 1887. L'original est déposé au secrétariat de Son Altesse.

Le sieur Bultel envoie donc cet écrit à Boulanger, et il explique comme quoi il a causé avec le prince Victor et comme quoi il a fait comprendre au prince qu'une alliance avec Boulanger serait productive. Il lui expose ses motifs; le prince lui dit — c'est sous forme de dialogue :

Le Prince. Oui, c'est vrai, mais le général Boulanger est donc bien populaire ?

Alors, donnant son propre nom, il écrit ceci :

Bultel. La France est entraînée vers cet homme par un courant irrésistible, et je ne vois pas pourquoi nous ne l'appuierions pas. Quoi qu'on dise, il n'a jamais été hostile à Votre Altesse, et même certains bonapartistes ont essayé de s'entendre avec lui pour un coup d'État...
D'ailleurs, le coup d'État est la seule marche à suivre, car la Constitution que nous ont faite les orléanistes nous enferme dans une impasse; il n'y a pas de moyen légal d'en sortir.

Alors le prince dit :

Ainsi, vous croyez que nous pourrions réussir en nous alliant aux radicaux ?
Bultel. Oui, Monseigneur, à condition de nous placer sur un terrain patriotique et comme candidats du général Boulanger.
Il est vrai qu'il est inéligible; mais on pourrait trouver un biais en se bornant à mettre la liste sous son patronage.

Et cela ne l'embarrassera pas. Bultel est un homme de ressources, et en jouant la partie avec un inéligible, qui avait grande envie d'avoir des alliances de ce côté, on trouvait que la partie était très gagnable.

En Corse, à la même époque, Boulanger entre en relation avec Léandri ; dans une réunion, qui a lieu le 21 avril à Bastia, les assistants se séparent aux cris, à l'intérieur, de vive l'empereur ! et, dans la rue, de vive Boulanger !

Le journal *la Défense* nous arrive aujourd'hui portant en tête et en gros caractères : « Lettre d'adhésion du général Boulanger, » qui, à travers la distance, serre la main au sieur Léandri, qu'il appelle de ce vocable élastique « l'interprète des patriotes corses. »

Mais les relations de Boulanger avec les bonapartistes ne l'empêchent pas de nouer des liens de plus en plus étroits avec les anarchistes. Il opère aussi volontiers avec Morphy et Sou dey qu'avec Thiébaud et Léandri. Un témoin honorable, M. Francis de Pressensé, affirme que Boulanger est allé demander des relations jusqu'en Allemagne. Il tient ces renseignements de M. Glœner, chef du cabinet de M. Bleichrœder, à qui M. de Cyon, au nom de Boulanger, aurait exposé, pour être redites à M. de Bismarck, quels étaient les projets du prétendant.

Il ne s'agissait nullement de renverser la République, mais simplement de constituer une république consulaire, avec consulat à vie, ministres responsables seulement envers le consul, Conseil d'État préparant les lois et les soutenant devant le Corps législatif, qui devait les voter sans discussion.

Dans la pensée de Boulanger, le prince de Bismarck devait être favorable à ses projets à un double point de vue : d'abord à cause des garanties pacifiques qu'offrait l'exclusion de la monarchie, et, en second lieu, parce que, sous une forme républicaine conservatrice, c'était une restauration du principe d'autorité analogue à ce qui existe dans l'empire allemand.

M. de Cyon opposa, sans doute, un démenti à M. de Pressensé ; il affirme qu'il n'a tenu les propos en question qu'*à l'état de plaisanterie*. La plaisanterie paraîtra forte.

La caisse boulangiste.

Le réquisitoire aborde la fameuse question : Quelle est l'origine des fonds ?

Celui qui les reçoit ne le dira jamais, et jamais nous n'aurons les confidences de celui qui les donne. Il faut donc à force de sagacité, et votre commission d'instruction n'en a pas manqué, je vous le jure — arriver à saisir çà et là un fil conducteur qui nous puisse diriger. Je crois que sous ce rapport nous avons encore de quoi éclairer messieurs de la Haute Cour.

Boulanger — je le montrerai quand je discuterai les questions d'indélicatesse à propos d'une époque où il ne recevait pas de subventions — n'a rien à lui. Ce n'est pas un reproche que je lui adresse ; rien n'est plus respectable que la pauvreté. M. Boulanger n'avait que son traitement : c'est un fait que je constate et en marquant toute la déférence possible pour cette situation, qui ne trouverait de critiques que chez les gens du plus mauvais goût ; mais toutes les fois que je verrai beaucoup d'argent dans la poche de M. Boulanger, j'aurai le droit d'être surpris et de lui demander l'explication, la provenance de ces fonds.

Lorsqu'il s'agit de l'homme politique, je vois que Boulanger, qui n'a rien qu'une retraite qui s'élève à 10 ou 12,000 francs, y compris le traitement de la Légion d'honneur ; que Boulanger, qui n'a pas 10,000 livres de rente, dépense, on ne peut pas le contester, tant pour lui que pour ses entreprises politiques, plus d'un million par année. Et assurément, en disant cela, je reste volontairement et de bien loin en deçà de la réalité. Où prend-il donc cet argent ? C'est son secret à lui. On peut toujours disposer de son secret. Il ne peut pas nous dire que c'est le secret des autres.

Eh bien, puisque c'est son secret et puisqu'il s'agit de son honneur, puisque jamais on ne se lave en France des vilaines histoires d'argent, — fût-on le général Boulanger, fût-on caché, eût-on une presse qui, chaque matin, est chargée de dire le contraire, on meurt de cela toujours ! — il s'agit de son honneur : c'est son secret ; il faut qu'il le livre. Et cependant jamais il n'a voulu dire un mot en ce qui concerne les sommes si considérables dont il dispose.

Nous avons eu certains renseignements, mais ce ne sont pas des renseignements qui puissent satisfaire tout le monde ; seulement j'espère que nous allons, en les groupant les uns et les autres, en former un faisceau qui équivaudra évidemment à une démonstration.

Il est connu — et nous l'établirions par la preuve testimoniale d'un des écrivains les plus en vue de notre époque s'il y avait débat contradictoire — que l'on allait chez le général Boulanger, rue Dumont-d'Urville. Cet écrivain y envoie sa cuisinière, qui vient faire acte de loyalisme et qui, à la fin de sa conversation pathétique, demande la permission de déposer un louis, comme quand on a été en consultation chez le médecin, et c'est toujours accepté ! C'est l'aumône : ce n'est pas une chose bien avouable !

Voilà une explication qui vous fera comprendre dans quelque mesure à l'aide de quel abaissement on peut arriver, dans certains cas, à remplir une bourse vide.

Mais ce n'est pas tout, et nous allons trouver bien autre

chose. Nous avons pris le relevé dressé par l'administration des postes des plis chargés adressés à Boulanger depuis le 1er janvier 1887 jusqu'au moment de la fuite en Belgique, et nous sommes fondés à croire que ces plis chargés ou recommandés ne contenaient pas simplement, par l'effet d'une prudence individuelle, des actes d'adhésion de fonctionnaires, puisque toutes celles que nous avons trouvées dans les pièces saisies ne portaient pas mention d'un chargement. Il y a donc une probabilité que ces plis chargés contenaient des valeurs.

Eh bien, dans cette période de seize mois, nous avons trouvé 1,275 plis chargés arrivés à Boulanger, sans compter tout ce qu'il recevait probablement à des adresses de complaisance. Il y en a 118 qui sont arrivés de l'étranger pour la fondation ou la réussite de cette œuvre éminemment patriotique.

Il en est venu en particulier 14 du royaume d'Italie, 3 d'Autriche ; il en est même venu un d'Allemagne, et il n'y a pas eu mention de refus, puisque toutes les lettres ont été délivrées et que les reçus se retrouvent à l'administration des postes.

Cela ne nous indique pas quelles sommes il a dû recevoir ; mais nous allons peut-être arriver à savoir la vérité d'une façon certaine, sinon quant aux chiffres, au moins en ce qui concerne le caractère inqualifiable de cet enrichissement, par un témoin que le groupe Boulanger ne peut pas déclarer suspect ; c'est un ami de la seconde heure, mais un ami bruyant et qui ne laisse pas de doutes sur sa fidélité actuelle, le sieur Vergoin.

Nous allons savoir par lui que dans le clan boulangiste on avouait recevoir de l'argent de l'étranger.

L'argent étranger.

Nous avons trois dépositions de témoins, qui sont conseillers municipaux de la ville de Versailles, et je vais vous lire la déclaration de l'un des trois, M. Cressigny, âgé de soixante ans, capitaine en retraite, chevalier de la Légion d'honneur ; c'est un vieil officier qui s'est fait estimer de ses concitoyens au point d'arriver au conseil municipal ; il me semble que celui-là est digne de foi.

N'avez-vous pas, au mois de novembre 1888, — lui demande M. le président, — assisté à une réunion dans laquelle M. Vergoin, député de Seine-et-Oise, a pris la parole?

R. — Parfaitement! Il existe à Versailles un comité républicain radical, qui se réunit le premier jeudi de chaque mois.

M. Vergoin, en sa qualité de député du département a, effet, assisté à la réunion du mois de novembre 1888 ; il a pris la parole et a d'abord parlé du général Boulanger, en le représentant comme beaucoup plus préoccupé des questions militaires que des questions politiques.

L'un des assistants, le docteur Rogues, — c'est un ancien médecin de l'armée, également conseiller municipal, — l'a alors interpellé sur la provenance des ressources qui avaient permis au général Boulanger, que l'on sait n'être pas riche, de faire les frais d'une élection comme celle qui venait d'avoir lieu dans le département du Nord.

M. Vergoin a répondu que ces ressources lui venaient d'abord du comte Dillon, lequel avait fait trois parts de sa fortune : la première, pour assurer l'avenir de sa femme; la seconde, pour permettre à ses fils de suivre la carrière des armes; la troisième pour fournir au général Boulanger les moyens d'atteindre le but qu'il se proposait.

Il a ajouté qu'avant sa maladie il avait été chargé de dépouiller la correspondance du général Boulanger et qu'il avait à maintes reprises constaté des envois d'argent, depuis 10 francs jusqu'à des sommes beaucoup plus considérables.

C'est alors que la question lui a été posée si parmi ces fonds il n'y en aurait pas de provenance étrangère ? Il a répondu affirmativement, en déclarant toutefois que les envois ne venaient pas de l'Allemagne, pas même de l'Angleterre ni des prétendants expulsés.

A ce moment, M. Guétony, adjoint au maire, qui depuis un moment se contenait avec peine en entendant le langage de M. Vergoin, éclata et, s'exprimant avec véhémence, déclara qu'un général français qui acceptait de l'argent de l'étranger pour jeter le trouble dans son pays était véritablement indigne. La discussion ayant continué sur ce point, M. Vergoin a paru regretter de s'être tant avancé et d'avoir parlé avec tant de franchise.

Le mot n'en était pas moins prononcé ; et voilà l'homme qui déclare avoir décacheté lui-même les correspondances, qui avoue qu'une partie des fonds provenaient de l'étranger et qui est obligé de déclarer, pour défendre M. Boulanger, que celui-ci n'était point à la solde de l'Allemagne.

Voilà un renseignement qui me suffit à moi, parce que je sais que l'argent qu'avait M. Boulanger ne lui a pas même été remis par ceux auxquels la passion politique aurait pu faire ouvrir la main. Je sais que M. Boulanger a reçu de l'argent de toutes sources, et je sais quelque chose de plus qui, pour moi, va donner le dernier trait à la physionomie de l'homme et achever le portrait que j'avais commencé hier.

Ah! on viendrait dire que M. Boulanger a reçu de l'argent de ses amis politiques? de Morphy? de Rochefort? Rochefort n'en donne jamais; Morphy n'en a pas. De qui donc l'aurait-il, cet argent? Admettons qu'il le reçoive de gens politiques; eh bien, s'il y a un fait de probité élémentaire, c'est que l'argent qui lui est donné par des hommes politiques, c'est pour faire — on l'avoue donc — de la conspiration politique, et alors, en dehors de la politique, cet argent, il n'a pas le droit d'en disposer!

Oh! messieurs, j'achèverai ma pensée, parce que, je vous le jure, quoi qu'il arrive, vous connaîtrez Boulanger tout entier, et lorsque je fais ce raisonnement, c'est un des plus puissants au point de vue de la moralité que je puisse faire; si on lui donne de l'argent pour faire de la politique, il n'a droit à cet argent que pour un objet politique, et lorsque je vois cet homme sans ressources, esclave de ses plaisirs, qui s'empare de l'argent politique pour arriver à entretenir sa vie privée, j'ai le droit de dire que M. Boulanger appartient à la catégorie des hommes qui se permettent de vivre aux crochets d'autrui.

Vous ne l'oublierez pas, le raisonnement est évident et le bon sens l'impose: l'argent qu'il a reçu, c'est un argent impur, et il ne lui est possible à aucun point de vue d'en expliquer l'origine. Si c'est de l'argent politique, il le fait sans que le Code pénal cette fois puisse l'atteindre; mais la morale se trouve au même degré offensée que lorsque je vous le montrerai dans un instant prenant l'argent de l'armée pour l'appliquer à ses plaisirs.

Rue d'Urmont-d'Urville.

Pénétrons maintenant chez Boulanger, rue Dumont-d'Urville, et faisons connaître cette étrange maison.

La déclaration que je vais avoir l'honneur de vous lire est celle d'une femme Guérin, née Baron, âgée de cinquante ans, qui fait le récit suivant à M. le président de la commission d'instruction :

Je me suis présentée vers le mois d'octobre 1888 chez le général

Boulanger dans son hôtel de la rue Dumont-d'Urville pour lui demander un secours en faveur d'une personne à laquelle je m'intéres-
sais.

J'ai été reçu par M. Breuillé, son secrétaire. J'y suis retournée à
diverses reprises, et voici ce que j'y ai vu : le général recevait trois
fois par semaine, et les jours de réception, c'est par centaines que se
comptaient les visiteurs. Il y avait du monde dans toutes les pièces de
la maison jusqu'au troisième étage. La rue était pleine de voitures. On
y faisait d'abondantes distributions d'argent.

Les personnages appartenant à l'armée y étaient reçus ouvertement,
et j'y ai vu un officier supérieur de l'infanterie et un lieutenant, tous
les deux en uniforme.

J'y ai vu aussi deux professeurs ecclésiastiques amenant une quin-
zaine de jeunes gens pour être présentés au général. Des religieuses
venaient aussi fréquemment.

Je crois pouvoir affirmer qu'il y avait, dans une partie de la maison,
un certain nombre d'hommes composant, pour ainsi dire, la garde du
corps du général.

Il y avait, en effet, des gardes du corps, et c'est là un
fait qui ne peut être contesté, attendu que la constatation
en a été faite, et voici ce que déclare un M. Bureau, officier
de paix, dont vous retrouverez le nom tout à l'heure, lorsque j'aurai à vous faire des citations relatives au fait d'attentat. Il a aussi été entendu comme témoin par le président
de la commission.

Le 24 janvier 1889, j'ai appris également par le rapport de mes
agents que la garde du corps du général Boulanger, — c'est ainsi qu'on
appelait les hommes chargés de veiller à la sûreté du général — avait
été renforcée et portée de 5 hommes à 15 hommes ; elle se tenait rue
Lapérouse, n° 14, derrière l'hôtel de la rue Dumont-d'Urville. Ces hommes, qui étaient en permanence toute la journée, recevaient du vin et
des jeux pour se distraire; deux d'entre eux surveillaient les abords
de l'hôtel du général.

Ainsi, cela est bien établi, on procédait à des distributions
d'argent à tout venant, et il y avait une véritable garde du
corps, un certain nombre d'individus, occupant le derrière
de la maison et chargés d'escorter exactement comme une
garde prétorienne le lord protecteur ou le consul à vie.

Les camelots.

J'ai à établir devant vous un autre fait qui a beaucoup
d'importance au point de vue du complot : ce fait est celui-
ci. Boulanger veillait à sa sûreté personnelle, c'est son af-

faire; mais il a créé une entreprise commerciale d'enthousiasme et, ici, il y a un formidable trompe-l'œil, non seulement pour la population de Paris, mais pour toute la population française, et dans ses voyages dans les départements, nous sommes obligés de reconnaître que cette entreprise révèle des visées politiques, des menées souterraines auxquelles se livrait Boulanger, précisément pour arriver à surprendre et à tromper l'opinion publique.

Je vais, par une série d'inductions, vous faire voir ce que c'était que cette entreprise d'enthousiasme qui avait eu pour ouvriers ce qu'on est convenu d'appeler les camelots et qui trouvait de puissants auxiliaires dans une catégorie d'individus que je ne me permettrai pas de qualifier par déférence pour la Haute Cour.

Voici les pièces que je puis vous lire; je vais vous en donner connaissance d'après leur ordre chronologique.

30 novembre 1888. — C'est au café de la France, rue du Croissant, qu'on embauche les camelots pour les manifestations boulangistes.

C'est Morphy qui dirige l'embauchage et c'est Labruyère qui paye.

Pour les coups de poing donnés ou reçus, 2 francs environ; pour les vêtements déchirés, ils sont remplacés.

Les camelots sont disposés sur le passage de Boulanger et chargés de pousser des acclamations. — Il y a là « exclamations », mais dans le texte, je crois me souvenir que c'est « acclamations ».

C'est la Ligue des patriotes qui est chargée de défendre la personne du général Boulanger; aussi tous les membres sont armés de revolvers et de cannes plombées.

15 décembre 1888. — Voici quelques renseignements rétrospectifs sur la façon dont la campagne boulangiste fut organisée dans le département de la Somme aux dernières élections.

Les camelots étaient embauchés par le comité de la rue de Sèze à raison de 4 francs par jour, et on leur avait promis moitié des bénéfices sur la vente du papier; toutefois, ces conditions n'ont pas été maintenues, et les camelots ont eu tout le bénéfice du papier.

Le premier jour, à Amiens, on avait embauché environ 300 hommes.

Le lendemain, dans la soirée, des camelots de Paris ont battu la ville en offrant le *Mémorial d'Amiens*, qui racontait l'accident dont avait été victime le général dans le département de la Charente.

Le surlendemain, comme à l'ordinaire, on a embauché le plus d'hommes qu'on a pu : c'est « Canada », dont le vrai nom est Charles Bourdon, qui conduisait le mouvement.

Le jour où devait arriver le général Boulanger dans la Somme, 3 à 400 hommes furent recrutés, à raison de 4 francs, pour aller au devant de lui avec des trophées de drapeaux fournis par le comité boulangiste.

Le banquet n'était pas offert par la ville d'Amiens ; il était bel et bien payé par le comité, ainsi que le bouquet qui fût présenté au général par une personne embauchée à cet effet.

11 janvier 1889. — Les camelots qui ont été embauchés par la Ligue des patriotes auront pour mission d'acclamer le général Boulanger dans les réunions publiques.

Ils sont divisés par sections. Ces sections marcheront à tour de rôle, de manière qu'on ne voie jamais les mêmes hommes et que les agents ne puissent pas les reconnaître.

Hier, des cartes d'invitation ont été distribuées aux camelots de la première section, afin qu'ils puissent assister ce soir à une réunion qui sera tenue rue Saint-Honoré.

Les camelots ont l'ordre d'acclamer le général et de manifester en sortant.

J'ai l'honneur d'informer à toutes fins utiles M. le chef de la police municipale... — la date que j'ai oublié d'indiquer est la date du mariage de la fille du général Boulanger, — j'ai l'honneur d'informer à toutes fins utiles M. le chef de la police municipale qu'à onze heures les camelots de la rue du Croissant ont été engagés à se rendre aux abords de l'église Saint-Pierre de Chaillot, l'embauchage devant se faire à cet endroit si besoin est. On les avisés que le choix serait fait parmi les mieux mis, les autres étant trop reconnaissables.

Une vingtaine sont partis sous la conduite de l'individu désigné sous le nom de « Béquillard ».

19 janvier. — Le comité a décidé l'embauchage d'individus qu'on payera 5 francs par jour pour se disputer dans les restaurants où mangent des ouvriers : ils seront aussi chargés, à l'arrivée des trains ouvriers, de provoquer des rassemblements et de soulever des discussions, dans lesquels ils feront de la propagande en faveur du général. M... a prié C... — ce sont les initiales — de lui procurer des gens pour faire cette besogne et de les envoyer chez M. le comte Dillon. » C'était, en effet, Dillon, l'entrepreneur en chef, qui payait la dépense.

« *24 janvier.* — Les camelots enrôlés pour manifester recevaient des tickets de couleur à l'aide desquels ils allaient se faire payer dans certains bureaux de journaux. « J'ai eu un de ces tickets en ma possession, — ceci est la déposition de M. l'officier de paix Bureau.

« *25 janvier.* — Un grand nombre de camelots se sont rendus à Neuilly chez le comte Dillon. Il leur a été recommandé de ne pas se contenter de distribuer leurs brochures, mais encore de faire de l'agitation par tous les moyens ; ils seront payés 6 francs par jour.

« *26 janvier.* — Mille huit cents individus ont été embauchés par MM. Dillon et Déroulède pour surveiller les sections de vote, et, au besoin, pour fomenter du désordre. »

Michel Strogoff.

Maintenant voici un fait qui est assez curieux et qui peut vous montrer si les gens qui ont organisé cette comédie n'ont pas dû souvent faire comme les augures romains qui ne pouvaient pas se regarder sans rire.

Il s'agissait de présenter à la population parisienne et à la France M. Boulanger comme l'allié personnel de la Russie, et, au moment des élections du 27 janvier, il fallait faire un petit mouvement dans lequel, aux yeux du public et avec des oreilles complaisantes qui se chargeraient de recueillir les acclamations que l'on colporterait ensuite, M. Boulanger serait acclamé avec la Russie et en même temps qu'elle.

Voici donc ce qu'on a trouvé au moment des élections : On a fait élection de domicile dans un théâtre voisin de la maison occupée par le concurrent de M. Boulanger : c'était le petit théâtre de la Gaîté-Montparnasse, et nous avons ce renseignement :

> « Boulanger lui-même chargea Morphy de faire représenter *Michel Strogoff* au théâtre de la Gaîté-Montparnasse et de veiller à ce qu'une vingtaine de gens sûrs confondissent son nom avec celui de la Russie dans leurs acclamations. »

La déposition que je viens de lire est celle d'un contremaître nommé Garrigues, qui a été entendu par le président de la commission d'instruction. Les ordres ont été exécutés, et le rapport de police, que l'on ne peut taxer de suspicion, puisqu'il cadre parfaitement avec la déposition de Garrigues, donne ce renseignement qui nous apprend que Rochefort, jaloux sans doute de l'acte de courtisan que Morphy allait accomplir, a voulu, lui aussi, avoir des camelots afin de de leur faire crier « Vive Boulanger et vive la Russie ! » au théâtre de la Gaîté-Montparnasse.

Les camelots, c'est une justice à leur rendre, ont gagné leur argent ; les acclamations ont eu lieu, et Rochefort, l'éternel railleur, qui se contenait ce jour-là de rire, a écrit le lendemain dans l'*Intransigeant* le petit article inoubliable que voici :

> « Hier soir, au théâtre Montparnasse, on jouait *Michel Strogoff*. Au tableau de la bataille de Koliban, dans la salle imprégnée de l'odeur de la poudre, une manifestation se produit. Trois fois le rideau se relève au cri de : « Vive la Russie ! Vive Boulanger ! »

Et l'écrivain pouvait en parler avec d'autant plus de certitude que c'était lui qui, par moitié, s'était chargé de payer les camelots.

Racolage des fonctionnaires

Mais nous allons arriver, après la comédie, à l'histoire du drame, et nous allons être obligés de vous révéler qu'à côté du racolage des camelots il y a le racolage des fonctionnaires du Gouvernement, et que Boulanger n'a reculé devant aucun effort, devant aucune promesse, devant aucune des choses qui doivent répugner à l'homme consciencieux, pour arriver à trouver de mauvais employés, des gens besoigneux ou des dupes faciles parmi les simples ; pour arriver ainsi à recueillir un nombre d'adhésions qui lui permit d'avoir dans l'armée un commencement de conjuration militaire et, parmi les fonctionnaires civils, des gens qui devaient servir et qui n'étaient plus payés par le budget que pour trahir le Gouvernement qui leur donnait du pain.

Voilà ce qu'il a fait, voilà ce qu'en vous l'indiquant hier, au commencement de cette audience, je n'hésitais pas à traiter d'actes abominables, parce qu'il y a des choses qu'on a beau réprouver, déclarer contraires à nos lois pénales, elles trouvent une sorte d'excuse chez l'homme même alors que le magistrat requiert. Lorsqu'on voit, par exemple, certains de ces conspirateurs dont l'histoire nous a légué le portrait qui, avec cette bravoure des véritables combattants, marchaient et mouraient à la tête des hommes qu'ils avaient conquis, mais livraient au moins leur vie comme rançon de leur entreprise, il y a là comme une sorte d'ennoblissement de l'action illégale à laquelle ils se sont livrés.

Mais lorsque nous voyons l'homme doucereux, le patelin qui donne sa parole au ministre de la guerre qu'il ne s'occupe pas de politique et qui, avec l'argent d'autrui, entr'ouvre des portes à l'heure du crépuscule pour faire entrer des gens dont la conscience est à marchander; lorsqu'on le voit faire entrer chez lui, à l'état de gens encore hésitants peut-être, mais honnêtes encore, des hommes qui sortiront comme Judas emportant dans leurs poches les trente deniers qu'ils ont reçus; lorsqu'un homme en est arrivé à faire de telles choses, il demeure, et comme conspirateur et comme homme, à jamais flétri !

Je vais vous montrer — hélas ! ce sera une histoire facile à faire — que Boulanger avait caché ou fait cacher chez une mercière, dans les rayons d'une boutique, bien aménagée comme trompe-l'œil, des caisses et jusqu'à sa cantine, contenant les détails intimes de sa conspiration. Lorsque ces caisses ont été découvertes et que nous avons procédé au dépouillement des pièces qu'elles contenaient, nous y avons trouvé l'histoire lamentable de la trahison. Je vais vous montrer, messieurs, que les gens qui se sont ainsi livrés ne se sont pas offerts, mais qu'ils ont répondu aux tentations exercées par M. Boulanger et par son entourage ; et je ne crains pas qu'en quelque lieu de France que ce soit, il se trouve personne pour protester contre l'énergie avec laquelle je vais flétrir de pareils actes !

Voici d'abord la déposition d'un ancien soldat, Chastenet :

Il raconte qu'avec un de ses camarades il a été l'objet de la tentative de corruption que je vais faire connaître ; et s'il y a jamais eu embauchage en temps de paix, — je ne dis pas l'embauchage dans le sens du code de justice militaire, mais au point de vue du code pénal et du langage courant, — s'il y a jamais eu embauchage caractérisé, c'est bien dans ce cas.

Au mois de décembre 1888, dit le témoin, un dimanche au soir, je me promenais avec un de mes camarades, nommé Estourgie, caporal dans la même section que moi, dans les environs de la place de la République.

Nous fûmes accostés par deux civils qui nous proposèrent d'aller boire quelque chose avec eux. Nous acceptâmes. Ils nous amenèrent d'abord devant la maison d'un marchand de vins et, après avoir examiné l'enseigne, ils nous dirent que c'était ailleurs qu'il fallait aller. Nous sommes alors entrés dans un autre débit, où ils firent servir du vin.

Au cours de notre conversation, l'un d'eux, qui se disait journaliste, nous demanda si nous avions jamais entendu parler du général Boulanger. Nous répondîmes affirmativement. Il me demanda si je l'aimais. A quoi je répondis que je n'avais pas de raison de l'aimer plus qu'un autre. Il insista pour nous faire déclarer boulangistes. Je refusai en disant que je ne voulais pas qu'il m'arrive ce qui était arrivé à mes camarades qui avaient été punis pour avoir crié : « Vive Boulanger ! »

Ils nous dirent alors : « C'est que nous sommes boulangistes, nous autres; en 1889, il y aura une révolution faite par Boulanger, il y aura un mouvement à Paris; vous ne tirerez pas sur nous, nous serons en tête, vous nous reconnaîtrez bien ; regardez nous. »

J'avoue, messieurs, qu'après avoir lu, depuis l'ouverture

de cette instruction, l'histoire de presque toutes les conspirations militaires qui ont eu lieu sous la Restauration, je n'y ai pas trouvé de faits d'embauchage mieux caractérisés que celui-là.

Pendant qu'ils parlaient et que l'un d'eux se disait fils d'un général, ils placèrent dans ma main successivement deux pièces de monnaie : l'une une pièce d'or de 10 francs, l'autre une pièce de 1 franc.

Je ne sais pas si mon camarade a reçu aussi de l'argent ; mais, s'il en a reçu, il ne me l'a pas dit.

En me donnant l'argent, ils me dirent : « Vous boirez cela avec vos camarades, » et ils me quittèrent.

Le nommé Estourgie, qui était avec moi, est originaire de l'arrondissement d'Ussel. Il a demeuré à Bordeaux.

On n'a pas pu trouver le domicile actuel de cet homme ; mais cela m'est indifférent ; la déclaration que vous venez d'entendre, messieurs, n'a pas besoin d'être confirmée par celle d'un témoin de second ordre. J'ai la preuve qu'on en est venu à donner des pièces d'or à des soldats en leur disant :

En 1889, le général Boulanger fera une révolution ; il y aura un mouvement à Paris : vous, les soldats, vous ne tirerez pas sur nous quand nous serons en face de vous, vous nous reconnaîtrez ; voici de quoi boire à notre santé, voici de l'argent !

C'est là, messieurs, à mon avis, un fait dont la réalité et l'importance ne sauraient être assurément discutées.

Passant à d'autres faits que nous avons besoin d'examiner, nous trouvons que les officiers de l'armée territoriale habitant Paris ont reçu, au mois de janvier 1888, une carte circulaire autographiée ainsi conçue :

Le général Boulanger prie M..., capitaine de territoriale... — nous avons un exemplaire de ces cartes au dossier ; le nom du destinataire en a été enlevé, de sorte qu'il y a un vide à la place ; c'est pour cela que nous le donnons pas — ... de vouloir bien assister à la réunion intime qu'il donnera en son hôtel de la rue Dumont-d'Urville, le samedi 19 courant, à neuf heures du soir.

Cette lettre, absolument personnelle, sera exigée à l'entrée.

Nous avons dans le dossier une autre démonstration assez frappante sur ce même point. La voici :

Dans le département de la Somme, en 1888, il y a eu des procès-verbaux de gendarmerie qui ont été dressés — j'ai eu les pièces par mon collègue, le procureur général d'Amiens — pour constater un don de pièces de 20 francs fait à des soldats sous les armes, au moment où Boulanger faisait son apparition politique dans le département.

Les pièces de 20 francs ont été remises, disent les procès-verbaux, par un homme dont le nom, très honorable d'ailleurs, est bien connu ; c'est M. le baron de Watteville qui, à ce moment, s'est laissé entraîner beaucoup trop loin par l'exagération de ses sentiments ou de ses passions politiques.

M. de Watteville a nié ; mais ce qui est bien établi dans le dossier — je suis fâché de le dire en son absence, — c'est que, quand il a été confronté avec les deux soldats sur lesquels avait été pratiquée cette tentative de corruption, ils ont affirmé devant le parquet de Montdidier qu'ils reconnaissaient parfaitement M. de Watteville comme la personne qui avait remis un louis à chacun d'eux.

Voilà encore un fait qu'il est impossible de négliger. Il en est bien d'autres que je devrai négliger, messieurs ! Il me serait facile, par exemple, de vous faire l'historique d'un voyage lamentable qui a été entrepris par Boulanger à Lisieux.

Embauchage à Lisieux.

Dans cette ville, le sieur Laguerre, qui s'y trouvait en qualité de réserviste, avait mis la main sur une partie du corps d'officiers et de sous-officiers, de sorte qu'il vivait, dans sa garnison, en dehors de toutes les règles de la discipline, et qu'il se sentait suffisamment encouragé pour inviter Boulanger à venir recevoir, dans la ville de Lisieux, une de ces ovations factices auxquelles il était habitué.

Boulanger est donc allé à Lisieux ; le sieur Laguerre était alors à Trouville et, par télégramme privé, il a annoncé aux officiers et aux sous-officiers que le grand ami qu'on attendait allait arriver.

Tout le monde s'est trouvé à la station ; on a donné à des soldats sans ressources des billets pour Trouville, pour leur permettre d'entrer dans l'intérieur de la gare, et Boulanger a reçu là les présentations que lui faisait le sieur Laguerre.

On a vu, en cette occasion, un grand nombre de militaires appartenant au 129e régiment d'infanterie, infidèles à leurs devoirs et à la discipline, venir fêter le général exclu de l'armée, qui, promené par un réserviste en uniforme, venait faire à Lisieux une course politique contre le Gouvernement de la République.

Les officiers du 129e se sont compromis à tel point dans cette affaire que trois ou quatre jours après le lieutenant-colonel Vitalis, qui commandait le détachement, envoyait, suivant le récit recueilli par un témoin, un télégramme au sieur Laguerre, réserviste de la veille et homme politique du jour, pour lui demander à être protégé par lui, Laguerre, contre les autorités desquelles il relevait.

Et quand nous avons dépouillé les caisses dont j'ai parlé, pleines de cartes annotées et de lettres par lesquelles des officiers en trop grand nombre offraient non seulement leur dévouement, mais jusqu'à leur épée à M. Boulanger contre le Gouvernement légal, nous avons trouvé, parmi les pièces que M. le président de la commission d'instruction a fait classer, la carte annotée du chef de ce même régiment, qui, à l'exemple de son lieutenant-colonel Vitalis, avait fait, lui aussi, acte d'adhésion au maître.

Les fonctionnaires.

Le réquisitoire fait connaître maintenant les faits qui résultent des pièces saisies.

Nous avons la preuve qu'à de malheureux petits fonctionnaires, on disait : « Pourquoi rester fidèles? » S'il m'était permis d'être vulgaire, je dirais que c'est l'histoire du rat qui, à un certain moment, quitte le navire. — « Mais soyez donc infidèles ; c'est Boulanger qui va arriver au pouvoir, et c'est de Boulanger que vous tiendrez la conservation de votre place ou votre avancement ! »

On voit alors ces malheureux qui se débattent, les uns contre la souffrance intime de leur conscience, les autres contre l'impossibilité matérielle d'être des traîtres et de courir les dangers de la trahison sans avoir la certitude du dédommagement.

Voici deux ou trois autres lettres que je vais mettre sous
les yeux de la Haute Cour :

> J'ai le regret de vous dire qu'étant receveur d'octroi, il m'est impos-
> sible d'accepter l'honneur que vous m'avez fait *en m'offrant* les pouvoirs
> de délégué.

Il s'agit de la Ligue des patriotes seconde manière ; j'en
parlerai tout à l'heure. C'est la Ligue politique des patriotes
qui, à ce moment, faisait le racolage. Et voilà un malheureux receveur d'octroi, qui, probablement, n'a que son petit
traitement pour vivre, et qui, après avoir dit : Je suis obligé
de refuser ce que vous m'offrez, ajoute à la fin de sa lettre,
tout naïvement, à peu près ceci : Je vous remercie bien
tout de même !

Une autre lettre est ainsi conçue :

> Il y a quelques jours, j'ai reçu une lettre par laquelle vous *m'offrez*
> la place de délégué pour la région. Etant instituteur, etc...

Vous voyez la nuance. Un commis principal des contributions indirectes écrit :

> ... Ma situation de fonctionnaire ne me permet pas évidemment
> d'exercer dans la Ligue une action ouverte et publique...

En voici un qui se débat devant les mêmes difficultés : c'est
un simple agent de l'administration pénitentiaire qui fait à
ceux qui l'ont mis dans l'impasse dont il ne peut pas sortir
une déclaration d'adhésion, tout en disant qu'il est obligé
d'observer une certaine réserve.

Voilà ce que nous rencontrons dans le dossier. Voyons
encore ce qu'il y a dans les pièces saisies ; et nous y trouve-
rons la page principale de l'histoire du complot.

Un secrétaire de parquet a écrit à plusieurs reprises, non
seulement en qualité de — et ici je le cite textuellement —
non seulement en qualité de fervent disciple, mais aussi au
nom du sieur R..., substitut, — soyez sans crainte, j'ai fait
connaître son nom à M. le garde des sceaux — et du sieur
H..., commissaire de police. Le substitut et le commissaire
de police n'ont pas osé, eux, prendre la plume, et ils ont
chargé le secrétaire du parquet d'être infâme pour tous les
trois. On lit dans une de ces lettres :

Il y a bien longtemps, mon général, que j'ai confiance en votre étoile — ils ont tous pris le mot de Boulanger. — Je me suis attaché à faire triompher votre cause.

J'ai été, je vous l'avouerai, obligé d'agir avec certaines restrictions ; car, fonctionnaire du Gouvernement, je ne pouvais... agir trop ouvertement.

Boulanger le remercie. Puis cet infidèle serviteur, dans une lettre subséquente, parlant de son départ possible du parquet — voyez l'infamie du conspirateur Boulanger ! celui-ci écrit au travers de la lettre cette note typique pour son secrétaire : « Qu'il reste à son poste ; il me servira mieux. »

C'est bien clair !

Nous avons maintenant les lettres d'un proviseur de lycée. Je crois que justice a été faite de lui ; mais, en quelque lieu qu'il soit placé, je veux en avoir pitié et ne pas vous donner connaissance de ses platitudes.

Il appartient à cette catégorie de fonctionnaires qui, avec un cynisme ou une naïveté qu'il me serait bien difficile de qualifier, déclarent au général qui a une étoile, qu'ils restent avec la République en attendant qu'elle puisse être remplacée par le général de leurs vœux !

Lettres d'officiers.

Nous avons trouvé des lettres de militaires et, en particulier, de M..., et, à ce propos, je me demande encore si ce M... est bien un militaire. Il est bien employé du ministère de la guerre, mais j'espère qu'il ne porte pas l'uniforme. Il possède assez la confiance de ses chefs pour être chargé de faire des rapports secrets relativement à la défense nationale.

Eh bien, cet homme déclare à Boulanger, depuis que ce dernier est devenu l'ennemi du gouvernement de son pays, que pour lui Boulanger est toujours le seul ministre de la guerre et qu'il croit bien faire, pour celui qui est le ministre et le chef d'État de ses vœux, de faire une copie de ses rapports et de livrer dans la maison même qu'habitent en partie Rochefort, Morphy et les autres, — à un général exclu de l'armée qui les reçoit dans le salon d'honneur, — les rapports particuliers contenant les secrets de la défense de la frontière des Alpes. Voilà, messieurs, le fait.

Vous voyez messieurs, que si je suis allé trop lentement,
j'arrive au but et que je le tiens à cette heure.

Eh bien, messieurs, est-ce un courtisan trop zélé, un in-
trigant ayant perdu tout sens moral qui est venu apporter
ces copies à Boulanger? Et celui qui les reçoit va-t-il lui
dire : Allez-vous-en avec vos papiers qui vous déshonorent.
Je n'en veux pas : c'est au Gouvernement, c'est aux ministres, c'est aux généraux français qu'ils appartiennent ! Non,
il en a fait comme des autres. Il a pris ce document, il l'a
étiqueté, classé ; il l'a mis à sa place en homme qui compte
les soldats de ses régiments futurs, et il est arrivé à les
distribuer par départements et par arrondissements, en
réservant à certains personnages des places d'honneur.

Aussi le misérable qui avait livré les secrets du ministère
de la guerre s'est-il trouvé mis en fort bon coin dans les archives du général Boulanger. J'espère bien qu'il ne porte
pas l'uniforme, mais je vais maintenant en rencontrer qui le
portent.

Nous avons d'abord un major d'un régiment d'infanterie,
qui écrit après l'élection dans laquelle on ne reprochera pas
au général Boulanger d'avoir été un candidat ministériel,
car assurément il a pris l'attitude d'un ennemi irréconci-
liable. Nous trouvons le lendemain cette lettre, écrite d'une
petite ville de la Sarthe par un major qui commandait un
dépôt :

Mon général, le résultat de votre élection d'hier, qui est l'expression
de la nation qui parle, est également l'expression de la Grande Muette,
qui vous suit par la pensée. La jeune armée est toute à vous, et votre
succès d'hier lui donne plus d'espérance encore...

Veuillez agréer, mon général, l'assurance de mon dévouement...

Eh bien, celui-là, il connaît mal l'armée ; il la juge d'après
lui, et je crois qu'il est charitable de n'en pas dire davantage.

Un lieutenant-colonel en activité de service a écrit à la
même date :

Votre triomphe, mon général, est un soulagement pour tous ceux
qui ont du cœur au ventre. Nos troupiers sur la frontière sont dans
la joie ; ils gardent votre épée...

Un autre :

Vous pouvez être persuadé qu'en toute circonstance je considérerai comme un devoir impérieux, avec la dernière énergie, de traiter vos détracteurs comme il convient.

J'ambitionne cette mission comme un honneur.

Vengez l'armée outragée. Aussi bien j'espère, mon général, que vous daignerez vous rappeler à l'occasion que je serais heureux d'augmenter la courageuse phalange qui entend purger le pays des êtres qui l'exploitent et le déshonorent.

Il y a un autre officier qui lui écrit :

Soyez fier, mon général, sans oublier que d'autres luttes se préparent pour lesquelles nous serons à vos côtés dans la suprême bataille...

Un autre :

La France compte sur votre épée, elle compte sur vous pour accomplir de grands devoirs : un nouveau 2 décembre contre les exploiteurs.

Il y en a un qui, à la date du 31 décembre, avant cette période électorale qui a pu surexciter quelques imaginations, écrivait les lignes suivantes ; c'était sans doute un camarade de Saint-Cyr, puisqu'il tutoyait le général :

Nous allons enfin te voir à la place, à l'Elysée. Je descendrai avec plaisir dans la mêlée pour la défense de ces principes qui te font de si belles pages dans l'histoire.

Déjà le même officier supérieur avait dit au mois de mars 1888, au moment où le conseil d'enquête présidé par M. le général Février a déclaré que Boulanger était indigne de rester dans l'armée parce qu'il avait violé les règles de la discipline ; à ce moment-là, cet officier supérieur lui écrit, après lui avoir parlé de toutes les circonstances qui peuvent se prévoir dans l'avenir :

... Et si en ces circonstances tu peux te servir de moi pour quoi que ce soit, tu peux compter plus que jamais sur mon dévouement.

Nous avons une lettre, — voyez jusqu'où allait le mal, — d'un soldat de la garde républicaine qui, à deux reprises, écrit au général Boulanger pour l'assurer non seulement qu'il lui est tout dévoué, mais que sa compagnie tout entière est prête à lui donner des preuves de dévouement. C'est une compagnie tout entière qui est mûre pour la sédition.

Il y a un autre soldat, dans le même corps de la garde

républicaine, qui est puni pour avoir, dans les rangs, crié :
« Vive Boulanger ! » Il est en prison, et il écrit une lettre
de soldat indiscipliné où il lui dit :

> Jamais on ne m'empêchera de crier : « Vive Boulanger ! » quand
> même on me mettrait au mur, et vous pouvez compter sur moi.

Il lui donne cette assurance en vue d'une véritable sédition.

Boulanger lui a envoyé des remerciements en faisant dire
à ce simple soldat qui venait de lui parler contre ses officiers d'une révolte possible qu'il peut compter sur lui.

Voilà, messieurs, bien des faits ! mais lorque nous feuille-
tons davantage, nous en trouvons de si curieux qu'il nous
est difficile de nous arrêter dans cette lecture. Ainsi, je
trouve une lettre de Marseille qui commence ainsi :

> *Ave Cæsar Imperator*. Mon général — c'est au lendemain de l'élec-
> tion ; la phrase suivante est fort instructive — mon général, la journée
> d'hier a marqué la mort de la République et des parlementaires ! Il
> vous reste à vouloir pour être le maître de la France.

Puis un ancien capitaine de francs-tireurs lui écrit le
29 janvier 1889 ; Boulanger accepte la lettre et remercie :

> Vous pouvez compter, quoi qu'il arrive, mon général, sur mon dé-
> vouement à toute épreuve, comme sur le concours armé de tous mes
> anciens compagnons...

Actes préparatoires

Voilà le complet. Cherchons maintenant s'il y a eu des actes
préparatoires. Oui, il y en a eu.

Tout d'abord les conspirateurs et leurs adhérents se sont
déclarés prêts et ont tenté d'exciter les passions par leurs
propos séditieux. Je vais vous en donner la preuve par des
pièces qui ne peuvent point être récusées.

Le 1ᵉʳ août 1887, Dillon télégraphie par dépêche chiffrée :
« La situation est superbe pour aujourd'hui ; tu es en pleine
veine... » — car vous savez, il ne faut pas s'y tromper, au
fond, ces messieurs ce sont des joueurs, c'est un baccara
politique qu'ils ont entrepris — « ...laisse marcher ton
étoile... » Toujours l'étoile !

Le 6 août 1887, télégramme chiffré de M. Arthur Belleville qui est industriel et qui, je crois, a été camarade de promotion de Boulanger à Saint-Cyr.

Arthur Belleville dit :

J'ai reçu ta dépêche de Lyon. J'attends tes instructions et les exécuterai. J'ai toujours considéré ce qui vient de se passer comme un prologue... » — Il veut parler des événements de la gare de Lyon. — « Je n'ai placé le premier acte... » — pour ceux-là ce n'est plus un jeu, c'est une comédie — « ... qu'après la rentrée des Chambres ; tu parais désirer plus tôt ; tu pourrais avoir raison. J'attends tes ordres. »

Le 7 août, Dillon envoie un télégramme chiffré à Boulanger, à Clermont-Ferrand :

La période des plaidoiries est terminée ; préparons-nous aux faits et préparons les faits à notre convenance ; encore une fois, notre situation est bonne ; conservons-la pour le moment, mais préparons la prise.

C'était après les événements de la gare de Lyon. On verra plus loin, par conséquent, que ces paroles faisaient allusion à une tentative d'émeute. J'ai des rapports de police en grand nombre qui nous montrent que les propos séditieux les plus significatifs ont été tenus, notamment dans un conciliabule qui a eu lieu chez le sieur Laguerre et où ce dernier a dit qu'il fallait que Boulanger conservât son titre de général, au commencement de 1888, pour avoir plus de prestige et se présenter à cheval devant le peuple insurgé.

Le général Boulanger a répondu qu'on pouvait compter sur lui, et nous avons vu, dans les renseignements que nous a fournis sa cantine, qu'il pouvait aussi compter, sinon sur des régiments, au moins sur des bataillons et des compagnies. Nous avons d'autres rapports de police qui nous indiquent que Déroulède a tenu des propos non moins séditieux, quand il est passé du paroxysme du patriotisme dans la faction politique, et que, ne reculant pas devant un jeu de mots absolument indigne de son esprit distingué, il est arrivé un jour dans une réunion publique, par conséquent devant beaucoup de témoins, à dire que si le chef de l'État, le Président de la République, donnait un ministère présidé par M. Méline, les ligueurs pourrraient peut-être bien donner de la mélinite.

Ligue des patriotes.

Le réquisitoire expose sommairement la transformation de la

Ligue des patriotes depuis la mort de Henri Martin. Elle n'est plus qu'une association politique dont Boulanger est le véritable chef; ce n'est plus qu'une garde prétorienne à l'usage de Boulanger :

A cette Société politique, il fallait une organisation politique : on la lui donna sans retard.

Des groupements s'établirent par arrondissement, par section. Le système des messagers et des rassemblements fut militairement prévu, de telle sorte que des ordres partis du point central arrivaient aux extrémités sans emprunter les voies un peu indiscrètes du télégraphe ou de la poste.

Et par suite de cet état permanent de mobilisation, on était certain de pouvoir jeter en deux heures, sur un point choisi de la capitale, une masse considérable d'hommes en état de-porter les armes et dressés à la discipline militaire.

Je crois qu'il y a là un premier chef : l'acte préparatoire en vue de l'exécution du complot.

Les manifestations.

Je prends maintenant, comme caractéristique en troisième lieu des actes préparatoires, ce qu'on a appelé des manifestations. C'est Rochefort qui a inventé le mot : il invente toujours des mots, surtout ceux qui sont destinés à cacher des choses coupables.

J'arrive donc à ce qu'on a appelé les manifestations. Je vais vous montrer que ce n'étaient pas des manifestations, mais bien des désordres dans la rue.

Du 28 mai 1887 au 1er février 1889, j'ai relevé vingt journées avec les registres, ou du moins les archives, les dépêches télégraphiques classées à la préfecture de police : dix-neuf à Paris et une à Nancy.

Je les ai divisées en deux catégories : les essais tumultueux et les véritables tentatives d'émeute.

J'ai vu l'émeute seulement là où un grand développement de forces agressives, la présence sur les lieux de Boulanger, l'évidence de l'événement immédiat que se proposaient les perturbateurs; j'ai vu l'émeute là où toutes ces circonstances se trouvaient réunies, et là j'ai retenu, comme je le devais, la tentative d'attentat.

Dans les autres scènes, au contraire, qui affectent moins de gravité, qui offrent moins de périls et une résolution plus douteuse de la part des acteurs et des fauteurs, je n'ai retenu que l'acte préparatoire.

Désordre dans la rue.

Pendant près de deux années — le fait est notoire en dehors même de l'instruction écrite — le Gouvernement a dû tenir presque constamment sur pied toutes les forces de la police, consigner des troupes dans les casernes, faire marcher la garde républicaine.

Le but évident était d'énerver l'opinion, d'entretenir l'agitation dans le pays, de servir de point central à toutes les oppositions, de provoquer un désarroi, et, s'il se produisait, de brusquer l'aventure. Rochefort osait écrire dans sa feuille : « La police est à nous. » Il s'en est vanté. Boulanger se vantait, lui, d'avoir tout ou partie de certains régiments dans la main. Dillon télégraphiait : « Le moment des plaidoiries est passé, c'est le temps d'agir. » Tous les trois comptaient donc bien sur la trahison des défenseurs de l'ordre et sur l'inanité de la résistance.

C'est ainsi qu'ils ont tant de fois — il faut que j'emploie le mot consacré — tâté la police et l'armée pour trouver inopinément la fissure et, l'ayant trouvée, pousser d'un seul coup jusqu'à l'Élysée.

Le réquisitoire étudie d'abord les affaires du mois de mai 1887 on sait que Boulanger faisait partie d'un cabinet qui a donné sa démission le 17 mai 1887 et qui n'a été remplacé que le 30 ou le 31.

Émeute de mai 1887.

C'était pour lui un instant décisif, je vous l'ai montré hier, lorsqu'il quittait le ministère qui suivant lui était le vestibule de l'Élysée ; et à ce moment il est arrivé à sentir qu'on lui enlevait le sceptre qu'il affectait de considérer, lorsqu'il était ministre, comme étant sous sa main et qu'il croyait déjà tenir pour s'en aller, sinon dans une situation subalterne, au moins lointaine, dans les montagnes d'Auvergne, loin des auxiliaires qui travaillaient pour lui avec le comité secret.

De là cette campagne de protestation, d'injures et de menaces qu'il fit conduire par Rochefort pendant la crise ministérielle.

Mais ceux qu'il avait mis en œuvre échouaient, et il ne put pas s'imposer.

Alors quand il vit que c'était bien une perte définitive du portefeuille et qu'il ne se trouvait plus là sur le grand échelon qui permet de bondir dans les au delà du pouvoir absolu, quand il fut constaté que ni la presse, ni les efforts, ni les petites calomnies, rien n'avait pu aider à son maintien au ministère, on organisa le désordre dans la rue.

Les archives de la préfecture, dont je vous parlais tout à l'heure, nous font connaître une première tentative, à la date du 28 mai. Souvenez-vous que si la crise ministérielle date du 17 mai, on a cru et Boulanger a pu croire jusqu'au 26 mai à la combinaison ministérielle qui l'aurait fait rentier. C'est tout à fait dans les derniers jours, le 26 ou le 27 tout au plus, qu'il a appris que l'illusion n'était plus possible. Alors nous avons le 28 mai un petit mouvement, une simple tentative pour mettre en haleine, mais enfin il a son importance.

Voici les dépêches de la préfecture de police.

Elles sont toutes de 1887 et 1888, et, par conséquent, ce n'est pas un parti poursuivant en 1889 qui a eu l'ingéniosité de les fabriquer.

« A 10 heures 47 minutes, une manifestation de 150 personnes environ est partie de devant le théâtre des Bouffes-Parisiens, se dirigeant du côté de la place de l'Opéra. On fait le nécessaire. »

C'était envoyé par un officier de paix au chef de la police municipale.

Il y a eu une inquiétude à la préfecture de police, on n'y conservait pas une grande illusion, et on savait qu'il y avait un travail fait sur les masses, accompli dans des proportions telles que tout était à craindre au point de vue de l'ordre public. Alors on fut obligé de rassurer M. le préfet de police par la deuxième dépêche que voici :

Il ne s'est rien produit du côté du huitième arrondissement. J'avais été aux renseignements place de l'Opéra et su qu'il s'y était passé assez peu de chose; mais des cris ont été proférés. »

Puis, comme c'était toujours la même préoccupation, vous allez le voir, on ajoutait :

« Il n'y a rien aux abords de l'Élysée. »

Voilà le commencement. Ah ! s'il n'y avait que cela, je pourrais bien soutenir l'acte préparatoire, mais je ne pourrais pas dire qu'il y a eu attentat résultant d'un ensemble de manifestations, parce qu'on pourrait me répondre qu'il n'y a eu là qu'une échauffourée isolée. Mais elle n'est pas toute seule, hélas ! et vous allez voir que bien d'autres ont suivi.

Nous avons trois jours après, le 31, une action qui se serre, et voici quelles sont les dépêches qui sont recueillies à la préfecture de police à cette date :

« Vingtième arrondissement, 6 heures 30 du soir. — Le bruit se répand ici qu'une manifestation importante aura lieu devant le Cercle militaire ce soir en faveur du général Boulanger. »

« 10 heures du soir, préfet police à intérieur. A 9 heures 20, une première bande de 400 manifestants chantant la *Marseillaise* et criant : « Vive Boulanger ! » s'est dirigée vers l'Élysée par la rue Saint-Honoré. »

Il y avait déjà 400 manifestants et on cherchait à aller à l'Élysée.

« Les boulevards et les abords de l'Opéra sont encombrés par une foule considérable. »

Ce n'était pas tout.

« 11 heures soir. On me signale une autre bande composée de sept cents personnes environ qui passe dans la rue Montmartre. J'envoie un détachement au-devant de la bande signalée afin de la disperser. »

« 11 heures 40 du soir. Une bande composée d'environ mille individus vient de passer rue des Tuileries et Pont-Royal, se dirigeant vers la rue du Bac. Les septième et huitième arrondissements sont prévenus. »

Nous avons donc par conséquent, à la fin de mai, deux manifestations, dont la seconde s'est produite par la marche de colonnes de sept cents à mille individus qui cherchaient à parcourir la rue Saint-Honoré en se dirigeant vers l'Élysée, aux cris de : Vive Boulanger !

Émeute de juin 1887.

A la date du 21 juin, huit heures du soir, une cinquantaine de jeunes gens occupant le carrefour Cluny, après avoir crié : Vive Boulanger ! à nombreuses reprises et s'être mis à chanter : *Il reviendra* ! forment un attroupement que la police a beaucoup de peine à dissiper. Deux heures plus tard, une seconde manifestation se produit sur le même point, et les agents renforcés ne peuvent y mettre fin qu'en opérant un certain nombre d'arrestations.

Le lendemain 22 juin, on a commencé sur la rive gauche, et cela a débuté par deux courtiers en librairie qui ont entonné sur le boulevard Saint-Michel une chanson boulangiste jusqu'à ce qu'ils aient eu un cortège assez considérable, et à ce moment ils se sont arrêtés de façon à résister même à des charges de police, parce qu'ils avaient fait assez la boule de neige pour être devenus un rassemblement considérable et très menaçant.

Deux jours après, Rochefort criait victoire, et, faisant le récit de ces scènes de désordre, les revendiquait, les exagérait même, au nom de Boulanger.

Il commençait ainsi son article :

« Hier 23 juin, pendant toute la soirée, une vive agitation a régné au quartier Latin. »

Quelques jours après ces essais de désordre, Boulanger était nommé à Clermont. On avait déjà pu tâter la rue, et comme ces agissements — vous vous souvenez de la déposition de M. le général Ferron — étaient de nature à exciter beaucoup d'inquiétudes, le Gouvernement avait invité le ministre à envoyer M. Boulanger en province avec un commandement.

Quelques jours après cette nomination, le général Boulanger considéra que son départ pour la province était encore de nature à déjouer mieux toutes ses combinaisons politiques. Rochefort cria à la proscription ; mais ce n'était qu'un cri. Il fallait faire mieux, et l'on fit mieux.

A la gare de Lyon.

Le général comblé, — je vous l'ai montré, — par la fortune, partant pour Clermont-Ferrand, était une victime. Une victime, c'est toujours intéressant ; il n'y a pas de meilleure attitude à prendre. Il la prend encore. Lorsqu'on s'est ainsi posé en victime, il s'agit d'apitoyer sur son sort le plus grand nombre possible de gens; et lorsqu'on a dans les mains tant de camelots, de ligueurs et de gens qui sont tout à fait disposés à se réunir à l'heure donnée sur un point convenu, il est assez facile de changer la pitié en clameurs, de faire sortir le bien du mal, c'est-à-dire d'arrêter le départ et de se faire ramener à Paris par ce que, le lendemain, on pourra appeler le peuple.

Voilà quelle a été la conception relative à ce que l'on a appelé bien à tort la manifestation de la gare de Lyon.

Il devait y avoir beaucoup de monde, parce que plus il y a de monde, plus il doit y avoir d'illusions, et quand il y a beaucoup de monde qui ne sait qu'un ministre qui était populaire la veille, qui est très connu des régiments en garnison à Paris, qui est porté en triomphe par des gens sans armes, s'il rencontre sur sa route un régiment dans lequel il a beaucoup d'amis, dont les noms sont placés dans sa cassette, on a un régiment qui met la crosse en l'air, ce qui est toujours le commencement du triomphe politique d'une journée en pareille matière.

On prépare tout en vue de cela. Rochefort, qui a toujours aimé les émeutes, qui s'y entend à la condition qu'on ne l'y fasse pas prendre part, Rochefort qui, dans cette affaire, s'est toujours chargé de convoquer ce qu'il appelle le peuple, de donner les rendez-vous, de surexciter les passions mauvaises, et, tout en restant caché dans la coulisse, de faire tout ce qu'un homme mal intentionné peut faire pour conduire à la révolution violente ou à l'effusion du sang, Rochefort, dans son *Intransigeant* du 2 juillet, commence à apitoyer sur le sort de Boulanger et à donner des rendez-vous.

Voici, en effet, ce qu'il écrivait :

Sitôt pris, sitôt pendu. Il partira sans avoir pris le temps de faire ses malles, il faut qu'il parte! Cependant, si des manifestations sont à craindre dans la capitale, elles ne le sont pas moins sur le parcours de Paris à Clermont; il est extrêmement probable que des délégations viendront l'attendre à chaque gare.

Est-ce que le précautionneux Ferron n'a pas réfléchi à cette éventualité?

Et puis, le 7 au matin, dans son numéro portant la date

du 8, il donnait alors d'une façon bien précise le rendez-vous.

Après avoir dit le 2 : il y aura des manifestations, voici ce qu'il écrivait :

Le départ du général Boulanger.
C'est le titre.
La *Presse* annonçait hier le départ du général pour ce soir huit heures à la gare de Lyon. C'est un *lapsus calami* de notre confrère. Le général Boulanger prendra en effet... » — voyez-vous le rendez-vous donné? — «... le train de huit heures du soir, mais seulement demain vendredi. »

Et puis, pour montrer qu'il y aurait beaucoup de monde et qu'il conviait beaucoup de monde à y aller, il ajoutait :

D'extraordinaires mesures de police sont ordonnées.

Et le 8 au matin, dans son numéro qui portait la date du 9, il écrivait ceci sous le titre : « Le train de Clermont. »

Toutes les brigades de MM. Vaillant et Taylor n'y feront rien... Plus on prendra de précautions, plus elles seront inutiles... On n'achète pas un pays... L'indignation contre les flibustiers qui l'ont livré par morceaux ne demande qu'à faire explosion.

Il y avait là, par conséquent, une invite, un appel qui n'est pas contestable dans ces termes.

Voyons maintenant ce qui s'est passé; étudions heure par heure ce qui est arrivé le 8 juillet 1887 au soir à la gare de Lyon, lorsque Boulanger a commis la tentative d'attentat, conformément aux provocations de Rochefort, son complice.

« 7 heures 20 du soir » — télégramme au directeur de la sûreté générale — « 12 à 1,500 personnes stationnées rue de Rivoli, devant l'hôtel du Louvre, attendent le départ du général Boulanger. La foule chante : « Il reviendra. » Les voitures ont de la peine à passer; la foule grossit, la circulation sera interrompue bientôt...

Tout ceci se passe rue de Rivoli, devant l'hôtel du Louvre. C'est le point de départ.

Commissaire spécial gare de Lyon à intérieur — 8 h. 45. Voilà le point d'arrivée qu'il ne quittera plus. — Commissaire spécial gare de Lyon à intérieur. — 8 h. 45 du soir :
Gare envahie par la foule qui se précipite sur les voies et rend toute manœuvre impossible. Affluence énorme aux abords. Général vivement acclamé. Groupes nombreux sur la toiture des trains... Toute résistance à la foule impossible.
Chef exploitation P.-L.-M. à préfet de police. — 8 h. 25

— La situation s'aggrave ; gare de Lyon est envahie. Les manœuvres sont impossibles. Il y a lieu de prendre sans retard d'énergiques mesures si vous voulez éviter de plus grands, de plus sérieux désordres.

Chef d'exploitation, gare de Lyon, à ministre de la guerre, 8 h. 30 :

La foule nous a envahis. La situation devient grave. Avisez d'urgence. Aucun train ne peut plus partir. La foule s'oppose à tout départ.

Chef exploitation à gouverneur de Paris. — 9 h. 13 :

Notre gare est envahie. Aucun train ne peut plus entrer ni partir. Situation s'aggrave. Plusieurs milliers d'hommes cherchent à empêcher départ du général Boulanger.

Commissaire surveillance à Travaux publics, à préfet de police et procureur République. — 9 h. 10 :

Situation la même qu'à 8 h. 3/4. La foule entoure le train, couvre les plates-formes des voitures, impossible faire partir. Environ 15,000 personnes sont massées sur les voies et sur les quais !

500 personnes, dit le commissaire de police, M. Honnorat, dans sa déposition orale faite devant la commission, 500 personnes entouraient la machine, se couchaient sur les rails, se pendaient aux roues.

L'irruption s'était produite par la rupture des portes, qui s'était opérée instantanément comme en vertu d'un mot d'ordre.

C'est la déposition de M. Lépine, secrétaire général de la préfecture de police, qui, dans cette circonstance, a montré un très grand courage, et qui probablement a évité de très grands malheurs.

« On donnait ainsi le mot d'ordre au dehors, » a déclaré M. le secrétaire général Lépine, qui n'est pas le premier venu, et qui s'est bien aperçu que la foule manœuvrait en vertu d'une certaine discipline.

On donnait donc ainsi le mot d'ordre au dedans, et on donnait aussi le mot d'ordre au dehors, où s'agitait une foule énorme.

Voici ce que nous fait connaître un autre commissaire de police, chargé de garder les abords de la gare jusqu'à la place de la Bastille :

A partir de huit heures, un homme placé à la terrasse de la brasserie Grüber met de temps en temps son chapeau haute forme au bout de sa canne ; à ce signal le boucan recommence ; la foule devient plus hostile et accueille chaque charge des agents par des sifflets.

Rôle de Boulanger.

Quelle fut la conduite personnelle de Boulanger ?

Il avait d'abord fixé son heure et Rochefort avait à sa connaissance, — car celui-là, c'est supposable, lit *l'Intransi-*

geant, — Rochefort avait à sa parfaite connaissance donné le rendez-vous. Il trouva 1,500 personnes dans la rue de Rivoli, à son point de départ; c'était de nature à l'avertir et à l'arrêter, ce général qui allait au milieu d'un corps d'armée donner l'exemple de l'obéissance aux lois et de la discipline, — il partait pour cela, — c'était de nature à l'arrêter s'il n'avait pas eu le projet ferme d'exciter le mouvement populaire qui avait pour but de l'acclamer, sinon mieux. Eh bien, cependant, il est allé de la rue de Rivoli sans hésiter jusqu'à la gare de Lyon.

Il gagna les abords de la gare à huit heures un quart et se trouva en face d'environ vingt mille personnes « exaltées », et ici je me sers de l'expression de M. le commissaire de police Honorat, il se livra à cette foule sans balancer. On le porta en triomphe, et c'est ainsi que porté en triomphe il est entré dans la gare, où la foule s'est donné le pouvoir d'entrer en brisant les portes; c'est ainsi qu'il y est entré au bruit des portes brisées. M. Déroulède, président de la Ligue des soi-disant patriotes, disons des boulangistes, allait de groupe en groupe excitant la foule.

Tout cela, messieurs, est établi par dix témoignages.

A un certain moment, les efforts des agents et des employés de la gare furent sur le point d'aboutir, et le chef de service donne le signal du départ; Boulanger n'avait donc à ce moment qu'à pousser ceux qui étaient auprès de lui et qu'à s'en détourner, et le train l'aurait emporté aussitôt loin de ces scènes de désordre.

Il s'en garda bien.

Il le pouvait, car c'est en vain qu'on a dit, en écrivant la fausse légende, que la foule fournissait une telle barrière humaine si épaisse qu'il était impossible d'entrer et de sortir. C'est si faux que M. le secrétaire général Lépine a pu pénétrer, venant de la Bastille, dans l'intérieur de la gare, et de la gare retourner à la Bastille, pour prendre un renfort de 150 hommes.

Donc, si M. Lépine pouvait, pour remplir son devoir, sortir de la gare, Boulanger pouvait en sortir également et ne pas manquer au sien.

Boulanger pouvait alors partir et échapper à une étreinte à laquelle il n'était pas impossible de résister, celle de la foule ameutée; si on avait cru à une manifestation, on ne pouvait plus voir à ce moment qu'une émeute; mais, alors, Boulanger restant, quelques manifestants décrochent rapidement sa voiture et rendent ainsi le départ du train impossible.

Il devait rester de huit heures trente jusqu'à dix heures à la disposition de 20,000 individus qu'il avait trouvés à son arrivée et dont le nombre augmentait à chaque minute, tous venus pour lui et dont l'ardeur — ceci est constaté par tout le monde — a fini par se changer en exaspération. Pouvait-il se tromper sur leurs intentions? Non. J'ai relevé dans tous les télégrammes de la police et du chef d'exploitation — et je vous supplie de conserver cela dans votre mémoire, tout est là — que la foule ne cessait un seul instant de crier : « Il ne partira pas ! A l'Elysée ! »

A l'Élysée !

Voilà quels cris il a supportés autour de lui, poussés par des gens qui étaient coude à coude, des cris de sédition, des cris de la révolte et, il faut bien le dire, de la révolution violente que sa présence seule pouvait être de nature à encourager. Il restait là en présence de l'émeute, que par sa présence il semblait encourager.

En entendant les cris : « Il ne partira pas ! A l'Elysée ! » a-t-il protesté ou a-t-il essayé de s'y soustraire ? Nullement.

Il est resté, au milieu des clameurs que sa présence faisait redoubler, dans une gare où mille prétextes, mille issues permettaient au moins une tentative de retraite, qui était le premier de ses devoirs. Sa présence était une excitation, son silence une adhésion; il était prisonnier non de la foule, mais de son projet criminel. Sans doute il ne s'est pas mis résolument à la tête de ces 20 ou 30,000 hommes qui criaient: « A l'Elysée ! » et il n'a pas essayé de les y conduire.

Non, cet acte de suprême violence, alors que le résultat peut-être ne semblait pas assez certain, pouvait répugner à sa nature efféminée, d'autant plus que l'histoire nous a laissé le récit de certaines conspirations conduites par des hommes d'une autre envergure, et que nous savons, à commencer par l'histoire à laquelle j'ai déjà fait allusion, le

13

passage du Rubicon, qu'on voit un César hésiter sur les rives du fleuve avant de violer la loi de son pays; je n'ai pas l'idée d'établir des comparaisons, mais je crois qu'où César a hésité, nous pouvons trouver Boulanger en défaillance.

Par conséquent, que l'on ne vienne pas s'étonner outre mesure de ce que Boulanger ne se soit pas mis à la tête du mouvement; d'autant plus qu'au point de vue de la véritable logique, étant donnés les faits tels que nous les connaissons, et même quel que soit l'homme, eh bien! nous devons supposer qu'il attendait vraisemblablement que l'agglomération fût devenue irrésistible par sa masse, ou plutôt — écoutez — que les mouvements organisés à la même heure dans d'autres quartiers — ah! nous voilà hors de la manifestation, maintenant — aient fait dégénérer l'échauffourée en insurrection générale. Voilà la vérité.

Maintenant, reportons-nous aux dépêches :

9 h. 20. — Les manifestants de la gare de Lyon avaient détaché le wagon et s'étaient couchés sur les rails en criant : « Il ne partira pas! A l'Elysée! »

Or, voici une dépêche de la même minute qui va convaincre les plus incrédules :

9 h. 20. — Une première bande de quatre cents manifestants chantant la *Marseillaise* et criant : « Vive Boulanger! » s'est dirigée vers l'Elysée par la rue Saint-Honoré.

Ah! nous ne sommes plus à la gare de Lyon, et nous nous trouvons en présence de faits sur lesquels il n'est pas possible d'équivoquer en parlant de l'amour du peuple, qui vient dire adieu à la gare à son cher général! Non! non! Pendant que Boulanger reste à l'intérieur de la gare de Lyon, hors de la gare, vous allez voir comment on se bat place de la Bastille, où Boulanger n'est pas acclamé, et, dans ce moment, je vous montre que d'autres colonnes cherchent à marcher au cri de : « A l'Elysée! » sur l'Elysée même.

Les boulevards et les abords de l'Opéra sont encombrés par une foule considérable, et un télégramme du préfet de police, en date de 9 h. 30, annonce que dans la rue Saint-Honoré on a pu arriver à couper la principale de ces colonnes.

Il ne s'agissait donc pas d'une manifestation au sens vrai

du mot, puisque le désordre éclatait si loin de Boulanger.

Et pendant ce temps, messieurs, il restait impassible dans la gare. Attendait-il les nouvelles de la tentative du faubourg Saint-Honoré, ou les nouvelles de l'émeute qui grondait en même temps place de la Bastille et que je vais vous faire connaître tout à l'heure avec un détail abominable ? Une de ces colonnes d'insurgés, celle qui a le plus violemment attaqué nos malheureux gardiens de la paix, était commandée par un officier en uniforme.

Attendait-il tout cela ? Hésitait-il ? Je n'ai pas à rechercher quel était le fond de sa pensée secrète. Tout ce que je vois, c'est qu'il a provoqué un trouble, c'est qu'il est resté présent pendant que le trouble se développait, pendant que l'émeute, de menaçante, était devenue terrible; c'est qu'il est resté pendant tout le temps où il y a eu commencement d'exécution.

Départ forcé.

Sans doute Boulanger est parti, mais il n'est pas parti spontanément; il n'a renoncé à son entreprise que lorsqu'il lui a été impossible de faire autrement. Pendant plus d'une heure, il a attendu la rupture des dernières digues, la généralisation du soulèvement et ce qu'on peut appeler l'explosion finale; et il a tout favorisé par sa présence.

Les choses en étaient là lorsqu'à neuf heures cinquante l'événement s'est modifié de la manière suivante :

En premier lieu, les anarchistes, sur le concours desquels on avait compté, et qui étaient venus en grand nombre près de la Bastille, — c'est établi par nos rapports de police, — les anarchistes ont voulu conserver le rôle de spectateurs, ce qui a été la défection d'une partie du contingent.

Les anarchistes ne se piquent pas de patriotisme; et, lorsqu'ils ont vu que M. Déroulède, l'homme de la revanche, était le boute-en-train de cette émeute, ils se sont décidés à n'y pas prendre part.

Voilà donc, si M. Boulanger était au courant — et je ne crois pas le fait discutable — de tout ce que Rochefort avait convoqué de ban et d'arrière-ban révolutionnaire, un contingent qui lui a manqué et une circonstance indépendante de sa volonté qui s'est produite ; mais cela est absolument secondaire pour moi ; ce qui m'importe, le voici :

Sa troupe a été mise en déroute sous ses yeux, et c'est pour cela qu'il est parti. Il est parti, comme font les généraux qui ont perdu la bataille et qui, le soir, sont obligés de battre en retraite. Sa troupe a été mise en déroute, voici comment.

M. Lépine, secrétaire général de la préfecture de police, — c'est lui qui, sous la foi du serment, a fait ce récit devant la commission de la Haute Cour, — M. Lépine, effrayé des résultats possibles — j'ose dire des résultats probables — de ce coup de force si bien organisé, puisqu'il n'y avait aucune espèce de force de résistance présente sur les lieux, — la preuve en est que le malheureux chef de l'exploitation était obligé d'envoyer des télégrammes à tout le monde sans avoir un homme à sa disposition, — M. Lépine, effrayé des résultats possibles de ce coup de force, avait pénétré sur les quais de la gare par un passage secret ; puis, s'étant rendu compte de la gravité de la situation, il était parvenu à sortir vers neuf heures et s'était glissé jusqu'à la place de la Bastille, où M. Honnorat, officier de paix, luttait à la tête de 250 agents.

Il prit aussitôt ses mesures, garda avec lui une centaine d'hommes pour contenir le flot par des charges réitérées, et l'officier de paix Honnorat, avec les 150 autres agents, s'avança à grand'peine vers la gare, y pénétra enfin et prit énergiquement — c'était le seul moyen d'être prudent — à revers la foule tumultueuse qui occupait les voies.

Les soi-disant manifestants, ne sachant pas à quelles forces ils avaient affaire, — dans la grande comme dans la petite guerre c'est toujours la même chose lorsqu'on est attaqué par derrière, — les soi-disant manifestants furent débandés, et M. Honnorat, continuant sa charge, arriva à déblayer la voie, parce que tous ces gens, qui croyaient avoir affaire à des forces supérieures en nombre, se rejetaient les uns sur les autres par les portes brisées et le long des quais. Voilà le fait matériel.

Eh bien ! messieurs, maintenant que nous connaissons cela, voyons ce qui s'est passé.

A neuf heures quarante-cinq, les brigades commandées

par M. Honnorat ayant fait cela, nous voyons arriver deux autres brigades commandées par deux autres officiers de paix; elles sont parvenues, en prêtant secours à la brigade qui avait si vaillamment fait l'attaque, à refouler d'une façon définitive les colonnes d'émeutiers qui, depuis une heure et demie, enivraient M. Boulanger au murmure flatteur des cris : « Il ne partira pas ! A l'Elysée ! »

C'était donc la défaite ; c'était la défaite matérielle. Alors, le général Boulanger, conseillé par le chef de gare et par quelques amis, profitant de l'arrivée de ces nouveaux agents, est monté sur une locomotive isolée et s'est rendu à Villeneuve-Saint-Georges pour attendre l'arrivée du train qui devait le conduire à Clermont.

Ainsi, il est parti quand la force armée avait refoulé la troupe des gens qui se vantaient à grands cris de le conduire à l'Elysée; il est parti lorsque son arrestation pouvait être considérée comme imminente, et, si la Haute Cour me le permet, — j'ai droit de le faire, — je lui donnerai connaissance d'un renseignement qui m'est parvenu hier.

Je serais à même, s'il y avait débat contradictoire, d'amener un témoin dont le nom forcerait, je crois, l'unanimité de la Haute Cour à s'incliner de déférence devant lui.

Ce témoin, j'ai son nom; il est tout prêt à déclarer le fait que voici : C'est que, lorsque M. Honnorat et ses collègues, les officiers de paix, eurent déblayé la voie, deux agents sont arrivés au compartiment occupé par M. Boulanger, et l'un d'eux lui dit, en lui parlant avec respect, mais enfin avec cette énergie fiévreuse que donnent toujours de pareilles aventures : « Mon général, il faut partir. »

Et le général, à ce moment, — ce n'est point une critique que je lui adresse, on comprendrait une pareille émotion de la part de tout le monde, — est devenu très pâle; c'était peut-être la pâleur d'un homme qui croit à son arrestation; dans tous les cas, il s'est trouvé en face de deux agents dont l'un l'invitait, d'une façon qui ne pouvait point être suivie de refus, à monter sur cette locomotive. Voilà ce qu'un témoin est prêt à établir.

J'en reviens aux déclarations de M. Lépine et de M. Honnorat.

A ce moment, le chef de gare est venu adjurer le général

de partir, aussi bien dans l'intérêt de l'ordre que dans l'intérêt de sa pauvre gare, de son matériel, de tout ce qui peut émouvoir un chef de gare.

Et Boulanger, à ce moment, a été abordé par un de ses amis dont je n'ai pas le nom, mais que MM. Lépine, Honnorat et plusieurs autres témoins d'une autre honorabilité que Boulanger seraient prêts à faire connaître. Cet ami, jugeant que la partie était perdue, lui a dit: « Il faut partir ! » C'est alors que Boulanger s'en est allé.

Je vous demande s'il y a eu, à ce moment, une circonstance indépendante de sa volonté. Tant qu'il a pu être maître de sa volonté, tant qu'il s'est trouvé avec cet absolu libre arbitre qui fait qu'un homme peut décider de ses gestes et de ses actes, il est resté.

Plus les cris étaient séditieux, plus la foule était menaçante, plus l'émeute allait se changer en révolution, plus il est resté. Et puis, lorsque les hordes ont été bouleversées, refoulées, lorsqu'on est venu lui dire : « Général, il ne faut plus rester ; il faut partir » à ce moment, sa volonté s'est trouvée enchaînée, violentée, et il y a eu de sa part l'obéissance à la volonté d'autrui qui a caractérisé l'acte indépendant prévu par le code pénal.

Et, messieurs, est-ce que cette affaire n'avait pas été montée de façon à le conduire, le soir, à l'Elysée?

Est-ce que, lorsque Boulanger était parti, nous n'avons pas vu, par la queue de l'émeute, ce que l'émeute avait été dans les projets de ceux qui l'avaient ourdie?

Et tenez, après son départ, la foule, en se retirant, continuait à crier : « A l'Elysée! A bas le ministère! A bas Grévy! »

La foule sortit de la gare par le grand escalier, portant en tête des drapeaux tricolores et chantant : « C'est Boulange qu'il nous faut! » et criant : « A l'Elysée! A bas Grévy! »

Devant la colonne de Juillet, le désordre était tel qu'il fallut charger à plusieurs reprises.

La mêlée se prolongea : sept ou huit charges nouvelles furent exécutées. A onze heures un quart, un groupe nombreux, à la tête duquel se trouvait un officier en uniforme, envahit la brasserie Grüber, déjà pleine de monde, et se mit à provoquer les agents. Là, il y eut bataille. Du premier étage on lançait sur la police des chaises, des bocks, des tables. Ordre fut donné aux agents en péril d'enlever d'assaut l'établissement. Ceux-ci, exaspérés, pénétrèrent dans la brasserie ; de part et d'autre on s'arme de chaises, de tabourets, etc.

M. le secrétaire général Lépine, qui avait dirigé l'assaut, fut blessé lui-même d'un éclat de verre à la face.

A minuit cinq minutes, Boulanger étant parti à dix heures au plus tard, la chose montée continua d'exister comme une boule lancée qui roule encore, et à minuit M. le préfet de police envoyait au ministère de l'intérieur la dépêche ci-après :

Tout est tranquille du côté de l'Elysée.

La foule ne diminue pas aux abords de l'Opéra et continue à chanter et à crier ; mais on espère que tout se passera sans incident grave.

Une bande de 500 individus a été signalée rue Montmartre.

Une autre bande d'un millier d'individus a passé le Pont-Royal et le pont des Tuileries, se dirigeant rue du Bac.

Voilà ce qu'il y avait encore après minuit.

Les faits sont tellement évidents que l'*Autorité*, qui, depuis, est devenu l'un des journaux les plus dévoués à Boulanger, dénonçait alors, à plusieurs reprises, le complot. Voici des extraits de l'article de M. de Cassagnac, en date du 10 juin :

C'est Boulanger qui a voulu cette manifestation ; c'est lui qui a communiqué l'heure de son départ, c'est lui qui a donné rendez-vous à la foule.

Non content de s'y dérober, il est allé au-devant... Est-ce tolérable ? La révocation du général Boulanger, la dissolution de la Ligue des patriotes, voilà ce qu'ordonnerait sans coup férir un gouvernement qui aurait de la cervelle dans la tête et du cœur au ventre.

Voilà comment parlait l'*Autorité*. J'ai eu l'honneur de vous en lire quelques lignes, le numéro est plein de choses semblables qui permettent de caractériser de la manière la plus indiscutable les événements de la gare de Lyon.

Le 14 juillet 1887.

Maintenant je chemine, et je vais vous trouver une autre preuve. Le 8 juillet, Boulanger avait donc été à la gare de Lyon, et, après son départ, l'émeute avait continué sous la forme, entre autres, d'une colonne commandée par un officier. A ce moment les émeutiers avaient crié : « Nous ferons bien mieux à la revue du 14 juillet. » C'est le 8 au soir que cela a été dit, et les tacticiens des bandes ajoutaient : « Nous pourrons d'autant mieux manœuvrer le 14, au bois de Boulogne, que les sergots seront disséminés. »

Rochefort a encore commis là une de ces indiscrétions heureuses dont il est coutumier et qu'il nous livre de temps à autre. Rochefort disait qu'il avait constaté — et il se flattait — qu'il y avait 150,000 hommes à la gare de Lyon, et il ajoutait qu'à la revue du 14 juillet il donnait encore rendez-vous à la foule, au peuple ; que là on arriverait à jouer du sifflet et à montrer les sentiments tels qu'on doit les exprimer à ceux qu'on aime et à ceux qu'on hait.

Je ne vous lirai pas l'article ; il est là. J'ai ici tous les numéros utiles de l'*Intransigeant*; ils forment l'objet d'une cote spéciale, et je les ai collationnés avec le plus grand soin. Je me permets seulement d'analyser cet article, pour vous montrer que, dans les bandes du 8 juillet et des jours qui ont suivi, il y avait l'intention très arrêtée de prendre une revanche à la revue du 14 juillet.

Considérons ce qui est arrivé à la revue du 14 juillet 1887.

Le 14 juillet, messieurs, comme la semaine précédente, il s'agissait non d'une manifestation, mais d'un coup d'Etat à recommencer.

Voici les documents.

Ce jour-là, — déclare l'officier de paix M. Honnorat, — j'ai été chargé de la protection du cortège officiel. Assisté des troupes de police et de l'armée, j'ai établi un fort cordon depuis le palais de l'Elysée jusqu'à la tribune du champ de courses.

Il n'arriva rien d'inquiétant avant que le cortège n'eût atteint la grande cascade ; mais là on rencontra une masse considérable de manifestants réunis par les soins de la Ligue, qui ont accueilli le chef de l'Etat et sa suite par des vociférations et aux cris de : « Vive Boulanger ! »

Au retour, mêmes démonstrations hostiles et violentes. M. le ministre de la guerre a été insulté grossièrement.

M. Clément, commissaire de police aux délégations judiciaires, a été également entendu comme témoin. Il avait été chargé, lui aussi, de maintenir l'ordre ; car on était prévenu qu'une manifestation était préparée.

M. Déroulède avait refusé l'emplacement qu'on lui avait assigné; il
émettait la prétention d'occuper à son gré telle tribune, ou de défiler
avec sa Ligue suivant ses convenances. M. Clément apprit à la
dernière heure que « ce même personnage avait contremandé ses
ligueurs; mais ce renseignement aura été inexact, ou du moins le
contre-ordre mystérieux n'aura été que partiel, car M. Déroulède vint
se cacher au fond d'un massif, près de la cascade, où des émissaires
venaient lui parler. Lorsqu'il vit qu'on avait découvert sa retraite, il
s'éloigna dans la direction de Paris...

Les généraux furent hués, les cris de: « Vive Boulanger ! » éclatèrent
sur le passage des membres du gouvernement, des pierres furent
jetées à M. le ministre de la guerre, le chef de l'Etat fut l'objet des
mêmes outrages.

Voilà la déclaration de M. Clément.

Le mouvement projeté avait sans doute trouvé des complices jusqu'au ministère de la guerre, car voici un détail
frappant donné par M. le général Ferron lui-même dans sa
déposition orale :

Au 14 juillet 1887, dit-il, les communications téléphoniques du
ministère de la guerre avec le gouvernement de Paris et la préfecture
de police furent détruites dans les jardins de l'hôtel.

Je crois que le fait est suffisamment significatif.

M. Debeurry, commissaire de police, avait la garde des Champs-
Elysées, depuis le rond-point jusqu'à la place de la Concorde. Il n'y
eut là de désordres qu'au moment du retour. M. le ministre de la
guerre et son escorte furent assaillis d'outrages aux cris de : « Vive
Boulanger! A bas Grévy! » — Et M. Debeurry ajoute qu'à la façon de
manœuvrer des prétendus manifestants « l'organisation était évidente».

Le général Saussier, gouverneur militaire de Paris, a été
aussi entendu par la commission d'instruction de la Haute
Cour.

A la revue du 14 juillet 1887, dit-il, il y a eu une grande manifestation antipatriotique, fomentée probablement par les partisans du
général Boulanger, qui a indigné toute l'armée. J'ai dû prendre à cette
occasion des mesures d'ordre exceptionnelles.

Déposition du général Ferron.

Le général Ferron a déposé, lui aussi, sur les événements du 14 juillet 1887, et, en prenant connaissance des
faits qu'il révèle, vous comprendrez, messieurs, à quelle
émotion douloureuse il a cédé et avec quelle tristesse,
bien légitime, il parle devant la commission d'instruction.

J'avais été prévenu par de nombreuses lettres anonymes, dit-il, qu'à la revue du 14 juillet une manifestation formidable serait faite contre le Président de la République et contre moi.

Tout en étant sûr de la discipline des troupes, je me préoccupais des conditions matérielles du retour du Président, et sur la pelouse de Longchamps, et dans l'avenue des Champs-Elysées, lorsqu'il n'y aurait plus de troupes pour le protéger, celles-ci regagnant leurs quartiers après avoir défilé. Afin d'assurer le retour dans de bonnes conditions, j'ai fait venir deux régiments de cavalerie de Senlis et de Melun. Ces régiments sont restés, pendant la revue, au ministère de la guerre et aux Invalides.

Ils ont remonté ensuite l'avenue des Champs-Elysées, et le retour du Président s'est effectué dans des conditions convenables.

A la revue, tous les officiers généraux ont été accueillis par les cris de : « Vive Boulanger ! » poussés par quelques milliers de jeunes gens se tenant près de la cascade.

Je n'insiste pas sur les injures qui m'étaient adressées.

Ce spectacle a été le plus douloureux auquel ait pu assister un officier général dont la carrière a été toute de travail et qui, depuis 1870, n'a vécu que dans une seule pensée, le relèvement et la reconstitution de son pays, et qui n'avait accepté le ministère que pour réaliser pratiquement les ressources qui devaient rendre possible cette reconstitution.

Je n'avais à ce moment aucun motif de rendre le général Boulanger responsable du spectacle écœurant donné par des hommes se disant patriotes.

Mais si je n'ai pas fait charger les jeunes gens qui m'ont accompagné, en m'insultant, depuis la cascade jusqu'à la place de la Concorde, c'est que les cavaliers étaient séparés d'eux par plusieurs rangs de personnes inoffensives ou sympathiques, que la cavalerie aurait renversées tout d'abord. Cette circonstance seule a préservé les insulteurs des chefs de l'armée de la correction qu'ils avaient méritée.

Telle est la déposition de M. le général Ferron.

Pendant que se produisaient ces graves incidents, des gens apostés vendaient dans tout Paris une imitation de pièces de 5 francs à l'effigie de Boulanger. Il y était représenté avec le chapeau à plumes de général; la pièce portait ce titre en exergue : « Boulanger, ministre » — et en plus petites lettres — « de la France. »

Les bandes ne se bornèrent pas à insulter nos généraux, au nom d'un général ; malgré le découragement produit sur elles par le déploiement des troupes, elles osèrent s'attaquer à un régiment isolé, celui que commandait M. Riu, aujourd'hui général.

Il est bon de rappeler que ce régiment était celui que Boulanger a fait le plus travailler, on en a la preuve matérielle dans les nombreuses pièces saisies chez le dépositaire de ses papiers et de sa cantine.

Si ce régiment composé de vétérans, modèle de nos troupes, eût été coupé et eut mis la crosse en l'air, il aurait peut-être donné l'exemple funeste qui se fût communiqué à toute l'armée.

Mais vous allez voir dans quelles conditions il a été attaqué par une bande, et qu'il y a eu attaque parfaitement caractéristique du commencement d'exécution.

Voici la déposition de M. le général Riu.

Déposition du général Riu.

Le général Riu explique que, dans le bois de Boulogne, il a d'abord été entouré par une troupe fort nombreuse. Cette bande, qui avait paru le quitter, fit sans doute un crochet pour le rejoindre, je l'ignore ; mais ce qui est certain, c'est qu'elle était arrivée à le rejoindre et à le presser d'une manière bien autrement violente, lorsqu'il se trouva séparé du reste des troupes de l'armée, du côté de l'Arc-de-Triomphe.

Le général Riu, parlant de ces gens qui environnaient son régiment, a dit :

J'ai dû constater qu'ils étaient très nombreux et qu'ils produisaient une pénible impression sur ma troupe.

Mes officiers et les sous-officiers étaient visiblement surpris de ce grand désordre et des cris qui pouvaient laisser supposer que l'armée allait voir diminuer la respectueuse considération qui lui est due.

Les cris de : « A bas Ferron! — notre ministre. — A bas Grévy! — Président de la République, » affectaient mes auxiliaires et me faisaient un devoir de songer à des mesures de prudence pour assurer l'ordre strict dans la marche.

Avant de sortir du bois de Boulogne, et près de la porte Maillot, je fis arrêter le régiment caserné à la Pépinière, avec l'intention de donner le temps à la foule des crieurs de s'écouler. Après un repos d'une demi-heure dans la promenade, je remis la troupe en marche, et cette fois sans être bruyamment suivi.

Mais arrivé près de l'Arc-de-Triomphe, je retrouvai la foule encore plus considérable. Je fis ralentir l'allure, afin de donner plus de cohésion aux bataillons, et pour placer les hommes encore davantage dans la main des officiers.

La foule, à ce moment, était devenue tellement bruyante et compacte, que ma monture se cabra et se rejeta sur les tapageurs. Les mesures d'ordre furent doublées, et je pus, de la sorte, rentrer au quartier sans m'écarter des prescriptions de sagesse et de très grande prudence qui tenaient la tête des instructions reçues.

D. — En présence de cette foule qui vous semblait disciplinée, n'avez-vous pas songé à des mesures spéciales?

R. — Il s'en est fallu de rien que je fusse dans la pénible nécessité de prendre les mesures commandées en pareil cas pour empêcher ma troupe d'être coupée; et ce ne fut que grâce au très grand sang-froid de mes officiers et à la confiance absolue que j'ai dans ma troupe qu'une collision a été évitée.

D. — Quelle fut, en général, l'impression produite sur vos officiers et sur vous-même?

R. — Très pénible, et, pour mettre l'expression à la hauteur de la pensée, des plus douloureuses !

Je passe la fin de la déclaration de M. le général Riu ; en voilà bien assez ! Vous savez par cette déclaration, messieurs, que le régiment a été menacé, non pas par des manifestants, mais par des gens disciplinés, manœuvrant suivant un mot d'ordre et qui, en évoluant sur son front et sur ses flancs, ont à chaque instant essayé de le couper.

Je crois que cela me suffirait bien ; mais nous avons encore un autre fait.

La nuit du 14.

L'insuccès de la journée, — puisque la garde républicaine est restée ferme à son poste sous les ordres de ses chefs, — l'insuccès de la journée, dis-je, n'avait point encore découragé les gens qui avaient formé le projet criminel que vous connaissez ; j'en trouve la preuve dans un télégramme envoyé par un commissaire de police au préfet et qui est ainsi conçu :

Vers deux heures après minuit, une bande de 1,500 à 2,000 individus est arrivée vers l'Élysée par le bas du faubourg Saint-Honoré, criant : « A bas Grévy ! Enlevez-le ! A l'Élysée ! »

Prévenu par mes éclaireurs des grands boulevards, qui s'étaient repliés, je parvins à refouler la colonne. J'arrêtai six personnes, dont une armée d'un revolver.

Une autre portait sur elle un document constatant qu'elle venait de subir cinq années d'emprisonnement. C'est là un petit détail.

Mais ce que nous retenons, c'est le point principal, à savoir que deux heures encore après minuit une bande de 1,500 à 2,000 personnes marchait sur l'Élysée en criant : « Enlevez Grévy ! »

Par conséquent, nous n'avons aucune espèce de doute :
le 14 juillet, comme le 8, il y a eu commencement d'exécution.

Cela me suffirait aussi ; mais j'ai quelque chose de bien
plus grave encore à vous faire connaître, messieurs.

Boulanger à Paris.

Si, le 14 juillet, ces gens-là ont été abandonnés à eux-
mêmes, on peut dire que Boulanger, lui, était à Clermont ;
que ce n'est pas de sa faute ; qu'il peut s'en laver les mains
comme Pilate, et que c'est l'enthousiasme qu'il inspirait qui
a ainsi conduit à des explosions de passion ses partisans de-
meurés à Paris.

Messieurs, nous savons que cela n'est pas vrai ; et pourquoi ?

C'est qu'il s'est passé un fait impossible à expliquer et à
justifier : c'est que, pendant qu'on cherchait à faire mettre
la crosse en l'air à la garde républicaine, et pendant qu'à
deux heures du matin on marchait sur l'Elysée en criant :
« Enlevez Grévy ! » Boulanger, qui ne devait pas, qui ne
pouvait pas être à Paris, s'y trouvait cependant, caché, embusqué dans une petite maison du boulevard Malhesherbes ;
on l'y a vu, à l'heure de la revue, se pencher furtivement,
caché près du rideau d'une fenêtre, et regarder passer les
troupes.

Il avait quitté Paris le 8 juillet ; il était arrivé à Clermont
le 9 au matin ; il a procédé à sa réception officielle, à son
entrée officielle dans sa ville de Clermont le 10. Il lui était
impossible de s'absenter — aussi ne l'a-t-il pas demandé —
pendant la première semaine de la prise de possession de
son commandement, et il avait lui-même, le 14 juillet, à
passer en revue les troupes de son 13e corps ; il ne lui était
donc pas possible de quitter Clermont. Cependant, l'homme
qui était allé à Lyon avec un petit chapeau mou est venu,
nous ne savons pas sous quel costume, mais certainement
ce n'était pas sous l'uniforme de général français, il est
venu, dis-je, se réfugier, je me trompe, s'embusquer, chez
la dame Pourpe, au boulevard Malesherbes ; il y est resté
quatorze jours.

14

Voici comment nous savons le fait.

Le préfet de police l'a connu le surlendemain, 16 juillet. Un rapport de police non signé, une de ces feuilles volantes qui servent à l'informer de ce qui se passe chaque jour, est arrivé à la préfecture, et le préfet a su que le général était arrivé à Paris l'avant-veille. On ne savait même pas s'il n'y était pas encore ; on n'a pas d'ailleurs fait d'abord grand état de cette nouvelle. La pièce dont je parle, et qui est au dossier, je ne la considère même pas comme un véritable document du procès.

L'agent qui l'a rédigée en 1887 a disparu ; par conséquent on n'a pas pu obtenir de lui d'autres renseignements.

Mais, en 1889, nous avons fait procéder à une enquête par le préfet de police ; et, tandis que nous avions fait établir par M. le préfet du Puy-de-Dôme que Boulanger n'avait pas passé en revue le 14 juillet les troupes du 13ᵉ corps, cette enquête nouvelle nous a appris que cet homme, qui se faisait porter malade à Clermont, était à Paris très bien portant ; et, par cette même enquête du préfet de police, nous avons eu la preuve de ce fait : boulevard Malesherbes, 155, dans la matinée du 14 juillet 1887, la présence du général a été remarquée chez la femme Pourpe.

On ne s'est pas contenté de cette constatation ; les honorables membres de la commission d'instruction ont voulu que M. le préfet de police cherchât à faire plus complètement la lumière sur ce point qui, tout le monde le comprend bien, est capital. Si, en effet, Boulanger était embusqué là, Boulanger est l'homme du coup de main, et je n'ai plus rien du tout à démontrer.

On a bien senti cela, et il paraît, — car je ne lis pas ces choses — que Boulanger a fait raconter, — c'est ici qu'il aurait dû venir raconter cela ; je ne connais, moi, magistrat, que les récits faits à l'audience, — il a fait raconter, dis-je, qu'il pourrait nommer ultérieurement des gens de ses amis, — peut-être de ceux dont les lettres ont été trouvées dans sa cantine parmi les pièces saisies, je n'en sais rien, — des gens qui pourraient faire connaître plus tard des faits établissant son alibi.

Eh bien ! moi, j'ai une enquête supplémentaire de la préfecture de police ; j'en ai même deux ; mais il y a une enquête supplémentaire dont j'ai reçu les résultats au moment de la clôture de l'instruction par la commission de la Haute Cour.

On répondait à cette question, que nous avions posée : Y a-t-il au n° 155 du boulevard Malesherbes des gens capables de prêter serment, des gens pouvant offrir toutes les garanties à la justice et prêts à déclarer, sous la foi du serment, que Boulanger était dans cette maison le 14 juillet 1887 ; qu'ils l'y ont vu, et qu'ils l'ont bien reconnu ?

La première fois, on nous a répondu en nous donnant les noms de deux témoins. Ces deux témoins, bien entendu, je ne les ai pas nommés dans mon acte d'accusation. S'il y avait des débats contradictoires, vous les verriez ; mais, dans une affaire comme celle-là, dans l'état actuel et sans exemple de ce système de plaidoiries par la presse, je connais trop bien, par expérience personnelle, les procédés qu'on emploie dans l'intérêt de M. Boulanger pour exposer ces témoins à recevoir, comme cela m'arrive tous les matins, des lettres contenant des menaces de mort, capables d'impressionner à la longue des gens qui ne sont pas obligés d'avoir assez d'énergie pour les braver.

De plus, comme il s'agit d'un homme qui dépense, avec ses 10,500 livres de rente, aussi facilement 1 million qu'un autre dépenserait une obole, eh bien ! si grande que soit ma confiance dans les témoins, je ne veux pas les livrer aux amis parisiens de Boulanger, qui pourraient bien leur donner 50,000 francs ce soir pour se contredire.

Oh ! messieurs, soyez tranquilles : vous lirez ces renseignements dans votre chambre du conseil ; M. le président vous donnera communication de cette partie de l'enquête, et, devant garder le secret de vos délibérations, vous connaîtrez les noms sans les redire ; mais si Boulanger, qui doit bien se voir à l'heure qu'il est irrémédiablement perdu, venait purger sa contumace, alors nous aurions un débat contradictoire, et je vous promets bien que les témoins dont il s'agit seraient là ; et les menaces de mort qu'on voudrait leur adresser de la barre, je serais là, moi aussi, pour les rendre stériles.

Mais deux témoins, cela ne nous a pas suffi encore ; nous avons demandé un supplément d'enquête, et hier matin, messieurs, nous avons reçu ce supplément d'enquête avec un rapport contenant les indications nécessaires. Par conséquent, ici, ce n'est pas la police qui parle, c'est la police qui va nous donner des noms.

Eh bien! nous avons un document dont je n'ai pas le moindre désir de donner lecture en audience publique, mais que vous devrez consulter dans votre délibération secrète, et qui vous prouvera qu'en dehors et en outre des deux témoins auxquels je viens de faire allusion nous pourrons produire, en cas de débat contradictoire, quatre ou cinq témoins qui, sous la foi du serment, attesteront la présence de Boulanger à Paris le 14 juillet 1887, et par conséquent viendront mettre à la charge de cet homme, qui ne cesse de mentir, un mensonge de plus.

Vous aurez ces pièces, messieurs ; elles vous appartiennent ; que dis-je? elles s'imposent à vous, et c'est sur leur lecture que vous aurez à former votre opinion, qui sera certainement identique à la mienne : à savoir que le jour dont il s'agit, nous étions manifestement sous le coup d'un guet-apens, puisque derrière le rideau d'une femme galante, savamment tiré, le personnage que vous savez était embusqué.

Par conséquent, l'affaire du 14 juillet a été une tentative de revanche de l'échec du 8 juillet; l'affaire du 14 juillet a été une tentative d'émeute, comme les événements qui s'étaient passés le 8 juillet à la gare de Lyon.

Voilà ce que j'avais à dire sur ces deux points qui, pour moi, sont les plus importants.

Mais j'ai encore à ajouter quelque chose de significatif : c'est que dans les jours qui ont suivi le 14 juillet 1887, Boulanger n'a caché en aucune façon les intentions qu'il avait eues ou le désir qu'il avait caressé.

La nuit historique.

Le réquisitoire aborde le troisième fait qui caractérise la tentative d'attentat ; il s'est produit lors de la crise présidentielle, à la fin du mois de novembre 1887.

M. Boulanger se trouvait à cette époque à Paris d'une façon légitime, puisqu'il y avait été appelé en qualité de membre de la commission de classement des officiers.

On se souvient, — et je ne procède que par voie d'allu-

M. JULES FERRY

« Les vrais républicains ne se rueront jamais derrière le char d'un Saint-Arnaud de café-concert. »

(Discours d'Épinal du 25 juillet 1887.)

14.

sion, ayant le désir d'éviter tout ce qui a trait à la politique, — on se souvient de l'émotion assez générale qui s'est emparée des sphères politiques et même du monde des affaires lors de la crise présidentielle de 1887. Les hommes s'occupant plus particulièrement de politique ont à cette époque échangé leurs idées, se sont réunis et, dans de nombreux conciliabules, sont allés, chacun suivant son humeur ou son opinion propre, à la recherche des solutions.

A ce moment, Boulanger, étant en activité de service, n'avait pas le droit de se mêler de politique, et il ne pouvait commettre une faute militaire plus grave que celle de prendre part à des conciliabules politiques.

C'est cependant ce qu'il a fait, et il l'a fait dans des conditions qui rendaient sa faute plus lourde et son attitude singulièrement suspecte.

En effet, le gouvernement, justement inquiet des suites que pouvait avoir cette crise politique, jugea opportun de suspendre les travaux de la commission militaire, et ordonna à tous les chefs de corps d'armée de rejoindre le siège de leurs commandements. Tous obéirent — je n'ai pas besoin de le dire — excepté un. Je n'ai pas besoin d'ajouter que c'est M. Boulanger. M. Boulanger ne partit pas, et dans la soirée le ministre de la guerre fut prévenu que Boulanger, fidèle à ses habitudes de désobéissance, était resté à Paris.

Il envoya à 10 heures du soir un de ses officiers d'ordonnance à l'hôtel du Louvre pour le sommer d'avoir à rejoindre. Il déclare dans sa déposition orale qu'il ne sait pas où M. Boulanger avait passé la nuit. M. Boulanger partit le lendemain, et nous, plus heureux que M. Ferron, nous savons bien où il a passé la nuit. Il était allé, la veille, à une réunion dans un restaurant près de la Madeleine. Nous le savons par un témoin, et, le lendemain, il est allé prendre part à un conciliabule d'un ordre tout particulier chez le sieur Laguerre.

Là se réunirent un certain nombre de membres de l'extrême gauche; on discuta à perte de vue — je le suppose du moins — sur les maux du jour et sur les remèdes à y apporter; et entre autres choses on parla d'un mouvement possible dans la rue. Il paraît même que certains députés que je n'ai ni à nommer ni à juger se seraient exprimés à cet égard d'une façon qui n'était peut-être pas strictement correcte. On se demandait ce qu'en pareil cas ferait l'armée. M. Boulanger, dit un témoin, — je cite fidèlement de mémoire, — rompit son silence énigmatique.

Quand on dit : Mais que fera l'armée? à ce moment, M. Boulanger rompit le silence et, dans une phrase qui fut remarquée et diversement interprétée, il dit : « L'armée restera dans ses casernes. » Même là, dans cette réunion, on a trouvé le propos un peu vif; on en a été très ému; on en a tellement parlé qu'on est arrivé à dénaturer un peu le texte, comme pour les récits qui ont passé par beaucoup de bouches : il n'y a pas de *ne varietur*.

Un témoin dit : « Je n'ai entendu que ces mots : « armée... « dans ses casernes. » Un second, ceux-ci : «... restera dans ses casernes. » Un troisième, et c'est bien naturel, n'a rien entendu du tout. Un quatrième et un cinquième témoin nous jettent dans de nouvelles hésitations sur la constitution de la phrase. Mais que nous importe! Dès lors que Boulanger assistait à un conciliabule politique et que, dans ce conciliabule, on se permettait, je ne parle pas au point de vue politique des hommes que je n'ai point à juger, mais au point de vue militaire à lui, Boulanger, — du moment, dis-je, où on se permettait de se demander ce que ferait l'armée en face de l'émeute, on insultait l'armée, et le général Boulanger n'avait qu'une chose à faire : se retirer et se retirer en se repentant d'être venu, s'il eût été un homme discipliné.

Mais il est resté. Et quelle que soit la phrase qu'il ait prononcée, l'émotion qui s'en est suivie, les interprétations auxquelles elle a donné lieu et le fond même de la pensée qui se retrouve chez tous les témoins, tout prouve qu'il a parlé du rôle de l'armée dans les casernes et qu'il s'est prononcé comme général sur ce que devraient faire les régiments. Eh bien! s'il a fait cela, je dis qu'il a prononcé une phrase séditieuse.

Sur ce point, il y aurait là, je crois, quelques indications très utiles, mais nous en savons davantage.

Le ministère Andrieux-Boulanger.

En sortant de cette réunion, il est allé dans un endroit où

il se trouvait avec des gens plus intimes, et avec qui la conversation était plus abandonnée. Il y avait là des gens qui voulaient voir aboutir certains projets dans leur seul intérêt particulier.

Personne que M. Laguerre, l'amphitryon, ne pouvait connaître le complot; mais tous ces députés qui ont parlé depuis ne savaient rien. C'est le silence énigmatique de M. Boulanger qui leur a montré que le général en savait plus long qu'eux. Dans la seconde réunion, on s'est trouvé entre amis, et là on a arrêté le moyen de remplacer Grévy par Boulanger; de sorte que la chose devient infiniment plus claire.

Voici d'ailleurs comment nous connaissons ces faits.

Quatre députés sont venus déclarer sous la foi du serment qu'ils étaient allés, dans un restaurant de la rive gauche, dîner avec un homme très avant dans les relations du général Boulanger, avec M. Le Hérissé, et là, *inter pocula*, on a parlé de la crise présidentielle. Savez-vous ce qui est arrivé?

Il est arrivé que M. Le Hérissé a dit, à cette heure où l'on s'épanche plus facilement : « Le général Boulanger avait arrangé les choses. — Comment donc? — Oh! c'est bien simple.

Et alors, M. Le Hérissé de raconter à ses commensaux qu'on avait d'abord décidé de conserver M. Grévy à la présidence de la République et de lui donner un ministère *in extremis*. Il y aurait eu alors à l'Élysée un fétiche, un semblant de chef d'État, quelque chose d'âgé et de précaire qu'on remplacerait le lendemain par un homme plus aimable et plus jeune, pouvant passer dans les environs sur un cheval noir.

Mais il fallait d'abord former un ministère pour arriver à ce but, et le mot d'ordre devait être : Vive Grévy! vive Boulanger!

Pour composer ce ministère, on a songé au bonheur de la France et on a choisi M. Andrieux comme premier ministre ; puis on a confié les postes et télégraphes, qui étaient ainsi en bonnes mains pour les dépêches du lendemain, à M. Laguerre. Quant aux autres ministères, je les passe, je les ai oubliés.

Cela fait, on s'est dit : Mais il y a l'armée !

Et alors M. Le Hérissé, toujours artiste, a répondu : «En ce qui concerne l'armée, Andrieux a eu un mot charmant. Il a dit : « La Chambre des députés nous gênerait, j'oublierai « d'envoyer la police du côté du pont de la Concorde; alors « les députés s'en iront par les fenêtres. » Puis quand on a ajouté : Et M. Grévy? M. Andrieux a encore eu un mot charmant: « J'oublierai d'envoyer la police du côté de la place « Beauvau, et alors M. Grévy s'en ira. Ce sera alors M. Bou- « langer qui le remplacera. »

M. Le Hérissé, à ce moment, nous racontent les quatre députés témoins, n'a pas dit que c'était Boulanger, qu'il se- rait monté sur un cheval noir et que le lendemain il serait maître de la France; mais il s'est borné à accueillir le por- trait fait du cheval noir et du cavalier par un sourire affir- matif.

Voilà par conséquent, messieurs, ce que nous savons de ces précédents de l'affaire, et vous allez voir leur importance par ce fait que le mouvement de la rue va commencer aux cris — ce qui prouve bien le mot d'ordre donné — de : « Vive Boulanger! Vive Grévy! »

Émeutes de décembre.

Lorsque nous arrivons — et maintenant nous allons pas- ser en revue les faits matériels — à ce qui s'est produit à la date du 1er décembre, nous voyons que M. Deroulède s'est présenté à la Chambre des députés, qu'il a voulu y entrer et qu'on lui en refusé la porte.

Alors, il a harangué la foule, et les commissaires de po- lice qui ont rédigé les procès-verbaux, — ce qui prouve la prévoyance et la réserve de ces agents, — n'ayant pas en- tendu la phrase de M. Deroulède, n'ont pas voulu dire les mots qu'il avait prononcés.

Mais d'autres les avaient recueillis, et nous savons que Deroulède avait crié : « Vive Boulanger! vive Grévy! » Voilà le mot d'ordre.

Et alors, messieurs, la foule, qui, jusque-là, était restée calme, devint houleuse. Il devint nécessaire, aux abords de

la Chambre des députés, de faire évacuer le monde au delà
du pont vers la place de la Concorde.

Le commissaire de police dont je lis le rapport ajoute que
les boulevards et les rues avoisinantes ont été barrés.

Une portion de la foule qui s'est livrée à ces manifestations en recevant le mot d'ordre de Deroulède était composée de camelots et autres
personnages bien connus de la police et qu'on retrouve partout où il
y a des troubles. Pour moi, j'estime que ces gens-là étaient payés.

Voilà ce qui n'était pas une manifestation spontanée !

J'ai encore la déposition d'un autre commissaire de police :

Je ne peux que donner des renseignements sur la manifestation qui
a eu lieu à neuf heures du soir du côté de l'Hôtel-de-Ville, dirigée par
Deroulède.

La manifestation prenant la direction de la rue de Rivoli vers la
place de la Concorde, et supposant, d'après la présence de Deroulède,
qu'elle pourrait passer devant l'hôtel du Louvre, je pris mes dispositions pour l'arrêter avant qu'elle n'y arrivât. J'y réussis. Je fis saisir
Deroulède, qu'on envoya à la mairie. D'autres personnes furent arrê-
tées. Parmi elles figurait l'anarchiste Soudey.

Ainsi voilà Deroulède qui donne le mot d'ordre, qui agit
de concert avec l'anarchiste Soudey. Tout cela est bon à connaître.

Il est à ma connaissance que d'autres manifestations auxquelles M. Deroulède a pris part ont eu lieu le même jour
devant la Chambre des députés. On avait, ce jour-là, essayé
ses forces ; la tentative sérieuse eut lieu le lendemain, et nous
allons voir si, à ce moment, il y a eu commencement d'exécution.

Le lendemain, 2 décembre, dit le commissaire de police M. Mont-
pellier, vers trois heures de l'après-midi, la foule ayant commencé à
s'amasser devant la Chambre, des mesures furent prises pour l'empêcher de stationner dans les environs du Palais-Bourbon. Le pont de la
Concorde fut barré du côté de la place de la Concorde, ainsi que les
autres voies d'accès.

Vers six heures et demie, la foule qui encombrait la place de la Concorde devenait menaçante. Elle avait attaqué la garde républicaine...
vous voyez que c'était une manifestation... et les gardiens de la paix
qui se trouvaient là pour maintenir l'ordre.

Conformément aux instructions qui me furent données, je traversai
le pont avec quatre-vingts hommes et je fis évacuer le côté gauche jusqu'à la hauteur des chevaux de Marly. Là, mes gardiens furent assaillis
à coups de pierres. Sept d'entre eux furent blessés, dont l'un assez
grièvement.

C'était au nom d'un général français — c'est bon à retenir — que sept gardiens furent blessés, dont un grièvement, sept de ces gardiens, messieurs, qui sont les seuls peut-être qui vous assurent la sécurité de la rue, et qui ont droit à notre respect à tous, parce que par le temps qui court, où certains anarchistes, grâce à Boulanger, ont le haut du pavé, vous ne seriez peut-être pas certains sans eux de regagner vos demeures.

Je continue ma citation :

Je dirigeai alors mon mouvement vers la droite, et j'opérai de ce côté comme j'avais fait du côté gauche, non sans avoir été, ici aussi, assailli à coups de pierres. L'évacuation de cette partie de la place de la Concorde ayant été obtenue, je me massai avec mes hommes aux environs de l'obélisque. J'y restai une heure ou deux. Puis, le calme s'étant rétabli, je revins vers le pont de la Concorde.

Je suis convaincu, d'après ce que j'ai vu, que tant du côté des Champs-Elysées que du côté de la terrasse des Tuileries les gens qui nous attaquaient obéissaient à un mot d'ordre.

Voilà un commissaire de police qui n'a constaté que sept blessés parmi ses hommes; je vais vous montrer tout à l'heure un autre commissaire qui a eu aussi des blessés parmi ses hommes et qui a vu tomber un malheureux soldat de la garde républicaine à moitié assommé, son casque brisé sur la tête, et cela dans l'intérêt d'un général de l'armée française !

Lisons la déclaration de M. Florentin :

Je me mis immédiatement à la tête de quarante gardiens de la paix...

Il était placé du côté du monument expiatoire de la rue d'Anjou quand il a été prévenu que du côté de la rue Royale l'action était très grave.

Nous partîmes au pas de course, descendîmes la rue du Faubourg-Saint-Honoré et prîmes la rue Boissy-d'Anglas pour éviter la rue Royale, qui était en ce moment encombrée.

Arrivés place de la Concorde, nous nous trouvâmes en présence d'une première bande postée à l'angle du Garde-Meuble et de la rue Boissy-d'Anglas. Cette bande, surprise par notre arrivée, a été immédiatement mise en déroute, sans que nous ayons eu à nous arrêter.

Nous nous dirigeâmes alors vers l'endroit où se trouvait la garde, qu'on nous avait dit enveloppée.

Là, nous fûmes assaillis tour à tour par trois bandes qui finirent par nous cerner et nous attaquèrent à coups de pierres, cherchant en outre à nous aveugler en nous jetant du sable dans les yeux. — C'est cela qu'on appelle, comme dit Rochefort, une manifestation. — Un de mes hommes placé derrière moi reçut une pierre à la tête, qui le blessa et m'obligea à le faire transporter à la plus prochaine pharmacie.

J'eus toutes les peines du monde à empêcher mes hommes de se servir de leurs armes ; mais malgré cela nous parvînmes à nous dégager, grâce à la garde, qui exécuta une charge. C'est alors que je me transportai rue Royale. On nous disait que vers la Madeleine la foule était tumultueuse.

A l'angle du ministère de la marine, un coup de revolver fut tiré sur la garde républicaine à cheval, qui marchait derrière nous. Heureusement personne ne fut atteint. Je ne pense pas que ç'a été la faute de l'assaillant ; mais on retrouva sur le mur la trace de la balle. Quelques pas plus loin, un garde républicain fut renversé sur la chaussée par suite d'un écart de son cheval. La bande des manifestants se précipita alors sur lui et le frappa à l'aide de bûches enlevées chez un charbonnier du quartier ; son casque fut défoncé, et si nous n'étions pas parvenus à le dégager rapidement, nous ne savons pas ce qu'il serait advenu. Nous continuâmes notre route vers la Madeleine, jusqu'en face du café Durand.

La rue était barrée par une foule énorme, dont les premières lignes étaient composées exclusivement de curieux. Les pierres n'en continuèrent pas moins à nous être lancées, et l'un de mes agents fut blessé au-dessus de l'œil.

Je n'ai pas besoin de vous en dire davantage ; cette déposition est la constatation du triomphe final de la police et clôt les procès-verbaux que j'ai eu l'honneur de vous lire, ou plutôt les dépositions écrites ; car elle a été reçue par la commission d'instruction.

Voilà donc maintenant des faits sur le compte desquels il ne peut pas rester le moindre doute : le 1er décembre, des conciliabules politiques dans lesquels Boulanger annonce que l'armée ne sortira pas de ses casernes si la foule envahit la place de la Concorde ; puis, deuxième conciliabule, dans lequel on arrête un cri : Vive Boulanger ! vive Grévy ! qui va permettre à Boulanger d'arriver à l'Elysée dans les vingt-quatre heures par personnes interposées.

Puis, quand, le 1er décembre, le mouvement éclate, Deroulède vient déclarer, en enfant terrible qu'il est, que le mot d'ordre est : Vive Boulanger ! vive Grévy !

Voilà donc le lien incontestablement établi entre le conciliabule qui a fixé l'affaire et le premier mouvement de la place de la Concorde, qui en a été le commencement d'exécution.

Et puis, cette échauffourée n'ayant pas réussi et Deroulède ayant été arrêté dans la soirée au bras de l'anarchiste Soudey, dans la rue de Rivoli, le 2 décembre, on recom-

DUEL FLOQUET-BOULANGER

mence, et là il faut compter les blessés par huit ou dix ; on voit les agents assaillis, réduits à repousser les charges de la populace, et, après s'être dégagés, relever leurs blessés sur des brancards et les porter vers une pharmacie, et obéissant à ces devoirs d'humanité, auxquels ils se sont toujours dévoués dans leur modeste carrière, arracher des mains des boulangistes un malheureux soldat de la garde républicaine qu'on était en train d'assommer.

Il ne faut pas oublier qu'à ce moment de l'émeute il y a eu un commencement d'usage des armes à feu, et que par un émeutier un coup de revolver a été tiré sur un soldat de notre armée.

Si vous ne trouvez pas dans ces faits un commencement d'exécution, on ne le trouvera nulle part.

Et lorsque j'arrive à poser ce fait que le 2 décembre est la revanche du 14 juillet, qui lui-même est la revanche de la tentative qui avorta à la gare de Lyon, je vois Boulanger factieux, après avoir quitté le ministère, susciter des mouvements dans la rue, les conduisant, et être réduit, par des circonstances qui ne sont pas le fait de sa volonté, à n'être criminel que dans la proportion d'une tentative.

AUDIENCE DU SAMEDI 10 AOUT 1889

M. le procureur général résume les derniers incidents qu'il a raconté dans l'audience de la veille et arrive aux manifestations qu'il appelle de seconde catégorie.

Troubles de mars et avril 1888.

Lorsque Boulanger a été mis en retrait d'emploi, au mois de mars 1888, les mouvements de la rue ont alors été assez fréquents. Les rapports de police, ou plutôt les dépêches télégraphiques reçues par M. le préfet de police et envoyées par des agents qui, ne se trouvant pas en force, étaient obligés d'appeler promptement un secours, établissent qu'il y a eu de grands désordres aux dates des 17 et 28 mars 1888 et à la date du 5 avril suivant.

Vous voyez, par conséquent, que ces mouvements se succédaient de près, et, lors du mouvement d'avril 1888, qui a eu pour centre surtout les environs de l'hôtel du Louvre, dans la rue de Rivoli, il est bon de vous rappeler un simple passage des rapports des commissaires de police qui ont été obligés de s'opposer à l'irruption des colonnes. Ce passage, le voici :

Les groupes essayèrent, à plusieurs reprises, de se reformer devant l'hôtel du Louvre, et furent dispersés par les agents. En refluant devant la porte du ministère des finances, les boulangistes ne manquèrent pas d'insulter nos soldats.

« A bas les lignards! » criaient-ils, — il faut tout lire — « ce sont des salops. Vive Boulanger! »

Vous voyez par là, — le renseignement de moralité ne

manque pas de portée, — vous voyez que, lorsque des manifestations avaient lieu en son honneur Boulanger n'interdisait pas plus l'insulte aux soldats qu'il n'interdisait l'outrage aux officiers généraux. A la date du 27 du même mois, il y eut une manifestation au café Riche. M. Deroulède ayant, par suite de la part trop active qu'il y avait prise, été menacé d'une poursuite en simple police pour tapage nocturne, Rochefort, dans un article de l'*Intransigeant*, faisait savoir que, si l'on exerçait une poursuite, il y aurait, devant le Palais de Justice, un nombre fort menaçant de ligueurs, et que le gouvernement, en échange du tapage nocturne qu'il voulait réprimer, se préparait peut-être un singulier tapage diurne.

Le réquisitoire reproduit ici une déposition de M. Caron, rédacteur au *Parti national*, qui établit que les rues de Paris étaient devenues peu sûres à cette époque pour les passants qui refusaient de crier : « Vive Boulanger ! » quand ils étaient tiraillés par des camelots.

Le 14 juillet 1888.

A la date du 14 juillet 1888, les mêmes, — puisqu'il faut employer le mot qu'ils ont mis à la mode, — les mêmes manifestations se produisirent dans des circonstances extrêmement frappantes.

Nous avons entre les mains — le dossier en contient une liasse — de grandes affiches rouges qui portent le portrait de Boulanger aux quatre coins, et qui, dans leur texte, sont une convocation à la populace pour se réunir, à la date du 14 juillet, sur la place de la Concorde.

Le porteur de ces affiches a été un homme bien connu, dont je vous ai déjà parlé, Morphy, l'anarchiste. L'individu qui a été l'entrepreneur, le confectionneur de ces affiches, s'appelle Marx. Ce que je tiens à vous dire, c'est que Marx est allé s'entendre à propos des commandes et, plus tard, du règlement de prix avec Dillon, l'un des complices, à Neuilly.

Voilà donc un fait que je vous signale, sans vouloir vous entraîner à entendre un récit inutile de ce qui s'est passé ce jour-là au bois de Boulogne et de la circonstance, indépendante de la volonté de Boulanger, qui l'a empêché, ainsi que

cela se disait très haut au Cercle militaire, où l'embauchage
s'était produit, — le fait est établi dans le dossier, — de se
rendre en uniforme à la revue de Longchamps, afin d'exciter
l'enthousiasme des troupes ou de bénéficier de l'enthousiasme
qu'il avait acheté à beaux deniers comptants. Il avait reçu la
veille un coup d'épée qui le mettait hors d'état, ce jour-là,
de réaliser ses projets ; mais vous les connaissez assez pour
en apprécier suffisamment le caractère criminel.

Manifestation Lemardelay.

A la date du 15 octobre, il y a une autre manifestation,
et, au mois de novembre, une autre encore extrêmement
grave, qui a causé de justes alarmes au gouvernement
et à la préfecture.

M. Déroulède se décidait en effet, ce jour-là, à proclamer
officiellement que Boulanger devenait le chef de l'ex-Ligue
des patriotes ; et il s'est agi, plusieurs maîtres d'hôtel ayant
refusé leur local pour cette manifestation séditieuse, et
Lemardelay ayant enfin offert ses salons, de faire défiler les
ligueurs dans la rue de Richelieu au nombre de 10 à 12,000,
clairons en tête.

Les faits sont parfaitement établis, et la police a été
obligée de pratiquer dans toutes les rues avoisinantes des
barrages pour empêcher ce débordement de gens disciplinés, qui pouvait commencer par une promenade militaire
et finir après par une émeute.

Lorsque, dans l'intérieur des salons Lemardelay, les 200
qui avaient pu manger au rez-de-chaussée ont été présentés
à Boulanger doublé de Dillon, dont vous voyez ici la complicité s'affirmer par un acte matériel, Boulanger, ayant
pour voisin Dillon, étant adossé avec lui à la cheminée,
reçut la foi et l'hommage des ligueurs qui, ce jour-là,
venaient lui offrir l'appui de leurs bras pour s'en aller vers
l'Elysée ; et, afin de vous montrer sur ce point, qui a bien
son importance, que je ne laisse rien à l'hypothèse ou à des
souvenirs qui peuvent toujours être infidèles, je vais me
permettre de vous lire seulement cinq ou six lignes de l'enquête à laquelle il a été procédé à propos de ces événements
du mois de novembre.

15.

M. Déroulède a pris le premier la parole : c'était son droit, puisqu'il s'agissait de la transformation des ligueurs, dont il avait fait une terrible force militaire ; et, à ce moment, il a dit :

Au nom de tous les membres de la Ligue, nous venons vous remercier chaleureusement de votre présence ici, vous que nous considérons comme notre chef.

Alors, un sieur Peyrot, du 14ᵉ arrondissement, a fait, lui aussi, son petit discours ; il a assuré le général que les ligueurs lui étaient absolument dévoués.

Un sieur Gorges Renault a protesté au nom de tous les ligueurs du dévouement de ceux-ci, ajoutant « qu'un seul mot suffirait pour les mettre debout ».

Il y a eu, ensuite, après l'élection du mois de janvier, des manifestations qui se sont produites par ce fait que Boulanger s'est, en souvenir de l'affaire du 14 juillet, j'ai le droit de dire embusqué non loin de la Chambre des députés, chez Durand, près de la Madeleine, pendant que, sur la place de la Concorde, se passaient des faits d'une nature telle que la police a été attaquée par des bandes d'émeutiers qui se sont jetées sur elle en criant : « A mort, la police ! » et la bagarre est devenue, à un certain moment, un commencement de bataille.

Mais M. Boulanger ne se contentait pas de poursuivre l'idée de changer les manifestations en tentatives, et de se préparer les moyens d'un coup d'Etat ; il cherchait encore, à cette époque, à paralyser la résistance de la police en corrompant un homme qui a été soldat comme lui, qui est Breton comme lui, qu'il a autrefois connu d'une façon particulière et dont il croyait, par conséquent, la conquête possible, un homme dont la conquête aurait été terrible pour l'ordre public : le chef de la sûreté.

Tentatives de corruption contre le chef de la sûreté.

Voici, en effet, — cela n'a pas besoin de commentaires, — la lettre qui a été écrite au nom de M. Boulanger par Breuillé, son secrétaire, à M. Goron, chef de la sûreté :

**M. le général me prie de vous dire qu'il désirerait vous voir et causer quelques instants avec vous. Pour cela, vous n'avez qu'à venir, à la tombée de la nuit, et vous présenter

sans donner votre nom aux domestiques. Voulez-vous être
assez aimable pour indiquer le jour où vous pourrez venir
et l'heure exacte, pour que le général donne des ordres en
conséquence, de façon que personne ne vous voie.
Veuillez agréer l'assurance, etc.

BREUILLÉ,
Secrétaire particulier du général Boulanger.

C'est à la cote 723 du dossier des pièces originales.

Et l'homme au nom duquel on a écrit cela, au point de vue
du conspirateur, au point de vue du préparateur du coup
d'Etat, est jugé, je crois, par tout le monde.

Insultes à l'armée.

Le procureur général, avant de passer à l'examen des questions de droit, résume le tableau qu'il a tracé des complices de
Boulanger et montre que Boulanger lui-même n'a pas cessé d'être,
dans ces dernières années, un cruel insulteur de l'armée. Mais
l'armée française est assez grande pour se dire que quand elle
a une brebis galeuse dans son sein elle a le devoir de la rejeter
avec mépris et de continuer sa route la tête haute.

Boulanger, je tiens à vous le dire, n'a jamais manqué un
jour de chercher à insulter l'armée, et pour en finir à ce
point de vue-là, pour montrer qu'à cet égard même c'est un
homme flétri et à jamais cloué au pilori, je veux vous montrer Boulanger s'entendant avec l'escroc Buret pour tâcher
de salir des généraux français, alors qu'il convoitait le
ministère de la guerre et qu'il pensait que les généraux
étaient pour lui non des collègues en rivalisant avec lui
de dévouement et de courage, mais l'obstacle.

Voilà ce qu'il écrivait à ce moment à son cher ami Buret :

Je compte toujours sur vous pour me tenir au courant... Brûlez cette
lettre... D'après les nouvelles que je reçois, les deux concurrents les
plus redoutables que j'aurais dans la première combinaison seraient
Thomassin et Tricoche. Le premier, vous savez, l'homme de Gambetta ;
le second, fin et intelligent, mais sans aucune consistance !...

Je me demande ce qu'on aurait pu dire de lui !

Il y aurait peut-être lieu de les saper sans prononcer mon nom.
Beaucoup de prudence !

Voilà la lettre du général à l'escroc.

C'est le dernier trait que je voulais ajouter au portrait de ce visage.

Défenses mensongères.

Ces gens-là se sont défendus ; ils cherchent encore à se défendre, et comment donc ? — Par le mensonge.

Eh bien ! quand on a envie de dire la vérité, on ne craint pas une juridiction ; quand on est innocent, on les accepte toutes et on demande la parole parce qu'on a envie de clamer dans un endroit quelconque la vérité. Eux, jamais ! Toujours dans l'ombre, ils lancent le mensonge : et il faut, pour que quelqu'un dans la Haute Cour puisse hésiter encore, il faut croire ce que Rochefort dit dans sa feuille immonde.

Voudrez-vous croire Rochefort contre les magistrats ? que dis-je ?... contre les dossiers, contre l'instruction faite par neuf respectables membres de la Haute Cour ? Vous savez bien ce que c'est que Rochefort !

Voulez-vous que, par un dernier trait, je le fasse connaître aussi, celui-là ?

Rochefort, en 1871, — c'est comme cela qu'il connaît l'armée, lui, — est passé devant un conseil de guerre ; et Dieu sait de quel crime il avait à rendre compte : il avait fait tuer des vieillards, de pauvres religieux sans défense, respectables. Alors, on lui a demandé : Mais vous avez dénoncé les instituteurs congréganistes dans votre journal ; vous les avez accusés de telle chose pour exciter la foule, qui était armée à ce moment ; vous saviez bien que cela n'était pas vrai ?... — C'est dans le dossier, je vous l'affirme. — Il a répondu, cet homme qui, aujourd'hui, joue vis-à-vis de nous au justicier, il a répondu au conseil de guerre, avec cette pâleur qui lui est propre quand il s'agit de regarder les gens en face : « Oui, je savais que ce n'était pas vrai quand j'ai dit cela ; mais il fallait le faire parce que j'en avais besoin vis-à-vis de mes lecteurs ! »

La compétence de la Haute Cour.

Le réquisitoire aborde la question de compétence :

Je poursuis pour complot, je poursuis pour attentat, et

en troisième lieu je poursuis pour détournement connexe au complot.

Il est évident qu'aucune difficulté ne se produit relativement à la Haute Cour en matière de détournement connexe au complot, s'il s'agit donc de prouver que la Cour est compétente en matière de complot.

Ce n'est pas que, ne trouvant pas l'attentat démontré, je vous convierais à ne condamner que pour le complot. Pour moi, il est évident qu'il y a eu commencement d'exécution ; l'attentat est caractérisé par l'incident de la gare de Lyon, par les faits de la revue du 14 juillet et par ceux qui ont précédé la crise présidentielle de 1887.

Donc, vous êtes compétents et vous prononcerez en disant il y a eu attentat, attentat qui n'a pas été consommé, il est vrai, mais qui a donné lieu à des tentatives caractéristiques; nous sommes compétents direz-vous aussi, pour juger le détournement de 242,000 fr., parce que ce fait est connexe au complot et que nous sommes compétents pour juger en matière de complot.

Faits constitutifs du complot.

Les faits que j'ai établis, pièces en mains, sont-ils constitutifs du complot ? Voilà la première question à se poser.

J'ai bien relevé, il me semble, le concert arrêté entre les trois accusés afin d'arriver à la perpétration d'un acte ayant pour but de changer le gouvernement ou d'armer les Français contre l'autorité constitutionnelle ; il me semble que j'ai prouvé cela.

Je suis ainsi dans les termes de l'article 89 du code pénal qui définit et punit le complot.

Quelles objections pourrait-on faire ?

Boulanger et ses consorts voulaient, dira-t-on, — on le dit dans une certaine presse, — modifier et non renverser la République ; et leur but proclamé était d'obtenir ce résultat par des voies légales : le système plébiscitaire. — C'est là une preuve aux yeux des partisans de ce système.

Je réponds à cela qu'on ne saurait élever une équivoque à la hauteur d'un moyen juridique, et qu'il convient de rechercher dans une discussion grave, sous l'apparence des mots, la réalité des choses.

Or, Boulanger a beau protester de son amour pour le gouvernement actuel, il n'en a pas moins puisé publiquement ses moyens d'action dans l'appui, l'influence et la bourse de ceux qui veulent le détruire, et je me borne à cela dans la crainte d'avoir l'air de manquer de déférence aux croyances de qui que ce soit. D'ailleurs, voyez l'alliance qu'il a contractée avec les communards et les anarchistes ! Il l'a confessé. Il a fait faire son portrait en « Lord Protecteur ». Il a fait déclarer qu'il voulait être consul à vie, et Dillon, — dans un procès que je ne lirai pas, mais qui est au dossier et dont je puis me servir, — a déclaré à certains de ses amis qu'il voulait en faire un empereur !

Il a déclaré, en outre, qu'il voulait ouvrir l'Exposition en 1889 comme chef d'Etat. — Tout cela est dans les pièces du dossier, — et il entend arriver par le plébiscite, tout seul, et contrairement à la Constitution de 1875, qui nous régit. Il fait déclarer à tout propos que lui, n'étant rien que lui, n'étant rien que député en 1888 et contumace en 1889, il s'arroge le droit de contracter des alliances, de déclarer ou d'éviter la guerre ; et, en effet, depuis sa fuite en Angleterre, il a publié un manifeste dans lequel il disait qu'il traitait, lui personnellement, de l'alliance avec la Russie.

Est-ce que tout cela est conforme à notre Constitution ? Est-ce que ce n'est pas marcher à la destruction du gouvernement ! Or, comme on n'emploie pas de moyens légaux, je l'ai surabondamment démontré, est-ce que ce n'est pas marcher par des moyens violents ? Est-ce que ce n'est chercher à ameuter les citoyens contre les lois contitutionnelles ?

A cet égard, je dois reconnaître que cet homme a crié, comme beaucoup de conspirateurs qui ont pu vouloir détruire la République : « Vive la République ; » il a voulu faire à la République le même sort que d'autres lui ont fait avec le même mot.

Seconde objection : Boulanger, loin de se cacher, opère publiquement.

Evidemment, ce complot ne ressemble pas aux autres, mais ce crime-là, pas plus que les autres, ne saurait avoir une physionomie invariable. Sans doute, le but ne varie jamais, c'est le bouleversement des institutions; mais les moyens changent à l'infini, puisqu'ils dépendent de l'époque, du milieu et du régime.

Les conspirateurs de 1889 ne peuvent pas avoir les mœurs ni prendre les allures des conjurés de 1815 ou de 1820: de même que ceux-ci se cachaient dans l'ombre pour échapper aux lois restrictives, de même aujourd'hui ceux-là font leur arme principale des abus de la liberté.

Jadis, on complotait tout bas dans les caves — c'est une autre chose classique — pour aller poignarder un prince. — Maintenant, on fait le contraire ; on crie le plus fort qu'on peut pour frapper de discrédit un gouvernement qui est aujourd'hui la République ; mais c'est toujours le complot, parce que c'est toujours là le concert destructeur.

Pas de menées politiques possibles aujourd'hui sans la presse et sans le suffrage universel : c'est la loi du temps ; d'où la nécessité de l'expansion bruyante. C'est de cette nécessité qu'est né le complot moderne, qui ne s'est encore vu que deux fois.

La première fois, il a réussi ; vous avez à juger le second.

Le fait occulte consiste d'ailleurs dans le fait extérieur ; la preuve des menées ténébreuses a été fournie vingt fois.

L'attentat.

Qu'est-ce, maintenant, que l'attentat au point de vue matériel.

L'attentat, c'est l'acte violent qui a pour but une lutte intestine, disons une guerre civile, une révolution. Je vous ai montré le commencement d'émeute au cri de: « Boulanger à l'Elysée ! » Sans doute les attentats n'ont pas réussi; mais si le succès était une condition nécessaire, l'attentat ne serait jamais puni, par la raison bien simple que le coupable serait dictateur, tandis que les magistrats et les juges seraient proscrits.

La loi, messieurs, ne saurait être comprise ainsi : le vaincu, parce qu'il est vaincu, ne peut pas soutenir qu'il n'a pas livré bataille ; il doit rendre compte, en tout cas, de son effort criminel. Un commencement d'émeute n'est-il qu'une tentative ? C'est fort douteux, ce serait très facile à discuter.

Je crois qu'il y a attentat consommé, mais je concède qu'il n'y ait là qu'une tentative. Qu'importe ? l'acte est aussi grave et la peine est égale. Et l'on ne dira pas qu'il s'agit là d'une poursuite politique : j'invoque l'article 2 du code pénal à l'appui de mon opinion.

Le cas de simple tentative en matière d'attentat à la sûreté de l'État est expressément prévu par l'article 88 du même code.

Mais, dit-il, il n'y a pas eu d'attentat, au vrai sens du mot, dès lors que les bandes boulangistes n'étaient pas en armes et qu'il n'y a pas eu mort d'homme dans les collisions. On peut voir là un tumulte, et non une véritable émeute. Voilà quel pourrait être le système ou le paradoxe.

Je répondrai sur ce point comme je l'ai fait au sujet du complot : Ne demandez pas au présent la reproduction exacte du passé. L'émeute classique n'est plus dans nos mœurs. On opère aujourd'hui d'une façon tout à fait équivalente, mais nouvelle. Autrefois, en face de gouvernements qui ne toléraient même pas l'encombrement de la rue, les conspirateurs étaient forcés de commencer par intercepter les voies, et puis, comme second acte, ils étaient dans la nécessité de défendre leurs barrages improvisés. Aujourd'hui, on peut librement envahir l'asphalte, et il faut bien reconnaître, sans être ingénieur ni architecte, que la structure du Paris moderne a rendu à peu près impossibles les barricades. Si l'on en faisait, d'ailleurs, ce serait aussi inefficace que si l'on employait des fusils de chasse, comme à l'époque où l'on commençait, classiquement aussi, par le pillage des boutiques d'armuriers.

On a donc adopté un autre système, et, pour faire toujours le même rapprochement, au lieu de renverser un omnibus pour commencer une affaire, eh bien ! on manifeste !

Un noyau de faux enthousiastes soudoyés se portent sur un point déterminé, sous prétexte d'acclamer quelque faux César qui a préalablement mis au point la curiosité publique.

Les badauds s'amoncellent, les révolutionnaires de profession ou de vocation accourent dans l'espoir d'avoir une journée ; la poussée alors devient très puissante. On sait

PAULUS

« En rev'nant d'la revue ! »

16

que la police à l'ordre — c'est un ordre très humain, quoiqu'il ne soit pas toujours très prudent — de ne tuer personne, et l'armée ne doit sortir de ses casernes, dans lesquelles elle est consignée, qu'à la dernière extrémité. D'ailleurs, vous le savez bien, on avait pratiqué dans cette armée
dans l'intérêt de l'affaire Boulanger, suffisamment d'intelligences pour pouvoir compter tout au moins sur des neutralités partielles.

Au moyen de ces irruptions qui peuvent prendre bientôt
des proportions énormes, on paralyse par la masse les éléments de la résistance; on peut alors espérer rompre une
colonne de troupes, entraîner des fidélités, envahir un palais
qui se trouve dans le faubourg Saint-Honoré et qui est l'objectif toujours avoué des partisans de Boulanger, et envahir
aussi, à la faveur d'un oubli de M. Andrieux, à qui on promet
un ministère, la Chambre des députés.

Précédents historiques de compétence.

L'attentat est prouvé; la complicité est prouvée. A qui en déférer si ce n'est à la Haute Cour? La Constitution est formelle
ainsi que les précédents historiques.

A toutes les époques, sous tous les régimes, les crimes
politiques ont été déférés comme ceux-ci à un tribunal recruté dans les grands corps de l'État, en dehors du jury et
de la magistrature, parce que le magistrat et le juré n'ont
qu'une compétence strictement définie : ils évoluent dans
un cercle restreint que le législateur a tracé d'une main soigneuse, et leur juridiction, par conséquent, est une juridiction locale, tandis que les grands corps de l'État ont une
compétence nationale.

Voilà, Messieurs, le premier point dont il faut bien vous
pénétrer. De tels crimes sont d'un ordre spécial et exceptionnel, et le juge qui, logiquement, doit en connaître, doit
être, lui aussi, d'un ordre spécial et exceptionnel.

Et l'on ne pourra pas dire que la logique sera violée.
Ajoutons qu'un aspirant à la dictature n'est pas toujours
un sieur Boulanger; c'est même rare. Le plus souvent —
cela a pu être et pourra encore se présenter — c'est un
homme d'une grande situation qui peut invoquer des sou-

venirs glorieux comme ceux de Rivoli ou de Fontenoy. Alors un jury se trouvera en face de celui qui aura oublié un instant les lois de son pays d'origine, dans une position inférieure ! C'est ce que le législateur n'a pas voulu. Comme, devant les magistrats chargés de connaître des attentats peuvent se trouver des hommes supérieurs aux juges ordinaires, le législateur leur a donné pour juge éventuel, le grand corps de l'État qui ne peut être inférieur à personne.

Tout cela provient d'un droit supérieur et naturel qu'aucun homme politique, de quelque parti qu'il soit, ne peut méconnaître, tout cela provient du droit primordial de légitime défense, qui appartient à tout gouvernement.

J'en trouve d'ailleurs la preuve dans les collections qu'on a bien voulu mettre à ma disposition à la bibliothèque du Sénat, où j'ai étudié tous les précédents des Hautes Cours et où j'ai trouvé que, sous la Restauration, sous la Monarchie tempérée, comme sous l'Empire, on n'a jamais hésité à convoquer de Hautes Cours pour se défendre, pour arriver à appliquer la loi exceptionnelle par des magistrats exceptionnels.

Vous êtes donc, Messieurs, non pas dans un cas exceptionnel ; vous êtes dans la règle, et, pour légitimer votre intervention, je n'ai qu'à invoquer l'histoire.

La loi du 16 juillet 1875 et le Code pénal.

Voici maintenant les textes législatifs et constitutionnels :

La loi organique du 16 juillet 1875 dit que « la Haute Cour connaîtra des crimes d'attentat. »

Le mot « attentat » est écrit au singulier. Alors on cherche dans le Code pénal et on y trouve l'article 87.

Cet article porte le mot « attentat » au singulier.

On en conclut que votre compétence est limitée par les termes mêmes de l'article 87, et que le législateur, en 1875, au mois de juillet, a entendu vous rendre compétents seulement pour le fait prévu par cet article. « Attentat » au singulier dans la loi organique du 16 juillet 1875 ; « attentat » au singulier, dans l'article 87 du code pénal : il y a similitude.

Voilà l'argument. C'est à mon sens, une grande erreur, et j'espère le démontrer sans peine.

Relisons, en effet, la loi organique du 16 juillet 1875. Elle ne dit pas « attentat » tout court, comme on voudrait le lui faire dire, car alors l'argument de similitude serait bon ; non, la loi ne dit pas « attentat » tout court, comme le fait l'article 87, elle porte « attentat commis contre la sûreté de l'État. » N'oubliez pas, Messieurs, ce membre de phrase qui indique une différence dans l'esprit du législateur.

Nous allons, en effet, vous montrer tout à l'heure que les mots « commis contre la sûreté de l'État » ont une signification juridique considérable. J'ajoute que cette loi du 16 juillet 1875 se réfère forcément à la Constitution du mois de février précédent, dont elle n'est que la réglementation. Ceci ne fait pas de doute.

Notre Constitution a été faite à deux reprises : il y a eu la Constitution de principe, et puis sa réglementation à quelques mois de date. Quand vous étudiez la loi organique du 16 juillet 1875, il faut donc se reporter à la Constitution de février 1875. « Le Sénat peut être constitué en Cour de justice pour connaître des attentats commis contre la sûreté de l'État.... » Ah ! voilà, cette fois, le mot « attentat » au pluriel, et toujours avec cette addition « commis contre la sûreté de l'État. »

Il s'agit donc, dans l'esprit du législateur, puisqu'on se réfère à une loi qui a parlé non plus de l'attentat, mais des attentats, il s'agit, dans l'esprit du législateur, de quelque chose de générique, c'est-à-dire non pas d'un attentat spécial, déterminé par un article, mais des attentats, des faits qui menacent la sûreté de l'État. Il s'agit donc bien de cela, et il n'y a, du reste, qu'à feuilleter le code pour acquérir à cet égard la certitude. En effet, le chapitre dans lequel se trouve ce fameux article 87 dans les termes étroits duquel on voudrait vous emprisonner, est relatif non seulement à l'attentat, mais aussi au complot, puisqu'il comprend l'article 89.

Ce chapitre se divise en deux sections : une première vise les crimes attentatoires contre la sûreté extérieure de l'État, et une seconde, les attentats contre la sûreté intérieure de l'État. Ce chapitre qui commence à l'article 75 du Code pénal, et se termine à l'article 108, et qui est intitulé « Crimes contre la sûreté de l'État », s'applique à tout un ensemble d'actes. Voilà qui est bien entendu.

Il faut donc reconnaître qu'il comprend toute espèce d'attentats et de complots.

Ce n'est pas tout : Dans le chapitre suivant, le législateur jette un regard en arrière, et à propos d'une autre disposition il arrive à dire dans l'article 125 « complot attentatoire à la sûreté de l'État ».

Vous voyez donc que le rédacteur du Code pénal, qui est antérieur assurément aux inventions de Boulanger, — ce dernier ne dira pas que c'est une loi de circonstance, puisque le code est de 1810 — vous voyez donc que le législateur dit bien dans l'article 108 : « complots ou autres crimes attentatoires à la sûreté de l'État », et dans l'article 125 : « complot attentatoire.... » ce qui confondait dans la même terminologie le complot et l'attentat, c'est-à-dire les deux crimes qu'on voudrait rendre distincts et qui sont des crimes qui ont toujours été regardés comme faisant partie de la même connexité.

Voilà bien le complot et l'attentat réunis toujours sous la même rubrique, et comme dans notre loi de 1875 on a parlé, vous vous souvenez — je l'ai souligné en faisant ma lecture — de la sûreté de l'État, il en résulte que le législateur a visé non pas l'article 87 qui n'en dit rien, mais la définition d'ensemble des autres articles et l'intitulé du chapitre lui-même.

Donc, le législateur de 1875 s'est reporté à la rubrique, au titre du chapitre ; donc le législateur a voulu dire en 1875 : la Haute Cour poura être constituée pour juger les complots attentatoires à la sûreté de l'État.

Les précédents.

Le réquisitoire résume quelques précédents :

Pour moi cela, n'est pas douteux. Il faut donc consulter les précédents, et quand je l'aurai fait, vous serez parfaitement édifiés.

A la chute de l'ancien régime, on voulut sans aucun retard armer l'État contre les complots et contre les attentats de toute nature, — et que dans ce moment on veuille bien me faire grâce des mots que j'emploie sans dessein, mettez si vous voulez qu'on a voulu s'armer contre les crimes attentatoires à la sûreté de l'État, — et on comprit en même temps que la juridiction de droit commun ne pouvait pas en connaître. Mais on n'avait pas de grands corps constitués en 1791. Alors on composa un tribunal avec les plus hauts magistrats et les plus hauts citoyens, et la combinaison de ces deux éléments, les seuls qu'on eût alors sous la main, forma la Cour de justice.

Lisons la loi des 3-14 septembre 1791, article 23 :

« Une Haute Cour nationale, formée des membres du tribunal de cassation et des hauts jurés connaîtra... » — de quoi? de l'attentat tout court? non pas, — «... des crimes qui attaqueront la sûreté générale de l'État ».

Voilà le point de départ. On a cherché une émanation aussi élevée que possible de la puissance et de la volonté nationales et alors on a formé une combinaison de quelques membres de la Cour de cassation et de ce qu'on appelait alors les hauts jurés, ce que nous appellerions aujourd'hui les citoyens notables, peu importe, et on a déclaré qu'ils auraient à juger tous les crimes qui attaqueraient la sûreté de l'État.

Et l'Empire, qu'a-t-il fait?

La Constitution de l'an XII, à l'article 101, décrétait ce qui suit :

Une Haute Cour impériale connaît des crimes, attentats et complots, contre la sûreté de l'État.

Voilà par conséquent l'Empire qui a déclaré, comme la première République ou comme la Monarchie constitutionnelle de 1791, c'est-à-dire le commencement de la Révolution, qu'il fallait être armé, qu'il fallait une Haute Cour pour juger les crimes attentatoires à la sûreté de l'État. »

Arrive la Monarchie de la Restauration. La Charte de 1814 dit à son article 33 :

La Chambre des pairs connaît des crimes de haute trahison et des attentats à la sûreté de l'État.

Ce sont donc, vous voyez, les mêmes mots, que dans

notre Constitution de février 1875, puisqu'il y a un pluriel
« attentats à la sûreté de l'Etat ».

Et vous voyez que la Monarchie de 1815, cette Monarchie
qui nous a laissé des lois si admirables et qui a fait la plus
belle loi de la presse qui ait jamais existé, la loi de 1819,
avec les hommes remarquables qui composaient ses conseils,
est arrivée, sachant bien ce qu'elle voulait dire, à léguer la
formule exacte qu'ont employée les législateurs de 1875.

La Charte de 1814 a ajouté quelque chose ; il faut que je
vous l'indique, quoique cela n'ait pas d'importance : elle a
ajouté « des crimes qui seront définis par la loi ».

Cette loi, elle n'a jamais été faite, tout le monde l'a reconnu. Il s'agit donc, par conséquent, uniquement de se
reporter au Code pénal pour voir où sont le complot et
l'attentat.

La Monarchie de 1830 n'a pas hésité non plus, elle, à insérer dans la Charte une disposition identique. Quels crimes
a-t-elle entendu faire juger par la Chambre des pairs ? Lors
de la discussion, M. Dupin déclara formellement que la
Chambre devrait s'assembler dans le cas où la sûreté de
l'Etat tout entière serait mise en péril. Ces mots, je crois,
indiquent clairement que le complot rentrait dans sa compétence. Et comment en aurait-il pu être autrement? La Monarchie de juillet qui avait trouvé, à juste titre, la Charte de
1814 bien inspirée, s'est contentée d'insérer exactement le
même texte dans sa Charte de 1830.

En 1848, la deuxième République fit de même, et on
trouve à l'article 91 de la Constitution :

Une Haute Cour de justice juge toutes les personnes prévenues de
crime, attentats ou complots contre la sûreté intérieure ou extérieure de
l'État.

Vous voyez la suite historique de toutes ces lois; c'était
là tout le chapitre du Code qui était embrassé; la tradition
était fidèlement suivie.

M. Dupin, qui avait été le commentateur en 1830, qui a
été longtemps le commentateur éclairé de bien des choses, a
pu, en 1848, donner encore le pourquoi de la loi. Et voici ce
qu'il a dit à l'Assemblée nationale :

Une semblable juridiction a toujours existé sous une forme ou sous une autre, depuis le commencement de la Révolution. Aujourd'hui vous créez une Haute Cour qui remplace la Chambre des pairs, mais qui est toujours la haute juridiction que toutes les Constitutions ont établie pour punir les crimes d'une certaine espèce.

Et un homme que plusieurs d'entre vous ont pu connaître, et dans les lumières duquel on avait assez de confiance lorsqu'il vivait, M. Thiers, a apporté lui aussi son commentaire, et voici ce qu'il a dit :

> La Charte a entendu envoyer devant la Chambre des pairs le jugement de tous les attentats, c'est-à-dire de tous les crimes qui, à certains degrés, peuvent compromettre la sûreté de l'État.

Voilà, à mon avis, la meilleure définition qui se puisse trouver. Nous avons vu la seconde République, voyons le second Empire ? Le second Empire a constaté la même nécessité.

Il a trouvé le principe bon et nécessaire à appliquer; et aussi, dans l'article 54 de la Constitution de 1852, il a été dit :

> Une Haute Cour de justice juge sans appel ni recours en cassation toutes personnes qui auront été renvoyées devant elle comme prévenues de crime, attentats ou complots contre la sûreté de l'État.

Ainsi, vous voyez que toujours les complots sont compris avec les attentats. Et c'est à la suite de toutes ces institutions successives que la Constitution de 1875 a été votée sans discussion. Impossible de ne pas reconnaître qu'elle en a été la continuation, ou du moins le reflet exact.

Si l'on avait voulu déroger aux lois précédentes, il est de toute évidence — c'est élémentaire — qu'on l'eût exprimé.

Notre Constitution s'est assimilé une disposition protectrice et nécessaire, que l'Empire, la Royauté tempérée, avaient jugée telle. Elle a voulu que la Chambre Haute défendît, non pas un demi-article, mais défendît au point de vue le plus élevé — et nous ne pouvons nous placer ici qu'à un point de vue élevé — la société de l'Etat; et elle a donné à juger non pas un acte isolé, mais toute la catégorie des crimes pour la répression desquels la Haute Cour était précisément instituée.

Doctrine et jurisprudence.

Aussi bien les jurisconsultes qui se sont préoccupés de la question soutiennent la même thèse.

Voilà ma démonstration, et je vous démontre que je n'ai pas trouvé contre cette théorie la moindre opposition en doctrine. Il y a d'abord un ouvrage sur le Code pénal, de M. Garaud — professeur de droit à Lyon, je crois — mais peu importe. Il dit expressément que « le Sénat peut être saisi par décret du droit de juger, non pas l'attentat de l'article 87 seulement, mais tous les crimes compris dans le chapitre relatif à la sûreté de l'État ».

Ce n'est pas moi qui le lui fais dire. C'est un professeur de droit ; et je m'abrite sous son autorité.

Voici maintenant la doctrine de Dalloz :

« Le Sénat peut être constitué en Cour de justice pour juger toute personne prévenue d'attentats commis contre la sûreté de l'Etat. » Ces attentats n'ayant pas été définis par une loi spéciale, on doit comprendre sous cette dénomination les crimes prévus et punis par le livre III du Code pénal, c'est-à-dire le complot, comme les autres, ou, si vous voulez que je prenne la véritable expression juridique, tous les faits attentatoires à la sûreté de l'État.

Je crois, Messieurs, que la preuve est faite.

Maintenant, que la Haute Cour me fasse encore crédit de quelques minutes. Je veux lui faire remarquer que la jurisprudence est conforme à la doctrine. En effet, il n'y a rien eu de changé en 1833 quant au Code pénal, c'est convenu ; il y a eu une discussion justement pour bien établir la chose ; on a toujours été sous l'empire du Code de 1810.

Eh bien ! en 1821, sur les conclusions conformes d'un de mes plus illustres prédécesseurs, M. de Peyronnet, la Chambre des pairs a jugé en matière de complot seul. Voilà le fait matériel qu'il était intéressant de vous signaler.

Il s'agissait d'une affaire qui ressemblait beaucoup à la nôtre ; pour vous en donner une indication, je dirai qu'il s'agissait d'un commencement de conjuration militaire, et que l'âme du complot, l'un des plus influents, c'était, comme dans l'affaire actuelle, un officier de l'armée; il n'avait pas l'honneur de marcher à la tête d'un corps d'armée; il avait un grade inférieur; c'était un officier subalterne, un capitaine qui s'appelait Nantil, et il y avait ceci de particulier que Nantil savait, comme M. de Peyronnet l'a raconté dans l'acte d'accusation, dire aux amis de l'Empire qu'il travaillait pour l'Empire; — c'était sous la Restauration, — dire aux amis de la République qu'il travaillait pour eux, et à ceux qui n'avaient pas d'opinion bien marquée qu'il travaillait pour tout le monde! Le sieur Nantil avait de plus cette habitude très frappante, à laquelle il a du reste dû son salut, celle de se déguiser assez ingénieusement et de savoir se mettre, quand il allait quelque part incognito, une paire de lunettes.

Voilà le fait; je l'ai examiné avec le plus grand soin; nous avons en 1821 ce complot poursuivi contre Nantil et autres, et la Chambre des pairs a rendu, conformément aux réquisitions de M. le procureur général de Peyronnet, l'arrêt suivant :

En ce qui concerne Nantil et autres :

Attendu qu'il résulte du procès et de l'instruction écrite qu'ils sont convaincus d'avoir adhéré et participé à un complot ayant pour but de changer la forme du Gouvernement et d'exciter les citoyens à s'armer contre l'autorité royale, les condamne, etc.

Il n'y avait jamais eu de commencement d'exécution.

Donc, en doctrine, en jurisprudence, il y a un fait bien certain : c'est que la Haute Cour de justice et toutes les Hautes Cours de justice, c'est-à-dire celle de 1889 comme toutes celles qui l'ont précédée, sont compétentes en matière de complot, et que vous aurez, Messieurs, en prononçant la condamnation pour attentat, à retenir le complot et les détournements qui y sont connexes.

A la reprise de l'audience, le procureur général aborde, avant de terminer, le chef des détournements et de concussion :

Les fonds secrets.

Je dois d'abord vous dire dans quelles circonstances on est arrivé à faire ces découvertes.

Le bruit courait, dès 1887, que Boulanger n'était pas sorti

les mains nettes du ministère de la guerre, et qu'il avait
gravement abusé du maniement des fonds secrets. Il était
même dénoncé à l'opinion publique par des gens qui n'ont
pas toujours été ses ennemis, en particulier par le journal
l'*Autorité*.

A la date du 11 juillet 1887, l'*Autorité* disait :

> Après s'être soustrait surtout à la reddition de ses comptes, en ma-
> tière de fonds secrets, ce qu'aucun ministre n'a jamais fait, il est
> parti..., etc...

Rochefort lui-même avait donné l'éveil avec cette courti-
sanerie maladroite qui lui fait commettre tant de bévues,
qu'il ne commettait pas autrefois; peut-être avait-il alors
plus d'esprit qu'aujourd'hui !

Dans l'*Intransigeant* du 9 mars 1888, il écrivait, en parlant du gouvernement :

> Ces malheureux se demandent, avec un surcroît d'affolement, par
> quels procédés inconnus du monde politique cet ancien ministre de la
> guerre est parvenu à laisser dans le pays des traces aussi profondes,
> sans avoir eu besoin de distribuer des fonds secrets à personne.

Or, on savait qu'il n'avait rien et qu'il avait payé sa popularité très cher. Les soupçons grandissaient.

M. le général Ferron, entendu dès le 20 avril, avait révélé
l'opinion courante des bureaux et fourni quelques bases
d'appréciation.

> J'ai constaté, disait-il à M. le président de la commission d'instruc-
> tion, que les fonds secrets du ministère de la guerre étaient à jour au
> point de vue de la dépense par douzièmes. Le général Boulanger m'a
> demandé de payer sur les fonds secrets certains travaux d'amélioration
> qu'il avait fait exécuter dans son cabinet sans avoir les crédits néces-
> saires.

> Je suis autorisé à vous dire que, de vive voix, M. le gé-
> néral Ferron, après sa déclaration écrite, a dit à ces mes-
> sieurs de la commission, qui étaient alors tous réunis, que
> les dépenses qu'il a acquittées pour M. Boulanger, après le
> départ de celui-ci, s'étaient élevées à 30 ou 32,000 francs.

> Il ne m'a pas parlé de la caisse de réserve, et ne m'a demandé, par
> conséquent, aucun reçu des fonds de cette caisse. — Il cherche à s'en
> prévaloir ! — L'ancien ministre était accusé par beaucoup de personnes
> de s'être servi des fonds de réserve pour payer la propagande effrénée
> qui se faisait sur son nom.

L'honorable témoin avait dit aussi :

Contrairement à l'usage, le général Boulanger n'a pas rendu compte à M. le Président de la République de l'usage des fonds secrets !

On pressentait bien, Messieurs, qu'il y avait de ce côté-là des ténèbres à éclairer.

L'incident Reichert.

Eh bien, comment faire ? Un témoin avait affirmé dans sa déclaration que le colonel Vincent s'était trouvé un jour en vive discussion avec son chef, le général Boulanger, parce que celui-ci le sollicitait en vain de lui remettre, pour ses besoins personnels, des fonds appartenant à la guerre.

Le colonel Vincent avait résisté. Le sieur Geysen, employé au ministère, qui avait entendu de la chambre voisine la conversation confinant à l'altercation, constata le fait.

Le colonel Vincent a été entendu, à son tour, à la fin de mai, et a nié le fait dans une déposition au cours de laquelle il eut une attitude qui frappa très péniblement les membres de la commission d'instruction.

Il a fait voir suffisamment qu'il était bien l'homme capable d'aller, — comme je vous l'ai montré hier, par certains renseignements, — dîner chez le sieur de Mondion, et, dans tous les cas, qu'il était bien l'homme qui a permis à l'*Intransigeant*, il y a huit jours, d'abuser de son nom pour éditer un mensonge.

En résumé, le colonel Vincent démentant M. Geysen, le fait a été considéré comme non avenu, parce que nous n'avons jamais voulu marcher qu'avec des preuves indiscutables.

On en était là, quand le hasard a livré la révélation décisive. Au commencement de juin, M. le général Yung, ancien chef de cabinet de Boulanger, déposant comme témoin, dit :

Si vous voulez avoir des renseignements précis, demandez-les à M. le sous-intendant Reichert, payeur attaché au cabinet du ministre.

Aussitôt, avec une prudence et une sagacité à laquelle on ne saurait trop rendre hommage, M. le président de la commission d'instruction a fait, sur l'heure même, de-

mander par exprès M. Reichert à son cabinet de la rue
Saint-Dominique, et l'a fait venir au Sénat par une invitation courtoise, mais pressante, et il faut ajouter que s'il y
avait eu à ce moment une heure perdue, on n'aurait jamais
rien eu en fait de papiers, sur cette partie de l'instruction.

M. Reichert a donc été introduit, et ce fut, il faut bien le
dire, l'épisode le plus dramatique de l'instruction.

M. Reichert, lorsqu'on l'a interrogé, a commencé par
changer de couleur, par balbutier, et par rester sans voix.
Tout cela est établi sous forme d'observations nécessaires
dans son interrogatoire.

On lui a demandé de suppléer à son défaut extraordinaire
de mémoire en produisant sa comptabilité. Il a répondu
qu'il n'avait plus ses livres.

Pressé de questions, ce sous-intendant marqua un trouble
croissant, puis déclara qu'à l'annonce des poursuites diri-
gées contre Boulanger, il avait remis ses papiers, sa comptabilité du ministère, à Dillon.

Ensuite, il modifia son système, en alléguant qu'il était
allé sans doute chez Dillon au premier bruit du procès in-
tenté à l'ancien ministre — il n'a pas retranché cela — et
qu'il avait voulu remettre sa comptabilité qui l'embarras-
sait beaucoup, mais que Dillon, qui n'avait pas voulu s'en
embarrasser lui-même, avait dit qu'on lui rendrait réponse
et s'était contenté d'ajouter : « On vous enverra des instructions; en attendant, mettez vos papiers en lieu sûr. »

Sur nouvel interrogatoire de M. le président, il ajouta
que des papiers étaient cachés, et lorsque M. le président
lui demanda le nom de la personne qui en était dépositaire,
il refusa de la faire connaître.

Les réponses contradictoires du témoin, son trouble croissant, l'obstacle qu'il apportait systématiquement à la manifestation de la vérité le rendaient plus que suspect. Son entrevue secrète avec Dillon au moment où celui-ci allait fuir
et l'importance probable d'écritures qu'il mettait tant de
soin à soustraire aux regards, ne permettaient pas d'hésiter :
il y avait indices graves de complicité contre lui. M. le président l'adjura en vain; je fus introduit dans la pièce d'instruction, je l'adjurai à mon tour, et, comme il refusait de

17

dire la vérité, je crus qu'il était de mon devoir de prendre des réquisitions contre lui.

M. Reichert, prévenu de complicité, de complot et d'attentat — de complot, ce n'était pas douteux ; il s'agissait même de faits connexes au complot — fut à ce moment l'objet d'un mandat de dépôt.

Mais par égard pour le grade qu'il occupe, la prison où il fut déposé fut la prison du Cherche-Midi, prison militaire, et il y fut amené librement par un commissaire de police, parce qu'au dernier moment, il se décida à dire : « Mes papiers sont cachés chez un officier. » — Il s'agissait d'un capitaine du 74e de ligne, attaché au ministère de la guerre, et fort ami de Boulanger.

Alors on le mena chez cet officier où l'on trouva les papiers.

Le commissaire de police dit alors à Reichert, avec autorité — car c'est comme cela qu'il faut procéder avec lui, sans cela, il ne dit rien spontanément : — « Vous devez avoir encore d'autres papiers déposés ailleurs. » Reichert répondit : « Oui, j'en ai encore une partie chez un inspecteur des forêts. »

On y alla sur l'heure, si bien que la promenade se prolongea jusqu'à 11 heures du soir, et, chez cet inspecteur des forêts, on retrouva de nouveaux plis cachetés.

Le lendemain, Reichert comparut devant la commission pour y être de nouveau interrogé ; on ouvrit les scellés en sa présence et on provoqua de nouvelles explications.

Il a été alors dans la nécessité d'avouer qu'il avait été le comptable de M. Boulanger au ministère et que les écritures qu'il avait cachées étaient des écritures établissant les dépenses du ministère Boulanger et du ministre M. Boulanger lui-même.

Nous étions dès lors certains que jamais M. Boulanger, à moins d'une mauvaise foi insigne, ne pourrait discuter avec nous, puisque, prenant pour base les écritures de Reichert, nous avions évidemment la comptabilité de Boulanger lui-même.

Mécanisme des fonds secrets et de la Caisse de réserve.

Le réquisitoire expose quelles étaient les sommes mises à la disposition du ministre de la guerre, et suivant quel mécanisme elles étaient divisées et réparties.

Les ministres de la guerre sont pourvus d'une somme annuelle pour faire face aux dépenses secrètes de l'armée. Cette somme, en 1886-1887, s'élevait à 700,000 francs. Depuis, elle a été réduite — mais depuis lors seulement, veuillez le remarquer, car on a encore essayé de créer une équivoque sur ce point — à partir de 1888 seulement elle a été réduite à 500,000 francs.

Les ministres n'ont pas à rendre compte de l'emploi de cet argent, mais à la condition expresse que sa destination générale sera respectée, puisque c'est le trésor secret de l'armée.

Depuis 1872, et surtout depuis 1878 — car c'est à partir de cette époque que le fait a été bien réglementé — MM. les ministres de la guerre se sont appliqués à faire des économies sur le chapitre des fonds secrets afin de constituer une épargne, et cette épargne a été la caisse de réserve.

Cette caisse s'est enrichie de leurs économies accumulées, et ils ont estimé tous que leur devoir étroit était d'y ajouter sans cesse et de n'y puiser jamais. Ce fonds de réserve n'avait qu'un seul emploi possible, aux yeux de tous les généraux patriotes : il devait être appliqué aux besoins imprévus de la défense en cas de déclaration de guerre.

Jamais on n'a confondu, même en comptabilité, la caisse des fonds secrets avec la caisse des fonds de réserve. C'est à ce point que si, parfois, les disponibilités de la caisse des fonds secrets se trouvaient épuisées, on empruntait — remarquez le mot — à la caisse de réserve, mais en ayant soin de porter sur les écritures la mention suivante : « Doivent les fonds secrets à la réserve la somme de tant. » Et dès qu'on avait touché les fonds secrets de la mensualité suivante, on s'empressait de rembourser la réserve.

J'espère que cette explication est claire.

Ajoutons, comme conséquence, que le ministre est comptable des moindres mouvements de la caisse de réserve, et que le chef de l'État, en donnant tous les ans un quitus sur les fonds secrets de l'armée, n'y comprend jamais l'emploi des fonds de la réserve. Le quitus se trouve restreint. Il s'applique exclusivement aux fonds secrets, en dépit des mensonges que fait répéter le sieur Boulanger depuis qu'il est en fuite.

Le général Ferron a très bien exposé ce point dans sa déposition.

La caisse de réserve, dit-il, dont l'objet était de mettre des fonds en espèces métalliques à la disposition du ministre de la guerre pendant la période de préparation à la guerre, était le produit des économies faites sur les fonds secrets par les généraux Farre, Campenon, Billot et Thibaudin.

Un employé du ministère de la guerre nous a renseignés au point de vue du mécanisme pratique de la chose. C'est un agent comptable nommé Desassis, qui a été entendu comme témoin.

D. — Quelles sont les fonctions auxquelles vous êtes proposé au ministère de la guerre?

« R. — Je suis chargé de payer le personnel du ministère, diverses dépenses urgentes, et toutes les dépenses concernant les fonds secrets.

C'est moi qui seul ai qualité pour aller toucher au Trésor les mandats relatifs aux fonds secrets, imputables sur le chapitre du budget du ministère de la guerre intitulé : « Dépenses secrètes. »

Je ne suis nullement chargé de ce qui concerne les fonds dits « de réserve ». Mais je sais que ces fonds étaient enfermés dans un coffret à demeure qui se trouve dans le coffre-fort de mon service.

Les clefs de ce coffret ne sont pas à ma disposition.

Quant à répondre aux mensonges que M. Boulanger a fait débiter depuis la saisie des pièces Reichert, ce serait vraiment puéril. Il a dit, en effet, avoir remis la réserve intacte, parce qu'il en a remis une partie en espèces et une partie en reçus provisoires. Qu'est-ce que c'est que des reçus provisoires, surtout lorsqu'ils s'appliquent au cercle militaire et qu'ils représentent, par conséquent, une somme irrecouvrable ? Des morceaux de papier ! De quoi, au contraire, a besoin, pour parer aux dangers de la patrie, un ministre de la guerre qui, au moment des dernières négociations diplomatiques, et alors que la menace d'une guerre peut éclater en quelques heures, met en mouvement les premiers éléments de la défense ? Est-ce qu'il a besoin de chiffons de papier ? il a besoin d'avoir deux ou trois millions en attendant que les caisses de l'Etat lui fournissent de l'argent ! Et n'avez-vous pas entendu M. le général Ferron vous ap-

prendre tout à l'heure que ces réserves ne peuvent consister
qu'en espèces métalliques ? Les respectables généraux qui
ont été ministres de la guerre depuis quelques années, l'ont
si bien compris qu'ils ont caché ces écus sacrés de la défense dans un coffret dont leurs employés de confiance eux-
mêmes n'ont pas la clef. Et Boulanger vient nous dire :
Moi, j'ai mis dans ce coffret — voyez quel honnête homme
je fais ! — j'y ai mis des reçus provisoires !

Voilà pour cette première objection.

Mais l'accusé en fait une autre : Il fait dire, par je ne sais
quel famélique de sa troupe, qu'il n'avait besoin ni de Reichert ni de personne, qu'il était le maître au ministère, et
que s'il avait voulu puiser dans la caisse, il n'avait qu'à se
baisser pour prendre... Allons donc ! Est-ce qu'un ministre
est son propre caissier ?

Est-ce que dans tous les ministères, la comptabilité n'est
pas organisée de telle façon qu'on ne doit procéder que par
mandats, dont les fonds sont délivrés par des subalternes
intermédiaires ?

Quand Boulanger a dit de pareilles choses, il a peut-être
voulu tromper les petits enfants ; mais assurément il n'a pas
formulé là une réponse que l'on puisse discuter devant la
Haute Cour, sans s'exposer à l'accusation de lui manquer
de respect, parce que, assurément, ce n'est pas un argument
sérieux.

Emploi et réserve des fonds secrets.

La réserve, quand Boulanger est entré au ministère, était
en écus sonnants sous clef, de 2,200,000 francs, en chiffres
ronds ; c'était l'obole de la première heure de la défense.

Eh bien, qu'a-t-il fait pendant son passage au ministère ?
Il a pris — je dis « pris » — 279,000 francs dans la caisse
sacro-sainte de la réserve. Il n'y a pas de discussion possible,
entendez-le bien !

Boulanger ne peut rien contester, puisque, je ne saurais
trop le redire, c'est avec la comptabilité de son sous-intendant Reichert qui a mieux aimé, lui officier supérieur, aller
coucher au Cherche-Midi que de vendre son patron le premier jour, c'est avec la comptabilité de celui qui demande
des ordres à Dillon, qui cache en lieu sûr, chez des officiers

17.

infidèles, les papiers secrets du ministère, c'est avec la comptabilité d'une créature de Boulanger que je vais discuter contre Boulanger !

Par conséquent, il n'est possible à personne de m'opposer la moindre objection.

Eh bien, comment a-t-il employé ces 279,000 francs ?

C'est un point réservé ; qu'il me suffise de dire, en attendant, qu'aucune dépense n'a été légitime, et que ce qui n'a pas été dépensé est tombé dans la circulation, dans le mouvement général des fonds du ministère et s'est ajouté ainsi aux fonds secrets qu'il gaspillait à pleines mains.

Au nombre de ces faits de gaspillage des fonds secrets, j'en relève un qui nous appartient, parce qu'il constitue un des actes du complot, ou du moins s'y rattache indiscutablement par le lien de la connexité.

Boulanger, en dix-sept mois de ministère, a détourné 242,000 francs et une fraction pour subvenir à ses réclames politiques ; 242,000 francs qui appartenaient à la France, qui étaient destinés à la protection, à la surveillance de nos frontières. Tout soldat, tout patriote se serait laissé mourir de faim à côté de cette somme d'argent, plutôt que d'ouvrir la serrure secrète. Lui, il l'a prise et il l'a jetée à poignées aux journaux et aux journalistes pour préparer sa dictature !

Ah ! sans doute, un ministre de la guerre a bien le droit de donner à la presse sérieuse quelques faibles sommes pour obtenir, par exemple, l'insertion d'articles techniques destinés à encourager un progrès en vue, une invention nouvelle ; cela s'est fait peut-être, et cela se comprend très bien. Mais, Messieurs, notez ce point capital : jamais Boulanger n'a fait une dépense de cette nature. Les 242,000 francs ont été dépensés en totalité pour la fabrication de son inévitable portrait, pour le tirage de ses biographies césariennes, pour sa glorification personnelle.

Voilà bien l'abus de confiance, le détournement. Des fonds sont remis à Boulanger pour un usage déterminé, pour les nécessités du ministère de la guerre ; il en saisit une partie, et les applique à son usage propre. C'est non seulement l'acte odieux, l'acte vil : c'est aussi l'acte prévu par le Code pénal.

Le bureau de la presse.

Voici maintenant quelques détails, tous copiés sur les cartons saisis dans la cantine.

Courtisan de tous les publicistes, Boulanger avait organisé au ministère de la guerre un bureau de la presse confié à un officier supérieur, le commandant Plet, qui recevait et donnait les nouvelles, et qui, d'ordinaire, payait les subventions. Mais cela ne suffisait pas ; et un de ses officiers d'ordonnance, qui ensuite est devenu son gendre, Driant, prenait aussi des fonds ; il émargeait avec cette indication entre parenthèses : « Service de la presse. »

Les écritures portent que Driant, lui qui n'avait rien à faire avec la presse, puisque cela regardait le commandant Plet, spécialement chargé de ce service, a reçu sous la rubrique « presse » 16,500 francs ; et nous savons, d'autre part, par la déclaration d'un sieur Giely et de deux autres imprimeurs, que Driant était le représentant de Boulanger auprès de ces imprimeurs et du dessinateur Pech de Cadel, pour ce qui concernait la confection et la vente des biographies héroïques.

Voilà donc 16,500 francs que nous voyons tomber dans les mains de Driant, et nous savons où va Driant à la même époque : il y a des gens à payer : c'est Pech de Cadel, ce sont les imprimeurs.

Mais Boulanger lui-même, de sa personne, émargeait pour la presse ; il émargeait avec la mention entre parenthèses : « Service de la presse, » comme un simple rédacteur de dithyrambes boulangistes. Voici une pièce qui le révèle, et je cite ici le relevé des carnets de Reichert :

Paris, le 28 avril 1885.

Le sous-intendant M. Reichert remet à M. le ministre, par l'intermédiaire de M. le colonel chef du cabinet, la somme de dix mille francs (10,000 fr.) pour subventions aux journaux.

Le Sous-Intendant.
Signé : REICHERT.

Le 26 août 1886, il a encore touché personnellement 10,000 francs, sous la rubrique « presse », mais cette fois par un commandant et non plus par M. le colonel Yung.

Ainsi Boulanger lui-même se faisait attribuer des sommes sur le fonds de la presse, sans doute pour donner de petits pots-de-vin secrets ou d'autres allocations de même nature aux rédacteurs de ses biographies.

Et voilà deux sommes de 10,000 francs, soit 20,000 francs, qui, avec les 16,500 francs délivrés à M. Driant, constituent, dans ce chapitre inexplicable, un détail plus inexplicable encore.

Voici maintenant les payements faits par le commandant Plet. Ceux-là rentrent bien, étant donné le point de départ faux, dans le système régulier des subventions à la presse : Boulanger a donné 25,000 francs au journal l'*Action*. Là, nous avons à l'appui des écritures, la déposition d'un sieur Gelez (cote 212 du dossier).

M. Hanotaux, député, dans sa déposition, nous apprend que, de plus, Boulanger avait dans sa main *le National*, au moyen d'un achat fictif de 1,000 numéros par jour.

Enfin, un journaliste a reçu 10,000 francs de subvention pour articles laudatifs.

Vous croyez peut-être que c'est pour plusieurs années, non, c'est pour sept mois.

Un autre a touché 5,000 francs par trimestre.

Et ce qu'il y a de plus singulier, c'est que ce prétendu agent de la presse a été de ma part et de la part des membres de la commission l'objet de certaines recherches. Nous avons consulté le Bottin, et nous avons trouvé qu'il n'avait d'autre profession que celle de représentant de commerce.

Veut-on voir quelque chose de plus invraisemblable encore? On trouve toujours sous la rubrique « presse » des subventions provisoires et des subventions remboursables.

Je demande ce que signifient ces deux mots qui hurlent de se trouver ensemble. Comment une subvention est-elle remboursable si elle n'est pas un prêt? et comment une subvention qui est définitive peut-elle être provisoire?

Mais cela m'est égal, je ne m'arrête pas à une invraisemblance de plus ou de moins, je vois là des gens dont on achetait avec l'argent des autres les services secrets, et je ne m'arrête pas à la phrase plus ou moins mensongère ou plus ou moins mal faite au moyen de laquelle on a cherché à cacher cette vilaine action. Ce qui m'importe, c'est de vous faire connaître que sous cette initiale mystérieuse de B, qui est l'initiale de Boulanger ou d'un monsieur Barthélemy qui a reçu aussi des subventions, ou qui est l'initiale de bien d'autres, on distribuait des sommes importantes.

Je veux croire M. Reichert, je veux croire que c'est un journaliste dont le nom commence par B qui a reçu 19,500 francs en trois mois.

Voici d'ailleurs comment se décompose cette somme :

9 octobre (c'est en 1886, bien entendu)	2,000 fr.
Le 16 octobre	5,000
Le 23 octobre	4,000
Le 27 octobre	4,000
Le 24 novembre	1,000
Le 4 décembre	1,000
Le 23 décembre	1,000
Le 26 janvier 1887	500

Chiffres que je vous ai lus très vite, et je ne veux pas vous obliger à en faire le décompte ; je vous prie seulement de remarquer cette circonstance très curieuse, à savoir que le sieur B. ou le prétendu B. a reçu 15,000 francs dans le même mois d'octobre, dont 8,000 francs en quatre jours.

Voilà ce qui résulte des mentions que j'ai eu l'honneur de parcourir devant vous. Boulanger payait la presse de cette façon avec les fonds secrets.

Il y a aussi 5 reçus délivrés par un sieur Jouve, qui sont chacun de 5,000 francs.

Je veux ajouter que Boulanger allait jusqu'à faire travailler ses historiographes sur commande, et que, quand la police se trouvait en travers de ses secrètes manœuvres, il payait des dédits avec l'argent de la France. Témoin la pièce que voici dont je vais vous donner lecture.

Elle émane du commandant Plet :

Reçu la somme de 1,000 francs (indemnité à l'auteur et à l'éditeur du *Général Revanche*, auxquels on a interdit la publication).
Paris, le 12 avril 1886.
Signé : PLET.

Ainsi, c'est un officier supérieur qui a prêté sa plume, et c'est un général de l'armée française qui a pris dans la caisse.

Nous assistons de cette façon à des détournements qui ont quelque chose de commun avec une mascarade !

Faits d'indélicatesse.

Les faits suivants doivent-ils être jugés par un conseil de guerre? Ils peuvent l'être. La Cour a-t-elle le droit de les retenir? La connexité est formelle. En tous les cas, voici le fait : Boulanger, dans ces mêmes fonds secrets, a pris une somme indéterminée, mais qui, en tout cas, est supérieure à 100,000 francs, pour faire face à ses besoins personnels.

Examinons. Boulanger n'avait aucune fortune, il n'avait que son traitement. Je crois même, si mes renseignements sont exacts, qu'il avait des dettes. Dans tous les cas, lorsque son père est mort, en 1884, il a été obligé — il était alors directeur de l'infanterie au ministère — de renoncer à la succession.

Et ce général français qui avait une haute situation, car il était alors divisionnaire, n'a pas pu payer, puisqu'il ne l'a pas fait, les frais de dernière maladie !

Nous avons, en effet, trouvé sur la liste des créanciers de la succession, le médecin des derniers jours, pour 150 francs et le pharmacien pour 41 francs.

Quand je dis cela, je n'ai qu'un but, c'est de bien établir que Boulanger n'avait aucune espèce de ressources.

En conséquence, si nous trouvons des capitaux entre ses mains, dès qu'il sera devenu ministre, on ne pourra les attribuer ni à son patrimoine, ni à ses épargnes, car il est assez connu qu'il n'a qu'un goût modéré pour les mœurs de Sparte. Et alors comme ce ne sera ni le patrimoine, ni l'épargne qui lui auront fourni des capitaux, nous aurons lieu de nous étonner et de trouver que ces capitaux sont suspects. Lorsque nous saurons qu'il n'a pas eu de conscience pour se retenir devant un détournement de 242,000 francs en faveur de sa réclame politico-commerciale, nous aurons bien le droit de supposer que les capitaux qu'il a ainsi entre les mains sont de source impure.

Voyons! je vais préciser, pièces en main, comme toujours, et vous montrer que, dès qu'il a été ministre de la guerre, il a eu des capitaux très importants dans les mains,

des capitaux s'élevant à une somme supérieure à 100,000 fr. ;
et je n'ai pas trouvé : on ne trouve jamais tout dans ces
affaires-là.

En 1884, il n'a donc pas payé les dettes de son père. En
1886, il a été l'objet non seulement de réclamations,
mais de menaces qui pouvaient même — si le mot était à sa
place dans cette matière — confiner au chantage : Il a eu
peur que, dans le public, on n'apprît que lui, qui occupait
une des plus grandes situations de France, ne voulait pas
donner 41 francs au pharmacien qui avait donné les derniers
calmants pendant l'agonie de son père. Alors, il a payé les
dettes de son père.

Quelles étaient ces dettes.

L'actif avait été réalisé et le montant, 38,000 francs, en
avait été déposé à la caisse des dépôts et consignations. Le
1er septembre 1886, Boulanger était maître des fonds secrets.
Ce jour-là, il prend 25,000 francs aux fonds de réserve. Et
comme s'il y avait ajouté une certaine somme prise aux
fonds secrets, il a dans sa poche une liasse de billets de
60,000 francs, et il va déposer ces 60,000 francs chez
Mᵉ Transart, notaire, dont voici le reçu :

1er *septembre* 1886. — Reçu de M. le général Boulanger, pour payer
les créanciers de la succession de M. Boulanger père, 60,000 francs
(cote 304).

C'est bien clair !

Il est vrai que l'emploi des 25,000 francs pris ce jour-
là sur la réserve est expliqué autrement sur les carnets de
Reichert ; mais le versement de 60,000 francs chez le
notaire n'est pas moins certain. Il est vrai aussi que,
d'autre part, le 1er avril 1887, Boulanger a retiré de la
caisse des dépôts et consignations les 38,000 francs auxquels sa quittance générale lui donnait droit. C'est la déposition du directeur de la Caisse des dépôts et consignations
que je cite là. Il a pu ainsi réduire son sacrifice, puisqu'il
était rentré dans 38,000 francs, et que, tous frais et faux
frais payés, les dettes de la succession s'élevaient à
78,000 francs.

C'est donc, seulement un sacrifice de 40,000 francs qu'il a
ainsi fait : c'est mathématiquement prouvé. Donc, il est resté

en définitive, bénéficiaire de 40,000 francs — sans avoir jamais pu dire où il les avait pris — puisqu'avec cette somme il a éteint les dettes de son père.

Je lui dis, moi : Vous étiez un homme sans un sou vaillant ; vous aviez déjà commis un abus de confiance de 242,000 fr. pour vous journaux, et je vois dans vos mains 40,000 francs ; il vous est impossible de me dire où vous les avez pris, mais je sais à quoi vous les avez employés. Eh bien ! moi, je vous accuse de les avoir pris. Vous ne pouvez pas, en effet, soutenir que vous les avez empruntés à un ami. Donc, je vous vois ayant entre les mains 40,000 francs, et je vous dis : C'est 40,000 francs que vous avez détournés.

D'ailleurs, ce n'est pas tout.

Le journal *l'Avenir*.

Boulanger a tenté à la même époque une opération de publicité. Ministre, il a pris pour lui un journal, *l'Avenir national*, dont le directeur, son homme de paille, était un failli non réhabilité. Il aime ces gens-là, que voulez-vous y faire ? C'est la déposition du sieur Nagorski, journaliste, qui nous l'apprend. Pour Boulanger, il ne s'agissait pas de subventionner un journal dans les conditions ordinaires ; il cherchait à créer un système économique de clichage qui permettrait de répandre la rédaction de *l'Avenir* dans toute la presse départementale, moyennant un prix rémunérateur.

C'était une véritable opération commerciale. La tentative, suivie d'un échec complet, se traduisit pour lui par une perte qu'on a évaluée à près de 40,000 francs. Ce chiffre n'a pas été contesté par le commandant Plet, auquel on a posé incidemment la question au moment où il allait se retirer, sans qu'on ait reçu sa déposition écrite.

Le fait est certain ; j'ai donc le droit de dire : Tout à l'heure Boulanger prenait 40,000 francs, c'est maintenant 40,000 francs..., cela fait 80,000 francs.

Où donc, vous qui n'aviez pas un sou vaillant — je reprends ma phrase — où donc avez-vous pu trouver ces 80,000 francs, c'est-à-dire les 40,000 francs pour payer les dettes de votre père et les 40,000 francs de votre entreprise commerciale de clichage ? Où avez-vous donc pu prendre ces 80,000 francs ?

car à cette époque-là vous ne receviez pas de subventions
secrètes comme aujourd'hui!

Vous avez donc pris cet argent dans la caisse militaire,
où je vous ai déjà vu puiser à propos du crime de détournement en faveur de la réclame par la presse. Voilà donc
40,000 francs, en voilà 80,000.

Appartements en ville.

Ce n'est pas tout!

Boulanger a chargé en troisième lieu son amie, la femme
Pourpe, de meubler pour lui de petits appartements en ville.
Elle en a meublé deux, et elle a payé les fournisseurs. Bor-
nons-nous à extraire les pièces indiscutables du dossier.
M. le conseiller à la Cour de cassation Bernard a fait la dé-
claration suivante :

Je me souviens d'une façon formelle qu'au moment même où on me,
parla de Mme Pourpe pour la première fois en mai ou en juin 1886,
M. Bouchez ou M. Ditte me racontèrent que le général Boulanger,
étant ministre de la guerre, est intervenu dans une affaire concernant
cette dame et un tapissier dont je ne sais pas le nom, et qu'il avait
versé à ce dernier une somme de 15,000 francs. Je ne puis fournir de
renseignements plus précis sur ce fait antérieur à mon entrée en fonctions. Mais le récit qui me fut fait de ce versement de 15,000 francs
par le général Boulanger étant ministre, me frappa suffisamment pour
être resté parfaitement présent à ma mémoire.

M. le substitut Ditte a été entendu aussi comme témoin et
il a déclaré :

Enfin, un autre tapissier, M. Gaillon, a fait également à la dame
Pourpe, pour meubler un appartement, n° 155, boulevard Malesherbes,
des fournitures de meubles et tentures qui devaient lui être payées par
une personne dans une grande situation, dont la dame Pourpe ne lui
avait paru être que la mandataire.

Le préfet de police nous a fait parvenir les renseignements complémentaires que voici :

Pendant son séjour à l'Isle-Adam, Mme Pourpe se fit remarquer par
son inconduite et l'indélicatesse de ses procédés à l'égard des voisins.
Elle s'absentait ordinairement tous les deux jours, laissant son établissement... — un pensionnat de demoiselles ! — ... confié à la garde
d'une sous-maîtresse, pour venir à Paris, où elle avait loué un appartement rue du Faubourg-Saint-Honoré, 178. A cette adresse, elle se

faisait appeler quelquefois Mme veuve Paillet; puis, en dernier lieu, elle avait décliné son véritable état civil.

L'appartement dont le mobilier avait été cédé à crédit, sur l'estimation de 12,000 francs... — vous voyez que ce n'est pas le même; l'autre est au boulevard Malesherbes — ... par un marchand de meubles du faubourg Saint-Honoré, avait été loué au nom de cette aventurière; mais en réalité pour le général Boulanger, qui, effectivement, y venait tous les jours passer trois ou quatre heures, tantôt avec une femme, tantôt avec une autre, et jamais avec la même. Pendant ce temps, son attelage... » — voyez comme il se respectait — ... avec cocher à la cocarde tricolore, que tout le monde a pu remarquer, stationnait devant la porte ou à proximité. Ces allées et venues du ministre de la guerre dans cette maison se prolongèrent jusqu'au mois de septembre 1886.

Elle alla ensuite demeurer boulevard Malesherbes, 155. Là, elle loua, toujours à son nom, mais pour le général Boulanger, un appartement de 1,200 francs de loyer, dont l'ameublement, très luxueux, paraît-il, et d'une valeur approximative de 15,000 francs, avait été procuré à crédit... — ce n'est pas celui du faubourg Saint-Honoré — ... par un sieur François, ébéniste, 110, même boulevard. »

Le général Boulanger était le seul homme reçu dans ce local : il venait là passer quelques heures par jour avec des femmes qui, si l'on en croit certains propos, devaient être mariées, car elles avaient toutes un voile qui leur cachait le visage. Le général avait une clef particulière de l'appartement; lorsque la femme Pourpe le voyait venir, elle se retirait dans une pièce à part et ne reparaissait qu'en cas d'appel de son hôte, qui, souvent, après ses moments d'intimité, l'envoyait chercher des victuailles dans les restaurants voisins.

Ainsi, voilà un mobilier de 12,000 francs d'une part et un autre de 15,000 francs d'autre part, total 25,000 francs, sans compter ce qui se trouve dans une autre déposition, à savoir que le général ministre s'était fait, à ce moment, pour ses petites maisons, fabriquer un linge de table très luxueux, marqué de trois étoiles entre deux drapeaux, et coûtant fort cher; mais comme je n'en sais pas le prix, je passe.

Ce que je retiens, ce sont les 25,000 francs des deux mobiliers que j'ajoute aux 80,000 francs de tout à l'heure, et je pose à Boulanger, qui a eu bien soin de ne pas se trouver en face de ma demande, cette question : Où aviez-vous donc pris les 105,000 francs dont je viens de parler?

Vous qui puisez dans les fonds secrets et donnez 242,000 francs par an aux journaux, vous qui n'avez pas un sou en dehors de votre traitement, n'est-ce pas aussi dans les fonds secrets que vous avez pris ces 105,000 francs pour payer vos plaisirs, vos petites dépenses et votre libertinage?

Le cercle militaire.

Ce n'est pas encore tout. Ici j'arrive à un quatrième groupe de dépenses.

Il a remis environ 7,000 francs à son agent, ami et dessinateur, Pech de Cadel, celui qui n'a été condamné qu'une fois : il est vrai que c'est devant la cour d'assises.

Il lui a remis 7,000 francs et j'ai la déposition du témoin Gelez, un maître imprimeur, qui dit :

« Je sais de la même source que lors de la confection de cette brochure, Pech de Cadel reçut du général Boulanger une gratification de 6 à 7,000 francs. »

Nous voilà maintenant à 112,000 francs dépensés sans conteste et provenant d'une source inavouable. Nous ne savons certes pas tout. Il était impossible que nous sussions tout, puisqu'il est établi que le général Boulanger menait une vie de dissipateur. Mais jai trouvé que, pour une somme de 105,000 francs, il n'a pu prendre que dans les fonds secrets, comme je l'ai montré tout à l'heure; c'est écrit de la main de ses amis.

Il a pris dans les mêmes fonds secrets une somme de 242,000 francs qu'il a détournée.

Je pourrais, Messieurs, multiplier les exemples à l'infini; je pourrais citer un autre fait; je ne veux pas le faire parce que, pour moi, le fait n'a peut-être pas suffisamment le caractère du crime : je pourrais vous dire qu'il a pris, cet homme qui voulait faire le généreux et qui voulait se populariser d'une façon malsaine, je pourrais vous dire qu'il a souscrit des titres au cercle militaire, pour une somme de 10,000 francs. Jamais on ne les a revus. Je ne crois pas que ce soit là un capital très productif et je ne pense pas qu'il en ait tiré de grands bénéfices. Mais vous voyez que c'était en mettant au pillage les fonds de l'armée française qu'il arrivait à des détournements qui, s'ils ne sont pas criminels, comme ceux dont je viens de parler, sont du moins de telle nature que Boulanger demeure taré et flétri par leur révélation.

Par quel jeu d'écritures a-t-on masqué ces détournements? Impossible de le savoir, puisque Reichert s'est refusé jusqu'ici à parler. On en est réduit aux conjectures : on est bien certain qu'il a pris cela dans les fonds secrets; il est mathématiquement impossible qu'il les ait pris ailleurs; mais on ne trouve pas aux fonds secrets la sortie de ces mêmes fonds indiquée. Dans les écritures, il y a pourtant des invraisemblances frappantes qui, suivant nous, ne sont que des trompe-l'œil et qui nous permettent de voir à quel moment les fonds sont sortis de la caisse de l'armée pour aller se répandre chez la femme Pourpe et ailleurs. Je vais vous signaler seulement une de ces invraisemblances; ici ce n'est qu'une conjecture. Voici ce que j'ai à vous faire connaître, afin que vos esprits aient satisfaction complète.

Les officiers du cabinet ont leurs appointements suivant leur grade. Ils ont de plus les sommes que Reichert inscrivait sous le titre « Indemnité aux officiers du cabinet ». Ainsi, ils ont donc leur solde d'officier à laquelle s'ajoute leur indemnité d'attachés militaires au ministère de la guerre.

Nous croyons que ces deux éléments réunis constituent l'ensemble des émoluments auxquels ils ont droit, et cependant nous trouvons qu'en 1886, le capitaine Driant, en dehors de sa solde, en dehors de ses émoluments d'attaché au cabinet, a perçu sans explication possible 21,000 francs et qu'en 1887 il s'est fait attribuer, conjointement avec un sieur Laage — qui est un ami, un officier d'administration, je crois, dont nous avons trouvé le nom dans la procédure, une somme de 21,700 francs d'une façon qui nous semble inexplicable.

Nous trouvons au même article que M. Mollard a touché, en 1886, 52,700 francs et que M. Doyen a touché, en 1887, en dehors des gratifications réglementaires, une somme de 24,000 francs.

Ainsi, en dix-sept mois, 120,000 francs en chiffres ronds, ont été absorbés par l'entourage du ministre, en dehors du service régulier des renseignements.

Il est fort possible que quelques-unes de ces personnes n'aient figuré là qu'à titre d'hommes de paille, pour masquer une perception illicite qu'aurait réalisée Boulanger sur les fonds secrets; et enfin, ce qui me frappe beaucoup, c'est que j'arrive, avec le décompte auquel je me suis livré, à une somme de 120,000 francs et que tout à l'heure je suis arrivé, par l'addition des différents payements de Boulanger, à une somme égale de 120,000 francs.

Je n'en tire pas argument, mais je crois qu'on y peut troüver explication.

Secours aux orphelins et aux veuves des militaires indigents.

D'ailleurs — et c'est là le point lamentable, c'est très triste à dire, mais enfin ces temps-là sont passés et aujourd'hui nous sommes armés de manière à pouvoir oublier le passé — car le passé tel que nous l'avait créé Boulanger était bien triste au point de vue de la défense ! Et lui, qui a prétendu avoir été un ministre patriote, il a été un ministre antipatriote et antifrançais !

En voilà les preuves écrites : Boulanger a donné bien moins de secours que ses prédécesseurs aux orphelins et aux veuves des militaires dans l'indigence.

C'est cependant un des chapitres les plus intéressants pour les ministres de la guerre, un de leurs devoirs les plus sacrés. Et vous allez voir, bien qu'il parle toujours si bruyamment de son amour pour les déshérités — et j'en demande pardon à ses amis de la Commune — il a donné moins que les autres aux pauvres. Les secours distribués sous son ministère ont été de 16,500 francs pour 1886 et de 5,000 francs pour les cinq mois de son ministère en 1887.

Il est vrai que ses souscriptions aux œuvres de charité mondaine et à tout ce qui relève de la mode l'entraînaient à un gaspillage effréné de nos fonds, et l'on peut constater que pendant qu'il donnait 16,500 francs aux pauvres, il dépensait 61,000 francs pris sur les fonds secrets pour ses réceptions et pour ses voyages, qu'il n'avait pas le droit de prélever sur les fonds secrets. Il n'a jamais dépensé, je l'ajoute, pour la défense des frontières, il n'a jamais dépensé de sommes indiquant une sollicitude comme celle dont il s'est toujours targué avec fracas. Son chapitre des renseignements, le plus important de tous, n'a compris que 294,000 francs pour l'année 1886, soit une moyenne de 24,500 francs par mois, et que 120,000 francs pour les cinq premiers mois de 1887, soit une moyenne mensuelle de

24,000 francs seulement. Ce genre de dépenses a même faibli légèrement de janvier à fin mai 1887, et cela arrache du visage de l'homme le dernier lambeau du masque, parce qu'il a réduit ses dépenses de renseignements — nous nous entendons — en face de l'incident Schnœbelé dont il parle toujours et qui remonte au mois d'avril 1887.

Par conséquent, lorsqu'il a été question de l'incident Schnœbelé, monsieur Boulanger, j'en suis bien fâché, mais je suis obligé de vous le dire à distance, vous avez encore altéré avec audace la vérité, car l'incident Schnœbelé vous a été indifférent, et vous avez liardé, pour y faire face, pendant que vous prodiguiez les fonds de la France et les jetiez par les fenêtres pour vos plaisirs et votre réclame.

Emploi des fonds de réserve.

Voilà pour les fonds secrets. Arrivons, maintenant, aux fonds de la réserve.

J'ai dit qu'il avait sorti de cette caisse, à laquelle aucun ministre français ne voudrait toucher, une somme de 279,000 francs. Il a pris sur cette somme 140,000 francs, donnés sous forme de prêt irrecouvrable, au Cercle militaire. Or, on sait ce qu'était pour lui le Cercle militaire : le général Saussier l'a dit dans sa déposition. Sur cette question, M. le général Saussier répond : « C'est l'opinion générale répandue dans l'armée que la création de ce cercle n'a été pour le général Boulanger qu'un moyen d'augmenter sa popularité. »

Je ne le suivrai pas dans l'emploi illégitime qu'il a fait du surplus de la somme de 140,000 francs. C'est un acte de parfaite indélicatesse ; il n'avait pas le droit d'aller faire le généreux au Cercle militaire en dépouillant la caisse de l'armée. Il l'a fait, c'est indélicat, mais il ne s'est pas approprié les 140,000 francs et par conséquent il n'a été là qu'un faiseur.

Il restait une certaine somme de ces 279,000 francs des fonds de réserve, et alors les comptables ont procédé à une opération toute naturelle et qui s'imposait pour eux : ils ont, comme on dit vulgairement, grapillé et repris de ces fonds de réserve quelques milliers de francs ; ils y ont ajouté des fonds secrets qui par fortune se trouvaient momentanément disponibles, et de tout cela ils ont formé un groupe ou un sac de 30,000 francs, laquelle somme de 30,000 francs a été étiquetée par eux comme appartenant à la réserve et devant être reportée — cela aurait été un remboursement d'autant — dans les fonds de la réserve.

Cette somme de 30,000 francs était si bien sortie des fonds secrets que Reichert, le sous-intendant comptable, en a débité les fonds secrets, parce qu'il y avait là une sortie de fonds. Puis le sac est resté, je ne dirai pas en souffrance mais entre les fonds secrets, dont il était sorti, et la caisse de réserve, dans laquelle il devait être versé.

Le versement matériel, effectif, dans la caisse de réserve n'a pas été opéré ; le sac n'a pas été remis dans cette caisse, dont personne n'a la clef ; mais la somme est restée à part, et M. Desassis, le comptable, l'a étiquetée en mettant : « Ces fonds appartiennent à la réserve », et Reichert, qui, dans cette affaire, a été d'une complaisance, d'une incurie, d'une culpabilité morale très grande, mais que je ne considère pas comme un malhonnête homme, et qui suivant moi a été l'être passif se chargeant de l'enregistrement des vilaines choses, — je suis convaincu qu'il en est sorti les mains vides, telle est du moins mon opinion que je suis heureux de vous faire connaître, — Reichert savait si bien que cette somme de 30,000 francs était facile à détourner, puisqu'elle n'était pas encore au fonds de réserve et qu'elle n'était plus aux fonds secrets, que c'était pour ainsi dire un sac en l'air, Reichert savait cela si bien qu'il a écrit sur ses livres à l'encre rouge et en travers : « Cette somme appartient à la réserve spéciale. »

Par conséquent, aucun doute à cet égard ; c'était bien un fonds de réserve.

La crise ministérielle a éclaté le 17 mai et elle a pris fin le 31 mai. M. Boulanger a remis le service et quitté le ministère le 31 mai ; il a donné à ce moment une décharge générale à Reichert, son comptable. C'est Driant, naturellement, son officier d'ordonnance, l'homme de confiance qui a donné décharge. C'était régulier.

En donnant la décharge de toute la comptabilité en général, M. Boulanger a pris les 30,000 francs de la réserve — il ne s'agit plus de fonds secrets — et les a emportés. Le fait a été nié par lui. Comment donc ! Il a écrit, il y a quelques jours, en se faisant délivrer un reçu de Mondion. Je vous ai fait savoir ce qu'était que Mondion qui a donné la semaine dernière à l'*Intransigeant* un fac-similé de reçu et qui, à ce moment, arrivait d'Angleterre, après avoir lu le modèle ou l'impression du reçu à délivrer et rapportait 3 ou 4,000 francs de Boulanger dans sa poche.

Ce n'est pas une preuve contre. La preuve pour est matérielle. Reichert a délivré le sac de 30,000 francs, le fait est certain ; il a le reçu, et il a remis à M. Driant le sac de 30,000 francs au moment où on lui a donné la décharge.

Au moment où Boulanger partait, qu'avait-il à faire ? Ce que font tous les ministres démissionnaires : à assurer l'expédition des affaires courantes. Il n'avait pas à s'engager dans des dépenses, et s'il avait à en engager, c'étaient seulement des dépenses quotidiennes. Or, je vous affirme — les pièces écrites sont là sous mes yeux — que, d'après la déclaration de Reichert, Boulanger a pris, le 30 et le 31 mai, 1,000 francs d'une part et 2,000 de l'autre, pour faire face à ses dernières dépenses courantes de ministre.

Donc, en dehors de cela, il n'avait rien à payer, et la preuve c'est que jamais il n'a dit à Reichert ce qu'il avait fait de ces 30,000 francs. S'il avait payé quelque chose, Reichert aurait dû l'inscrire dans sa comptabilité ; mais il n'a rien payé, et la preuve c'est qu'il a légué 32,000 francs à payer à son successeur, le général Ferron.

Il a dit au général Ferron : J'ai un arriéré ; j'ai acheté un mobilier — ce n'étaient pas les petits appartements, c'était le vrai, l'appartement de la rue Saint-Dominique — j'ai fait là des dépenses, et je me trouve en retard d'une trentaine de mille francs ; veuillez donc vous en charger sur les fonds secrets à venir.

M. le général Ferron, très galamment, s'est prêté au règlement de la chose, et Boulanger en arrive à dire aujourd'hui, en se heurtant à la déposition du général Ferron : Moi, mais j'ai payé un arriéré avec les 30,000 francs ; j'ai même été obligé d'y ajouter 2,000 francs de ma poche !

Vous voyez l'énormité du mensonge ? il n'a rien payé, il a vécu jusqu'au dernier jour avec les billets de mille francs

qu'on lui donnait quotidiennement sur la demande de Driant,
et ces 30,000 francs n'ont jamais eu le moindre emploi,
parce que jamais sur aucune comptabilité ils n'ont figuré !

Boulanger a emporté les 30,000 francs ; le détournement
est clair comme la lumière du jour, parce que nous voyons
qu'il les prend et qu'il lui est impossible d'en expliquer
l'emploi. Donc, aux termes de la définition du Code pénal, il
se trouvait avoir entre les mains des fonds qui ne lui appartiennent pas, il en a disposé dans son intérêt personnel, il
est coupable d'abus de confiance.

Comptes de fantaisie.

Il l'a très bien saisi, et je crois qu'il faut attendre jusqu'au bout les explications, parce qu'il est possible que le
dernier aveu de Boulanger vous semble un argument décisif.
Boulanger l'a très bien vu ; il a cessé d'être ministre le
31 mai, et il s'est trouvé visiblement très mal à son aise ; il
y avait l'*Autorité* qui l'accusait, en juillet, il y en avait
d'autres encore ; il a senti que sa situation était extrêmement périlleuse au point de vue pécuniaire.

Je vais vous en donner la preuve matérielle !

Au mois de septembre, il était à Clermont ; pourtant très
engagé dans les intrigues politiques, il a trouvé le loisir de
s'occuper de sa situation financière ; il a envoyé Driant trouver le sous-intendant Reichert, et il a chargé ce dernier de
lui établir un compte justificatif.

Nous avons vu ce projet de compte justificatif.

Reichert, pressé de questions par M. le président de la
commission, a été obligé de reconnaître que c'était un compte
de fantaisie, que les justifications n'étaient qu'apparentes,
que des trompe-l'œil.

A ce compte de fantaisie, Boulanger a joint un projet de
lettre au Président de la République pour solliciter un quitus, et il devait aller porter le tout à Mont-sous-Vaudrey.

Boulanger n'a pas fait que cela, et, par une tentative
d'escamotage qui est la meilleure démonstration de sa culpabilité, il a envoyé une note supplémentaire à Reichert ;
dans cette note, il lui dit qu'il serait peut-être bon de faire
comprendre dans le quitus de M. le Président de la Répu-

blique les fonds de la réserve en même temps que les fonds secrets.

Nous savons, nous, gens de palais, que les quittances obtenues ainsi par fraude ne valent pas, et qu'ont peut même y revenir quand il y a une simple erreur dans le compte. Mais quand nous voyons un homme qui a détourné une somme d'argent et qui cherche à extorquer avec des combinaisons de fraude aussi bien caractérisées une espèce de quitus, parce qu'il sait qu'il a besoin d'une ressource suprême, nous avons le droit de dire, comme je l'ai dit tout à l'heure, que Boulanger, au mois de septembre, a plaidé coupable, par la façon dont il a cherché à extorquer au chef de l'État une justification.

Il a senti, sans doute, Messieurs, que cette démarche à faire à Mont-sous-Vaudrey pour demander un quitus était imprudente.

Il avait à faire à un chef d'État qui présidait aux destinées du pays depuis un certain nombre d'années ; qui avait traité plus d'une fois, par conséquent, avec des ministres de la guerre, et nous savons quels généraux nous avons d'habitude pour ministres de la guerre ! On peut dire que le chef de l'État était renseigné sur la façon dont procèdent les hommes honnêtes, d'une haute délicatesse, qui occupent le ministère de la guerre. Il fallait aller chez un homme d'affaires consommé, et il s'exposait à subir un contrôle périlleux !

Alors Boulanger qui, en ce moment-là, espérait son avènement prochain à la dictature, n'a pas osé risquer le voyage à Mont-sous-Vaudrey.

Mais sa tentative de justification criminelle n'en subsiste pas moins ; eh bien, il a fait dire par Dillon qu'il fallait en mettre les preuves en lieu sûr.

Nous avons maintenant, Messieurs, je crois, avec ces pièces une démonstration suffisante, et j'étais fondé à vous dire : Le ministre de la guerre a détourné des fonds secrets ; le ministre de la guerre a détourné des fonds de réserve ; le ministre de la guerre a commis des abus de confiance.

L'affaire des cafés.

Le réquisitoire a brisé l'ordre chronologique ; il était nécessaire de commencer par Boulanger ministre : il faut revenir maintenant aux faits délictueux relevés contre Boulanger lorsqu'il était commandant de corps en Tunisie.

Entre autres amis intimes, j'ai déjà montré que Boulanger avait Buret, son représentant à Paris, celui qu'il chargeait de salir dans la presse certains généraux de l'armée, je vous l'ai montré il y a une heure. J'ai prouvé, pièces en main, leur liaison étroite ; j'ai établi par les lettres de l'accusé, que son confident était chargé par celui-ci de certaines missions politiques. Mais à cette époque, lorsqu'il était en Tunisie, Boulanger était à court d'argent. C'était le moment où il n'avait pu payer les frais de la dernière maladie de son père. Et si Buret n'était pas à court d'argent, il l'était toujours un peu, mais il était souvent en quête d'affaires. Les deux amis se livrèrent donc de compte à demi à deux opérations que nous allons passer successivement en revue.

D'abord, il s'agit de l'affaire des cafés. Buret l'expose ainsi dans sa déposition écrite :

Un sieur Maréchal avait imaginé de préparer des rations de café sous forme de tablettes, ce qui pouvait être une simplification de la préparation du café pour l'armée.

Il s'adressa à moi pour faire expérimenter ce produit, et me promit une commission importante, si je réussissais à lui faire passer un marché avec le ministre de la guerre.

Je m'adressai alors au général Boulanger pour lui demander de faire faire l'expérience de ce produit par les troupes dont il avait le commandement en Tunisie. Il accepta, et il fut convenu entre nous que, si l'affaire aboutissait, nous partagerions la commission qui m'était promise. Cette commission devait être du chiffre de 210,000 francs, et vous devez trouver l'indication de ce chiffre dans une lettre qu'il m'engagea lui-même, pour plus de sûreté, à me faire écrire par M. Maréchal.

Le général Boulanger reçut ensuite les explications personnelles de M. Maréchal, et il m'adressa de Tunisie une dépêche m'annonçant que je pouvais compter sur lui, que l'expérience du café allait être utile.

Cette expérience eût lieu en effet à l'aide de dix mille rations qui lui furent expédiées, mais les résultats n'en furent pas satisfaisants, et les rapports des fonctionnaires sous les yeux desquels elle avait été faite, y furent défavorables.

C'est alors que le général Boulanger, de retour en France, m'adressa une carte pour m'annoncer qu'il n'y avait rien à faire.

Voilà la déclaration de Buret. Si cette déclaration était isolée, je ne l'accueillerais qu'avec une extrême réserve ; mais cette répugnance, notez-le bien, ne pourrait venir que de moi, car Boulanger, lui, n'a pas le droit qu'il a essayé de s'arroger, de déclarer que Buret est un témoin indigne.

Quand vous chargez Buret, par exemple, d'aller dire des infamies sur le compte des généraux Thomassin, Tricoche ou de M. Cambon, vous trouvez que la parole de Buret vaut quelque chose parce que, ce jour-là, elle pourra vous rapporter. Vous êtes donc condamné à la subir comme celle d'un homme qui vous est moralement égal le jour où il vient nous dire quelles ont été avec lui vos relations. Il faut bien que je dise aussi cela : quand on est Boulanger, on n'a pas le droit de discuter les témoignages.

Je vais vous dire pourquoi. Tenez, quoique nous soyons en Tunisie, permettez-moi d'aller pour deux ou trois minutes à Clermont-Ferrand. A Clermont-Ferrand, Boulanger y arrive au mois de juillet. Quatre jours après son arrivée, il vient clandestinement à Paris. Il le nie, et, pour faire croire qu'il n'est pas à Paris pendant qu'il y est, il écrit à un de ses amis, M. Laur, une lettre destinée à la publicité, un manifeste politique, et il le date du 14 juillet. Voilà la sincérité de l'homme ! Lorsqu'il va se faire interroger par certains journalistes pour calomnier le ministre de la guerre à propos de l'affaire Caffarel, le ministre lui dit : « Oui ou non, est-ce vous qui avez répondu cela aux journalistes ? »

Savez-vous ce qu'il a répondu ?

Mais je ne sais pas de quels journaux vous voulez parler ? Le *Matin* ? « Je ne connais pas le *Matin* à Clermont. » Or, le ministre lui répond par ce télégramme, qui pour tout autre eût été très cruel et qui, pour lui, n'était que juste :

On lit le *Matin* à Clermont dans les journaux qui le reproduisent. Voilà la réponse que je vous convie à me faire avant neuf heures et demie : Oui, c'est moi qui ai dicté l'article, ou : non, ce n'est pas moi qui l'ai dicté.

Et, à neuf heures et demie moins cinq minutes, Boulanger répond :

« Oui, je suis l'auteur de l'article. »

Voilà la sincérité de l'homme !

Plus tard, Boulanger se trouve interpellé sur la question des voyages clandestins de Paris. Il donne sa parole au ministre qu'il ne viendra pas à Paris sans permission, il la lui envoie par une lettre antidatée, et au moment où il écrit cela, il y est caché à l'hôtel du Louvre.

Il se porte candidat aux élections et il écrit au ministre : « Je donne ma parole l'honneur que je ne m'occupe pas de politique. » Voilà l'homme. Sa vie tout entière n'est qu'un mensonge.

Et lorsque je trouve devant moi la déposition de Buret et la déclaration de Boulanger en opposition à ce témoignage, j'ai le droit de dire : La déposition peut être combattue par des magistrats qui ont peur de se tromper ; mais vous, Boulanger, vous êtes condamné à vous incliner devant elle. Voilà la déposition de Buret ; je la trouve insuffisante pour moi. Je vais donc chercher si cette déposition s'appuie sur des faits matériels.

Nous avons d'abord la déposition d'un homme qu'il est inutile de nommer, quoiqu'il ait joué dans cette affaire un rôle parfaitement honorable.

Il a été bailleur de fonds, et sans connaître l'emploi qui devait être donné à son argent, il est resté à découvert envers l'entreprise de Maréchal qui lui semblait bonne : c'est à ce titre qu'il s'est trouvé en relation avec l'intermédiaire et même avec le général Boulanger ; car, à cette époque, il faut bien le reconnaître, tout galant homme pouvait bien se trouver avec le général Boulanger, dont le masque n'était pas levé.

Voici donc ce que dit ce témoin très honorable :

J'ai été mis au courant de l'affaire de M. Maréchal par un des mes amis, M. Lange, qui me proposa de m'y intéresser avec lui. J'acceptai et il fut convenu que je ferais toutes les avances nécessaires au succès de l'affaire et que nous en partagerions les bénéfices.

Des négociations ont été suivies pendant plusieurs années pour faire accepter par le ministère de la guerre le café de M. Maréchal ; mais elles ont échoué, et j'ai dû passer par profits et pertes les avances que j'avais pu faire et qui s'étaient élevées à 40,000 francs.

Je dois dire cependant que j'ai été remboursé de la moitié de ces avances par les héritiers de M. Lange, qui était mon cointéressé.

D. — Pouvez-vous dire si le général Boulanger s'est occupé de cette affaire, et quelles auraient été vos relations avec lui au cours de ces négociations ?

B. — Je sais que le café de M. Maréchal a été expérimenté dans le corps de troupes en Tunisie, alors que le général Boulanger en avait le commandement. Et j'ai eu l'occasion de m'entretenir avec lui du résultat de ces expériences, particulièrement après sa rentrée en France, pendant la période qui doit être comprise entre le mois de juillet 1885 et son avènement au ministère.

Je me rappelle même avoir accepté dans ce but une invitation à dîner chez un M. Buret, qui était l'ami du général Boulanger, et dans la maison duquel je devais me rencontrer avec ce dernier. Nous dégustâmes la préparation de M. Maréchal à la fin du repas, et je reçus les renseignements que M. Buret m'avait fait espérer. Notre conversation porta d'ailleurs sur beaucoup d'autres sujets que sur celui qui avait fait l'objet précis de cette entrevue.

D. — Connaissiez-vous M. Buret avant cette acceptation d'aller dîner chez lui ?

R. — Je ne connaissais pas M. Buret avant d'accepter son invitation. J'avais pris des renseignements sur lui, et ces renseignements ne lui avaient pas été alors défavorables. J'ai, du reste, rendu plus tard à M. Buret sa politesse en lui envoyant une pièce de vin.

D. — N'avez-vous pas été surpris que le général Boulanger vînt ainsi dans une maison tierce pour s'entretenir avec vous d'une affaire de cette nature ?

R. — L'intimité des rapports qui existaient entre le général Boulanger et M. Buret, d'après ce que m'avait dit ce dernier, était une explication suffisante, et je constatai, en effet, que l'affirmation de cette intimité n'avait pas été exagérée : car le général et M. Buret se sont tutoyés pendant toute la durée du repas auquel j'ai assisté.

Grâce à cette déposition, nous avons, comme vous le voyez, la preuve que Buret a dit la vérité.

Lisons maintenant une lettre de Maréchal qui, lui, a été l'inventeur de ce café en tablettes, et qui cherchait à le faire adopter dans l'armée, ce qui eût été pour lui la fortune.

Ce 28 juillet 1885.

A Monsieur Buret.

Cher monsieur,

J'ai reçu hier votre télégramme consolateur, et je suis heureux de partager votre confiance dans le résultat final qu'il m'annonce, puisqu'il s'agit d'un homme dont j'ai si grand besoin pour ma fabrication.

En attendant que je redevienne libre de mes mouvements et pour répondre au désir de « G. » — c'est une grande lettre entre guillemets — que vous me manifestez dans votre télégramme, je viens vous répéter ici ce que je vous ai dit de vive voix, savoir : que je m'engage et m'oblige à vous verser la somme de 210,000 francs aussitôt que mes rations réglementaires de café et sucre seront adoptées pour les armées françaises.

Il est bien entendu qu'il ne s'agit que de la consommation réglementaire.

Je crois bien que c'est là ce qui a été convenu. Dites-moi, je vous prie, si je ne me trompe pas et si je vous trouverai jeudi prochain, à midi, chez vous.

Voilà la lettre de Maréchal. Encore trois points acquis en dehors de la déposition écrite de Buret :

1º Buret devait recevoir une commission de 210,000 francs ; c'est acquis ; c'est Maréchal qui la promet ; et, comme cela va coûter à Maréchal 210,000 francs, il faut que cela soit deux fois vrai pour que Maréchal le dise ;

2º Buret devait partager cette commission avec un tiers, et ce tiers exigeait un engagement écrit — cela vient d'être dit dans la lettre — « pour satisfaire au désir de notre ami ».

Ce tiers était désigné par Maréchal sous l'initiale G.

G. Désigne-t-il Boulanger, qui signait presque tous les jours les écrits de cette période : G. B., ou bien, comme on l'a dit, M. Granet, député ?

M. le président de la commission d'instruction a entendu M. Granet comme témoin pour savoir si c'était de lui qu'il était question. Voici, sur ce point, la déposition textuelle de M. Granet :

Je remercie la commission d'instruction d'avoir bien voulu me permettre de lui donner des explications sur les conditions dans lesquelles mon nom aurait été indiqué dans les dépositions ou documents qu'elle a reçus.

J'ai été mis en rapport avec M. Maréchal, non par M. Buret, mais par une personne fort honorable. M. Maréchal, après m'avoir exposé les propositions qu'il devait soumettre à l'administration de la guerre, me demanda une introduction auprès de M. général Campenon.

Je la lui donnai, et depuis ce moment, dans aucune circonstance, je n'entendis reparler ni ne reparlai moi-même de cette affaire.

Là se bornent mes rapports avec M. Maréchal, qui est mort.

Voilà la déposition de M. Granet. N'est-ce pas assez ? Il déclare que ce n'est pas lui qu'on a désigné sous l'initiale G.

Admettons que ce ne soit pas assez — je ne dis pas cela à cause de M. Granet, mais à cause de la difficulté de lire le mot de Boulanger sous l'initiale G ; eh bien ! cherchons autre chose.

Qui pouvait autoriser ou patronner l'expérience dans un corps de troupes? Voyons ! Qui est-ce qui pouvait, dans une division d'occupation, autoriser l'emploi ou la tentative d'emploi de rations quelconques? Ce n'était certainement pas M. Granet; il fallait bien que ce fût un général exerçant un commandement sur ces troupes. Voilà, je crois, un argument de bon sens.

Ajoutons ceci : Quel général commandant des troupes était-ce? Le témoin, bailleur de fonds, vous l'a appris tout à l'heure : c'est le général qui commandait les troupes de Tunisie qui devait autoriser l'expérience.

Quel était le général commandant en chef de Tunisie? C'était bien celui qui signait d'habitude G. B., c'est-à-dire Boulanger.

Mais il y a mieux.

C'est, veuillez bien le remarquer, le 28 juillet 1885 — le 28 — que Maréchal promet 210,000 francs pour répondre au désir de G.

Or, treize jours avant, c'est-à-dire le 15 juillet, Boulanger envoyait de Tunis à Buret un télégramme commençant ainsi :

Tunis, 15 juillet, 6 heures 55 du soir. — Reçu lettre du 11 ; merci. Comptez sur moi pour café.

Ah! commençons-nous à voir clair?

Mais ce n'est pas tout, et je demande à la Haute Cour de vouloir bien me faire encore crédit de quelques minutes d'attention.

Toutes les opérations de ce genre font, on le sait, pulluler les courtiers et les intermédiaires. C'est ainsi qu'on voit bientôt, dans l'affaire des cafés, apparaître, non pas M. Granet, mais un sieur Aragon, lequel va beaucoup écrire à Buret et que nous avons voulu entendre comme témoin. Il n'est pas mort comme Maréchal, mais il a été porté disparu ou sans domicile connu sur les registres de la police. Il va beaucoup écrire à Buret en se représentant comme l'intermédiaire des fabricants de café.

Dans une lettre en date du 12 août, — c'est le mois qui suit le télégramme de Boulanger disant : « Comptez sur moi pour café, » — il gourmande Buret de ses lenteurs et fait remarquer que Maréchal et Pelletier, qui était un autre fabricant, ont déjà consenti de grosses sorties de fonds et qu'ils ne consentiront à « aller de l'avant » que si l'on éclaire au préalable M. Pelletier « sur l'emploi discrètement indiqué par Buret de deux fois 3,000 francs (dont un tiers de chacun) à lui légitimement dévolus ».

Comment! Il faut éclairer les fournisseurs qui veulent obtenir un privilège sur l'emploi discrètement indiqué par Buret des deux fois 3,000 francs légitimement dévolus? Mais Buret a donc reçu 6,000 francs dont il devait conserver la moitié? Je ne puis comprendre autrement en lisant cette lettre : il a reçu 6,000 francs à titre de pot-de-vin ou à valoir.

Il allègue, sur ce point, que ses souvenirs sont trop vagues. Peut-être — cela se voit dans ce genre d'affaires — la peur d'être inculpé comme complice explique-t-elle suffisamment son défaut de mémoire.

Mais la lettre adressée à lui-même est une preuve indéniable du fait. Il est certain qu'on y fait allusion à une somme de 6,000 francs qui a été envoyée à Buret, somme de 6,000 francs qui, divisée par 2, donne deux fois 3,000 francs. Buret avait donc à partager avec quelqu'un.

Avec qui avait-il à partager? Ce n'est pas avec M. Granet; il n'est pas question de lui dans la lettre d'Aragon. Il ne s'est d'ailleurs jamais agi que de favoriser celui qui pourrait être favorable aux expériences dans la division de Tunisie.

Par conséquent, si nous cherchons ce que veut dire la lettre d'Aragon, nous sommes bien conduits à supposer que cette lettre indique un pot-de-vin de 6,000 francs qui a été divisé entre deux personnes.

Cependant la commission d'administration a rejeté les cafés en tablettes présentés par Maréchal au ministre de la guerre. Alors lettre de Boulanger à Buret :

J'ai reçu les rapports que j'attendais. Ils sont en tout point défavorables. Il n'y a rien à faire.

Mais je tiens à vous les faire lire, afin que vous puissiez constater par vous-même avec quel soin les expériences ont été conduites.

Venez donc me voir, soit demain, soit après demain, de 10 à 11 heures.

Ainsi, vous voyez là Boulanger, général de division, qui

prend la peine de s'excuser auprès de Buret et qui cherche à se justifier devant lui parce que l'affaire des cafés n'a pas réussi. Et quand nous le voyions, tout à l'heure, lui envoyer une dépêche en disant : « Comptez sur moi pour les cafés, » que, d'autre part, nous voyons Maréchal promettre un pot-de-vin de 200,000 francs à partager entre Buret et la personne qui, dans l'armée de Tunisie, pouvait faire expérimenter ses cafés, je crois que nous ne devons pas être plus longtemps gênés par l'initiale G., et que nous devons reconnaître que celui qui a pu partager avec Buret ne pouvait être que le général de Tunisie.

Mais il y a encore mieux, et c'est par là que je vais terminer. Lorsque l'affaire s'est écroulée, Aragon a poussé un cri de colère. Regrettant à ce moment l'argent qu'il avait dépensé, il s'adressait à Buret en ces termes :

En présence de ce délabrement, je me demande forcément aujourd'hui qu'est-ce que M. Boulanger a fait en notre faveur pour le lancement de l'innovation et à quoi à servi l'immixtion de M. Granet.

Les 6,000 francs, divisés en deux, de l'origine n'auraient donc servi à rien du tout !

Quand l'affaire est finie, voilà donc Aragon qui déclare qu'à l'origine on a donné un pot-de-vin à valoir de 6,000 francs, et qui dit : Mais, alors, qu'est-ce que le général Boulanger a fait pour nous? Les 6,000 francs de l'origine n'ont donc servi à rien ?

Affaires des épaulettes.

J'arrive au second fait. C'est une affaire de marché d'épaulettes.

Je vais procéder de la même façon et vous faire connaître la déclaration de Buret; nous procéderons ensuite à son contrôle. Voici ce que dit Buret :

L'épaulette avait été supprimée dans l'armée du général Lewal pendant le cours de son ministère de la guerre. Cette mesure engageait gravement les intérêts de M. Dupuy, qui avait un important stock d'épaulettes fabriquées en magasin et qui perdait l'espoir de les voir acheter par l'administration de la guerre.

Le sieur Dupuy s'adressa à moi pour que je tâchasse de lui faire prendre ces épaulettes, en profitant de ce que la mesure prise par le général Lewal autorisait provisoirement le maintien de l'épaulette dans tous les corps où l'on portait encore le shako.

Il me promettait de me donner 20 centimes par paire d'épaulettes si je lui faisais vendre 2 francs la paire.

Je m'entremis encore auprès du général Boulanger pour m'assurer son concours et lui offrir de partager avec lui la commission promise, ce qu'il accepta. Il me demanda, comme dans l'affaire du café, de me faire donner un engagement en règle, et lorsque M. Dupuy eut régularisé sa promesse, il se mit à l'œuvre et me fit savoir, par diverses lettres et dépêches, qu'il s'employait activement au succès de notre entreprise.

Il nous avait donné à M. Dupuy et à moi le moyen de nous présenter aussi utilement dans les bureaux du ministère de la guerre en nous recommandant à la bienveillance des généraux Mercier et Gervais, ainsi qu'en témoignent deux télégrammes que vous devez avoir en main.

Voyons maintenant si l'on peut contrôler utilement cette déclaration, et commençons par la déposition de Dupuy, celui qui avait des épaulettes en mains ; voici ce qu'il dit :

Lorsque, sous le ministère du général Lewal, l'épaulette fut supprimée dans l'armée, je fus très préoccupé de cette mesure, qui menaçait de me laisser pour compte un stock important d'épaulettes fabriquées en vue des livraisons à faire au ministère de la guerre.

Je rencontrai alors par hasard dans une maison tierce M. Buret, qui me fit ses offres de service, me parla de hautes influences qu'il pouvait mettre en œuvre, et me fit espérer de pouvoir me faire acheter ma marchandise, soit en obtenant la rétractation de la mesure prise par le général Lewal, soit en profitant de ce que cette mesure comportait le maintien temporaire de l'épaulette dans tous les corps de troupes qui avaient encore le shako.

J'acceptai les offres de M. Buret, et c'est ainsi que j'ai été en relation avec lui pendant un assez long laps de temps.

Je sus par lui qu'une des influences qu'il comptait faire agir dans mon intérêt était celle du général Boulanger. Il me parla aussi de M. Granet, de M. Clémenceau et de plusieurs autres. Je ne puis dire, d'ailleurs, s'il était bien exact que M. Buret fût en situation d'obtenir le concours des personnes diverses dont il put citer les noms ; je me borne à reproduire ses dires.

Le témoin, dans la fin de sa déposition, après avoir dit qu'il ne sait pas à qui Buret voulait s'adresser pour avoir un appui certain au point de vue de la vente des épaulettes, dit qu'on lui a bien indiqué que Boulanger pouvait être une de ces bonnes influences à faire agir, mais qu'on avait nommé aussi M. Granet et un ou deux autres députés, et qu'en définitive il ne pouvait pas formuler une accusation contre Boulanger.

Il a donc procédé avec une extrême réserve, tout en disant que le général Boulanger était une des personnes sur lesquels Buret comptait pour lui faire réaliser son opération.

On a naturellement entendu comme témoin M. Granet.

M. Granet avait encore été non pas pris à partie, mais indiqué comme pouvant, par son nom, couvrir le général Boulanger comme dans l'affaire des cafés.

M. le président de la commission d'instruction a reçu la déposition que voici sur ce point :

> Quant à M. Dupuy, je ne l'avais jamais vu avant la fin de l'année 1887. Je me souviens cependant que M. Buret me pria très instamment de rappeler au souvenir du général Boulanger, alors ministre de la guerre, une réclamation de M. Dupuy. Je le fis.
>
> Le général me répondit qu'il s'était imposé comme une règle invariable et absolue de ne traiter directement aucune réclamation d'entrepreneur ; que celle-ci, comme toutes autres, serait examinée par la direction compétente, et qu'il adopterait la solution proposée par le service.

La première ligne de cette déposition me paraît décisive, ou il faudrait dire alors que M. Granet a trompé la commission d'examen, et a prêté, avec l'intention de mentir, le serment de dire la vérité.

M. Granet affirme qu'il n'a été en relation avec Dupuy qu'en 1887 ; il ne pouvait donc pas servir, en 1885, d'intermédiaire entre Dupuy et Buret, qui était l'homme de Dupuy à cette époque.

Ce n'est pas tout. Dupuy n'a pas livré à la justice seulement sa déposition en 1885. En 1889, Dupuy dit : « C'était peut-être Boulanger ou Granet ; » mais nous allons voir ce qu'il a dit en 1885 : nous avons sa correspondance avec Buret, et elle va être instructive :

Paris, le 25/4 1885.

Monsieur Buret, Paris,

> Lundi, je vous donnerai tous les détails de l'affaire dont je vous ai parlé, mais je crois qu'il est bon que nous réservions ces moyens-là pour mon projet « galon ».
>
> Téléphonez-moi aussitôt après votre visite au grand chef, ce qui ne m'empêchera pas d'aller vous voir vers 3 heures aux Arcades.
>
> Je vous serre la main.

Signé : E. Dupuy.

On sait que Boulanger, à cette époque, venait souvent à Paris. Il n'y avait donc rien d'étonnant à ce qu'il s'y trouvât à ce moment.

Autre dépêche de Dupuy à Buret.

M. Buret, rue de la Voie-Verte, 57,
Paris-Montrouge.

Cher monsieur, j'ai vu mon homme; rien à faire; il ne connaît que très peu le général; voyez donc si vous devez attendre le retour de Tunis et avisez-moi de (?) décision.

Je vous serre la main.

Signé : DUPUY.

Rapprochons de ces deux dépêches une ligne de sa déposition :

Je sus par lui qu'une des influences qu'il comptait faire agir dans mon intérêt était celle du général Boulanger.

Ah ! je crois que voilà quelque chose qui va nous expliquer le mot qu'il a prononcé plus tard : « Il faut voir le grand chef, » et le mot qu'il a encore prononcé plus tard : « Il faut attendre le retour de Tunisie. »

Incontestablement, M. Granet, qui pouvait être un député influent, n'est pas, quand il s'agit d'épaulettes dans les régiments, un grand chef. Incontestablement, M. Granet n'a point à opérer, lorsqu'il siège au Palais-Bourbon, son retour de Tunisie.

Par conséquent, il ne s'agit pas de M. Granet, mais bien pour Dupuy, auquel on l'avait promis comme un protecteur naturel de quelqu'un qui, en matière d'épaulettes, c'est-à-dire en matière militaire, était le grand chef dont on attendait le retour de Tunisie, c'est-à-dire du général Boulanger.

Je crois, Messieurs, qu'il y a là une probabilité dont il faut bien tenir compte. Mais Dupuy ne s'en tient pas là, lui; il propose la commission exactement dans les termes rapportés par Buret.

Première lettre. — 10 août.

... Je crains un échec. Dans tous les cas, vous savez que si vous me faites vendre mes épaulettes au prix de 2 francs, il y a 20 centimes par paire pour vous.

Deuxième lettre.

Je crois que vous, personnellement, avez confiance en ma parole; mais il se pourrait que votre ami n'ait pas cette même confiance. Je tiens à aller au-devant de ses suppositions de doute sur mon compte, c'est-à-dire que je suis prêt à vous écrire une lettre m'engageant formellement.

Il est très important pour moi de savoir s'il y a sérieux espoir.

Remarquons cette dernière ligne et lisons une autre dépêche de M. Dupuy.

Paris le 26/2 (*sic*) 1885.

Mon cher ami,

Ce que je désire au sujet de mes épaulettes, c'est d'être présenté à M. Varnet, chef du cabinet du ministre de la guerre, pour l'entretenir... etc.....

Ces demandes d'espoir et de recommandations ne peuvent s'appliquer, suivant moi, qu'à un absent, ami particulier de Buret, et non à M. Granet, qui était sur place et dont on pouvait solliciter l'appui direct et immédiat.

Dupuy avait été en rapports personnels avec M. Granet, qui habitait Paris; et, pour arriver à lui, Il n'aurait pas eu besoin d'intermédiaire, il n'avait qu'à aller le trouver chez lui en le priant de lui ouvrir les portes du ministère.

Il s'agit donc en ce moment d'une personne qui était absente, qui n'était pas Granet, qui était un grand chef et qui était en Tunisie. Voilà les probabilités.

Eh bien, voilà la preuve maintenant que ce n'est pas de M. Granet qu'il s'agit quand on parle d'un ami qui doit partager la commission, mais s'est justement de Boulanger lui-même qui donne les recommandations désirées par Dupuy.

En effet, quand Dupuy à voulu être recommandé aux généraux du ministère de la guerre, quelle est la réponse de Buret?

Premier télégramme (du général Boulanger à Buret) :
Je prie le général Mercié d'accueillir M. Buret avec sa bienveillance habituelle. Tunis.

Général BOULANGER.

Deuxième télégramme de Boulanger à Buret :

Suis persuadé que le général Gervais vous réservera toute sa bienveillance quand vous lui ferez passer le présent télégramme. Meilleures amitiés. Tunis.

Général BOULANGER.

Ainsi voilà qui est bien acquis. Lorsque Dupuy a besoin d'être recommandé au ministère de la guerre, on a beau essayer de glisser le nom de Granet pour donner le change; ce n'est point du tout à M. Granet qu'on s'adresse.

La preuve, c'est que c'est Boulanger qui envoie de Tunis

la recommandation demandée, et la réponse fait évidemment
deviner le nom du destinataire, de celui qui l'avait demandée.

Ce n'est pas encore tout. Boulanger a écrit à Buret de
Tunisie une petite lettre ainsi conçue, et qui nous tire des
doutes dans lesquels nous aurions pu peut-être nous égarer
encore quelques instants.

Lettre de Boulanger; Tunis, à Buret.

Paris 16 avril 1885.

Je viens de recevoir votre télégramme. J'écris par ce courrier pour
M. Dupuy... » Ah! voilà le mot de l'affaire. — « ... non pas au ministre lui-même, mais à quelqu'un qui à l'oreille du ministre. Vous pouvez compter sur moi en ceci comme en toute occasion... » Et plus
loin : Brûlez cette lettre. »

Cinq jours après, le 21 avril, voilà une nouvelle lettre de
Boulanger à Buret, expédiée de Tunis :

Confidentielle. — J'ai écrit pour les épaulettes Dupuy...

Votre ami dévoué,

Général BOULANGER.

C'est donc bien lui, messieurs, qui s'est occupé confiden-
tiellement avec son cher Buret de l'affaire des épaulettes
Dupuy. C'était bien lui l'ami qui partageait les 20 centimes
qu'on devait parfaire au nommé Buret. On ne trouve nulle
part M. Granet, — je ne dis pas cela pour le défendre, je
n'ai pas à m'occuper de lui, — j'en parle seulement parce
que c'est l'objection vivante avec laquelle on a cherché à
obscurcir l'affaire.

Renseignements de moralité.

A titre de renseignements de moralité, la commission a re-
nouvelé un certain nombre de faits dont quelques-uns pourraient
être déférés à l'autorité militaire.

Nous avons notamment trouvé dans la déposition de
M. Trélat, le fils de l'ancien ministre des travaux publics,
directeur de notre école nationale d'architecture, homme
bien connu et bien respecté, la révélation d'une tentative de
trafic de décorations pratiquée de compte à demi — je vais
encore ici le trouver en regrettable compagnie — entre
Boulanger, alors ministre, et M. Vergoin.

Quand j'aurai lu cette déposition, messieurs, personne ne

trouvera singulière la façon dont je parle des gens qui en sont l'objet.

Je fus accosté, dit M. Trélat, par un de mes amis dont il m'est impossible de révéler le nom. Cet ami m'entretint de deux faits dans lesquels le général Boulanger avait été mêlé :

Le premier était relatif à une demande pressante d'argent (4,000 francs), dont M. Vergoin, député, avait été l'intermédiaire.

M. Vergoin s'était adressé à un employé du ministère des travaux publics ou du commerce (connu dans ce milieu-là pour ses relations boulangistes) de la part du général Boulanger pour obtenir cette somme de 4,000 francs.

Cette tentative n'ayant pas réussi, à cause de la répétition des demandes du même genre qui s'étaient produites et auxquelles satisfaction avait été donnée, M. Vergoin vint alors proposer au même employé du ministère une affaire d'une autre nature :

Il s'agissait d'une somme de 80,000 francs à fournir contre une décoration qu'on promettait à un riche industriel de Lille.

L'intermédiaire exigeait un engagement formel, qui lui fut fourni par une lettre du général Boulanger. Mon ami a vu et lu cette lettre, et il a parfaitement reconnu l'écriture et la signature du général Boulanger.

Cette affaire, néanmoins, n'eut pas de suites, parce que, dans la pensée des personnes qui s'entremettaient, dans l'intérêt du général Boulanger, elle devait recevoir une prompte solution, et que, lorsqu'on se présenta à Lille pour obtenir la réalisation de la promesse d'argent, l'industriel en question avait quitté Lille, et était parti pour la Hollande.

Quelque temps après, lorsque l'affaire Caffarel éclata, l'employé du ministère dont j'ai parlé plus haut se précipita chez l'intermédiaire qui détenait la lettre du général, et lui demanda, avec une grande émotion, de la lui remettre.

A ce moment, la lettre avait déjà été détruite sur les conseils qui avaient été donnés à l'intermédiaire en question par mon ami, qui l'avait constamment engagé à ne pas s'engager dans une affaire de cette sorte.

D. — L'intermédiaire dont vous venez de me parler était-il intéressé à la négociation de l'affaire ?

R. — Oui. D'après les déclarations de mon ami, il devait recevoir 20,000 francs à titre de commission.

D. — Permettez-moi d'insister et de vous demander s'il vous est absolument impossible de faire connaître le nom de la personne de qui vous tenez ces récits ? »

M. Trélat déclare alors qu'il s'agit d'un vieillard dans l'indigence, qui perdrait sa place si son nom était révélé; il demande seulement à se porter fort pour lui, sans le nommer.

On voit s'entr'ouvrir ici tout un horizon ; et l'on doit se souvenir que, dans les renseignements que j'ai lus sur la femme Pourpe, il était question de relations entre cette femme et la dame Limouzin.

Voilà un fait; vous apprécierez, messieurs, s'il ne contient pas la révélation du trafic d'une décoration, et si ce ministre de la guerre n'a pas écrit une lettre afin d'arriver à vendre la croix de la Légion d'honneur pour avoir sa part dans une somme de 80,000 francs.

Le réquisitoire expose sommairement l'affaire du *Bulletin officiel du Ministère de la guerre* où Boulanger aurait poursuivi une vengeance contre Baudin, représentant de la maison Dumaine, qui était propriétaire du *Journal militaire*. Boulanger aurait changé, sans prévenir personne, les clauses du cahier des charges, de façon à faciliter l'adjudication du *Bulletin* à son ami Lavauzelle, qu'il fit décorer ultérieurement par le ministre du commerce.

L'outillage des fusils Lebel.

M. le procureur général passe à l'affaire d'un achat d'outillage de guerre en Amérique.

Nous avons, à cet égard, le récit d'un des hommes les plus considérables de l'armée, qui a été très discret et très réservé, mais qui a laissé percer sa pensée entre les lignes, et qui, par conséquent, nous a très bien renseigné sur les agissements probables de Boulanger ; et c'est dans un fait de ce genre que l'autorité militaire, si jamais il est question de réunir un conseil de guerre, pourra bien trouver la base d'une de ces condamnations terribles qui empêcheront l'ancien général de porter plus longtemps sur sa poitrine la croix qu'il y porte encore aujourd'hui.

Boulanger, à un certain moment où on n'était pas du tout menacé de la guerre, voulut, dans un intérêt de réclame, multiplier et augmenter considérablement la production du fusil Lebel.

Comme la fabrication des fusils en France était assez lente, il a chargé M. le général Gras, alors colonel, et deux ou trois officiers considérables, constitués en commission militaire, de procéder en Amérique à l'achat d'un outillage spécial.

En matière de fabrication d'armes à feu, M. Gras n'a point besoin d'être conduit avec des lisières; cependant, Boulanger chercha à lui en mettre.

20

La commission étant sur le point de partir, il dit à M. « Gras : J'ai deux de mes amis, des Américains, qui pourront, là-bas, vous servir très utilement comme guides et comme interprètes ; mais ils ne sont pas ici dans ce moment. Partez toujours ; si c'est possible, je les enverrai vous rejoindre. »

Lorsque M. Gras et ses compagnons arrivèrent à New-York, ils y trouvèrent un télégramme du ministre de la guerre qui leur disait : La personne dont je vous ai parlé va arriver par le prochain paquebot.

Les membres de la commission attendaient un Américain ; ils virent arriver un Parisien qui ne savait pas un mot de la langue du pays et qui par conséquent ne pouvait en aucune façon leur servir d'interprète ; la preuve, c'est qu'il leur dit : « Je vous amène mon interprète. » Ce personnage, avant de se présenter au consulat de France pour y rejoindre les membres de la commission, était allé chez le directeur d'une importante manufacture d'armes de New-York, à qui il avait annoncé la visite de nos officiers en lui disant que nous avions un besoin très pressant d'acheter le matériel en question, comme s'il était poussé par le désir de nous le faire payer le plus cher possible.

Le colonel Gras, flairant un aventurier, demanda des renseignements par télégramme à un de ses compagnons d'armes et de ses collègues au ministère, et cet officier, qui, si j'ai bonne mémoire, était le général Nimes, lui apprit que la personne à qui M. Boulanger confiait le soin de conduire notre mission militaire passait à Paris pour être, on ne disait pas un homme indélicat, mais un brasseur et un lanceur d'affaires.

M. Gras ne s'avança donc qu'avec beaucoup de prudence ; et, comme on l'avait mis en rapport avec un fabricant qui, connaissant les besoins de la France, cherchait à faire payer ses marchandises très cher, le colonel fit très grise mine à ce Parisien qui lui était adressé comme Américain, et il cherchait à l'éloigner par une attitude très digne, très courtoise, mais empreinte d'une froideur telle qu'il n'y avait pas à se méprendre sur ses sentiments.

Ce monsieur s'est alors retiré. M. Gras, délivré de la personne que Boulanger lui avait donnée comme tuteur forcé, a parfaitement accompli sa mission, comme il accomplit toutes celles dont il est chargé.

Quand il revint à Paris, il fut reçu par le ministre de la guerre, le général Boulanger, et M. le colonel Gras pouvait croire que la première question de M. le ministre de la guerre serait relative à l'armement, et qu'un si chaud patriote lui demanderait, par exemple, si, à l'aide de l'outillage venu d'Amérique, on pourrait bientôt donner des armes à nos braves soldats.

Eh bien, il n'en a rien fait, et quand M. Gras eut été introduit dans le cabinet du ministre, celui-ci lui dit, pour première interrogation, en lui faisant remarquer que c'était confidentiel : « Avez-vous vu un tel? En avez-vous été content? Dites-moi donc s'il a reçu une commission. »

Voilà des faits qui peuvent paraître assez curieux, surtout quand on sait, — et aucun de nos officiers généraux, aucun de nos anciens ministres ne l'ignore, — que nos missions militaires, quand il s'agit d'opérations de cette nature, adressent des rapports au ministre, et que la première chose qu'on fait au ministère, c'est de classer ces rapports dans les archives.

Ce sont, en effet, des pièces de la plus haute importance.

Eh bien, les pièces de la mission Gras ont disparu pendant que Boulanger était ministre de la guerre.

On n'a jamais pu s'expliquer cette disparition; et le général Gras, interrogé, a déclaré, en premier lieu, que lui, qui avait toujours fait son devoir, l'avait encore fait dans cette occasion, en déposant toutes ces pièces, télégrammes et rapports, au ministère; qu'elles y avaient été adressées de la façon la plus régulière; en second lieu, qu'il lui était bien difficile de comprendre qu'au ministère de la guerre on ne les eût pas classées; des documents de ce genre, en effet, ne sont point la propriété du ministre; ils sont chose sacrée, absolument comme les fonds de la caisse de réserve.

Eh bien, ces pièces, qui contenaient une partie de l'histoire de notre armement national, ont suivi le même chemin que les fonds de la caisse de réserve; elles ont disparu pendant que le seul maître au ministère était l'homme qui avait demandé si le sieur X... avait reçu une commission !

Le réquisitoire cite enfin : 1º une affaire relative à la création d'une banque d'État en Tunisie, au sujet de laquelle M. Benoît-Champy, interrogé par le président de la commission d'instruction, a déclaré que Boulanger ayant été général à Tunis devait avoir une influence prépondérante au conseil des ministres, et qu'en donnant quelque argent aux journaux qui soutenaient sa politique et lui faisaient de la réclame, on avait pensé qu'on pourrait trouver le moyen de lui être agréable ; 2º le fait des lits militaires où la ratification d'un traité passé avec la maison Lecerf et Sarda aurait été refusée par le ministre de la guerre au dernier moment, bien que l'intendance l'eût accepté. Une société concurrente, la société Laffitte et Cᵢₑ, avait essayé d'obtenir de MM. Lecerf et Sarda la renonciation à leur traité moyennant le versement de sommes considérables. Des négociations auraient été entreprises alors avec Boulanger par la société Laffitte, et c'est ainsi que le traité Lecerf n'aurait pas été ratifié.

Je n'ai pas besoin, messieurs, d'aller plus loin, je veux seulement me résumer et vous dire : Vous êtes compétents pour le détournement relatif aux 24,000 francs, parce qu'il est connexe au complot ; mais vous n'êtes pas compétents quant aux autres faits. Vous êtes compétents, quoique le détournement ait été accompli par un homme qui, en même temps qu'il était général, était ministre, en vertu du principe de la connexité. Ne vous laissez pas arrêter par des objections qui se sont élevées.

Les ministres, messieurs, se trouvent dans une situation prévue par notre Constitution de 1875.

Lorsque la Chambre des députés les met en accusation, ce qui est son droit de par la Constitution, c'est la Haute Cour qui doit les juger. Mais, puisque c'est un cas limitativement prévu, et, par conséquent, exceptionnel, lorsque les ministres ne sont pas mis en accusation par la Chambre des députés, ils sortent du droit d'exception pour rentrer dans le droit commun ; et la conséquence en découle tout naturellement, c'est qu'ils appartiennent à leurs juges naturels : car, autrement, ils n'appartiendraient à aucune espèce de juridiction ; et alors il y aurait, ce que nos lois modernes ne veulent pas, une classe de citoyens assurée de l'impunité.

Les juges naturels sont, si les ministres sont des mi-

FUITE DE M. BOULANGER EN BELGIQUE

20.

nistres civils, la cour d'assises ; si les ministres sont des ministres militaires, le conseil de guerre ; et c'est pour cela que, dans mes conclusions écrites devant la commission de la Haute Cour, j'ai parlé du conseil de guerre pour les crimes commis par Boulanger général, même alors qu'il était ministre.

Mais vous n'avez à vous préoccuper ni de la question du ministre, ni de la question du général en activité de service : vous avez Boulanger qui est déféré à votre justice pour complot et pour attentat. Vous trouvez un fait connexe au complot ou à l'attentat, et vous retenez le fait connexe, quoique l'accusé ait été ministre.

Péroraison.

Je n'avais que cela à vous dire, et vous l'ayant dit, je suis heureux d'ajouter que je suis parvenu, messieurs, au terme de ma tâche.

Je déplore de vous avoir imposé tant de fatigue ; mais vous pouvez voir par la mienne que j'ai cru que c'était nécessaire. J'ai estimé, en effet, qu'il était de mon devoir de tout prouver. Je ne pouvais donc pas ne pas être long.

Et cependant, je n'ai pas tout dit ! Il y a encore dans le dossier bien des renseignements utiles que j'ai passés sous silence ; vous les y trouverez. Quant à moi, je crois avoir parcouru tout le cercle qui m'était tracé.

Boulanger, à l'heure qu'il est, — j'avais promis que je ferais la lumière et je crois que la lumière est faite, — Boulanger, à l'heure qu'il est, est connu de vous, et on peut dire avec le poète :

> Le masque tombe, l'homme reste.

Je vous ai montré aujourd'hui Boulanger avouant ses fautes et ses crimes par la façon dont il a pris la fuite ; car, au moment où nous sommes arrivés on doit mettre les points sur les *i*. Il ne fera croire, cet homme, à personne en France qu'il a voulu simplement décliner une juridiction ! Il ne fera croire jamais à personne que tous ces petits mensonges venus de loin sont des justifications admissibles. Non ! C'est l'homme qui, talonné par la terreur des confrontations que

nous lui réservions ici, a fui d'abord en Belgique, puis à
Londres ; résistant, dit-on, aux objurgations les plus pres-
santes de ceux qui sont honnêtes parmi ses amis ; tout disposé même, assure-t-on, à trouver que l'Angleterre est encore trop près de la France.

Donc il se sent coupable !

Ah ! il dit : « Mais, avec le Sénat constitué en Haute Cour,
je suis condamné d'avance. »

Il a dit la même phrase en mars 1888, dans un télégramme
à Dillon, alors qu'il était à la veille d'être jugé par des généraux français.

J'ai là le télégramme. Il insultait ainsi les généraux qui
siégeaient à l'Ecole militaire.

Il sait bien cependant que s'il est toujours condamné
d'avance, quels que soient ses juges, c'est uniquement parce
qu'il sait toujours qu'il est coupable !

Dillon et Rochefort l'ont suivi dans sa fuite : même aveu ;
ils le suivent dans sa honte ; demain, je l'espère, ils parta-
geront son sort devant l'arrêt de la Haute Cour et devant
le pays.

Je n'ai point à rentrer dans l'examen de quoi que ce soit
dans ce moment, parce que j'espère avoir été assez complet
sur chacun des points — ou, du moins, j'ai tenté de l'être —
pour ne pas prolonger cette discussion par un résumé.

Mais je tiens à vous dire ceci : depuis quatre mois, des
hommes, par des affidés dignes d'eux, ont cherché à égarer
l'opinion publique. Ne vous laissez pas égarer ; redressez,
messieurs, l'opinion publique, qui est faussée.

La France, grâce à la pression effrénée qu'ils exerçaient,
semblait atteinte d'un mal étrange ; on aurait dit depuis
quelque temps qu'un souffle de démence avait passé pour
un instant sur la foule. Eh quoi ! dans notre pays, à la fin
du xix⁰ siècle, il était admis qu'un homme pût être au-
dessus des lois ; il était admis que l'immoralité, que
l'improbité de cet homme qui est telle qu'il n'est avouable
pour personne, il était admis que tout cela ne comptait pas
parce qu'il s'agissait de lui, et que, même criminel, il avait
droit à l'impunité. On a soutenu tout cela, et les hommes
qui ont cru possible d'avoir des complaisances ou des dé-
faillances devant cette bande impure ont été proclamés ver-

tueux ! ceux qui, au contraire, maudissaient avec une indignation virile l'aventurier qui venait apporter dans les plis de son manteau des menaces de guerre civile et d'une guerre étrangère insensée, ceux-là ont été couverts d'injures et de calomnies. Je crois, messieurs, que, pour ma part, j'en ai su quelque chose.

J'ai commis un crime, je dois l'avouer, avant de m'asseoir. J'avais osé croire que les principes et le droit sont supérieurs aux intrigues humaines et que le magistrat qui applique également la loi à tous fait son devoir.

J'ai commis un autre crime ! J'avais cru aussi qu'il était honnête à moi, l'homme venu des anciens partis, de ne pas trahir le gouvernement de la République au moment où il se trouvait en danger. Et comme ce gouvernement m'avait accueilli et comblé pendant dix années, j'avais cru qu'en lui donnant mon concours à l'heure où il faisait appel à mon dévouement, j'agissais en honnête homme et que je payais ma dette d'honneur.

Tels sont mes crimes ! Et pour cela j'ai été traîné sur la claie, couvert d'injures comme personne ne le fut jamais ! car j'ai été ce qu'il y a de pire au monde, un trouble-fête !

Eh bien, messieurs, cela n'a rien enlevé du sentiment qui me guide, de la force que me donne ma conscience d'aller tout droit mon chemin, à l'âge des cheveux gris, comme j'ai essayé, grâce à Dieu ! d'y aller toujours depuis ma jeunesse. Et aujourd'hui que je suis arrivé à la fin de l'accomplissement de ma tâche, je le dis fièrement devant la Haute Cour : le procès Boulanger et les outrages des boulangistes seront l'honneur de ma carrière.

Mais il ne s'agit que d'un fait personnel, et je vous prie de me pardonner ce cri involontaire que je viens de pousser. C'est seulement au point de vue général et à un point de vue personnel que j'invoque votre justice. Faites, messieurs, que ces choses ne se renouvellent pas.

Rappelez-vous, je vous en prie, que le bien et le mal sont d'ordre absolu. Il est temps de se souvenir qu'il ne faut pas faire de la justice distributive et qu'on ne doit pas tout pardonner à des hommes, parce qu'ils peuvent être un auxiliaire ou un levier. Ce qui est bien est bien, ce qui est mal est mal et sera toujours mal. C'est la loi fondamentale des sociétés, et laissez-moi vous dire, laissez dire à un homme qui n'a jamais rougi d'être chrétien, qu'au-dessus des hommes il y a la loi de Dieu. J'espère que vous allez, avec le même courage, affirmer cette grande vérité devant le pays.

Je sollicite un arrêt de condamnation sur tous les points, et j'attends votre verdict avec confiance. En le rendant, vous aurez, comme magistrats, donné à tous une leçon salutaire, et, comme citoyens, vous aurez bien mérité de la patrie.

M. LE PRÉSIDENTS. — La parole est à M. le substitut du procureur général pour donner lecture du réquisitoire écrit.

M. LE SUBSTITUT DU PROCUREUR GÉNÉRAL.

Le procureur général près la Haute Cour,

Vu l'arrêt, en date du 12 juillet 1889, par lequel la chambre d'accusation de la Haute Cour ordonne la mise en accusation de Boulanger, Dillon et Rochefort et les renvoie en conséquence devant le Sénat, constitué en Haute Cour de justice;

Vu l'acte d'accusation rédigé en exécution dudit arrêt, à la date du 15 juillet 1889;

Vu les significations faites aux domiciles des accusés de l'arrêt et de l'acte d'accusation susénoncés; lesdites significations effectuées, savoir :

Par acte de Dupuis, huissier audiencier près la Cour d'appel de Paris, en date du 16 juillet 1889, à l'égard de l'accusé Boulanger;

Par acte dudit huissier Dupuis, en date du 16 juillet 1889, à l'égard de l'accusé Dillon;

Par acte dudit huissier Dupuis, en date du 16 juillet 1889, à l'égard de l'accusé Rochefort;

Vu l'ordonnance de M. le président de la Haute Cour, en date du 27 juillet 1889, rendue, en conformité de l'article 465 du Code d'instruction criminelle, plus de dix jours après la notification dont il vient d'être parlé et enjoignant aux accusés susnommés de se représenter dans un nouveau délai de dix jours, sinon qu'ils seront déclarés rebelles à la loi, suspendus de l'exercice des droits de citoyen, que leurs bien seront séquestrés pendant l'instruction de la contumace, que toute action en justice leur sera interdite pendant le même temps, qu'il sera procédé contre eux et que toute personne sera tenue d'indiquer le lieu où ils se trouvent;

Vu les procès-verbaux de Dupuis, huissier, en date du 28 juillet 1889, constatant les publication et affiche de ladite ordonnance aux portes de l'auditoire de la Haute Cour, séant au palais du Luxembourg;

Vu les procès-verbaux de Dupuis, huissier, en date du 28 juillet 1889, constatant que ladite ordonnance a été publiée à son de trompe ou de caisse et affichée tant à la porte du dernier domicile connu des nommés

Boulanger, Dillon et Rochefort, accusés absents, lesquels domiciles sont situés : tant rue Dumont-d'Urville, n° 11 *bis* ; boulevard d'Argenson, n° 6, à Neuilly-sur-Seine ; route du Bord-de-l'Eau, à Boulogne-sur-Seine, et boulevard Rochechouart, n° 47, qu'à la porte du maire de leurs arrondissements respectifs ;

« Attendu que plus de dix jours se sont écoulés depuis lesdites publications ;

Attendu que, de ce qui précède, il résulte que toutes les formalités prescrites par les articles 465, 466 et 467 du Code d'instruction criminelle sont accomplies et que les délais accordés par lesdits articles sont expirés ;

Vu l'article 470 du Code d'instruction criminelle;

Attendu que l'instruction est régulière ;

Attendu que de ladite instruction résulte la preuve que les accusés se sont rendus coupables :

1° BOULANGER, DILLON et ROCHEFORT-LUÇAY, d'avoir, au cours des années 1886, 1887, 1888, 1889, concerté et arrêté ensemble un complot ayant pour but, soit de détruire ou de changer le gouvernement, soit d'exciter les citoyens ou habitants à s'armer contre l'autorité constitutionnelle, avec cette circonstance que ledit complot a été suivi d'actes commis ou commencés pour en préparer l'exécution ;

2° BOULANGER, d'avoir, depuis moins de 10 ans, notamment les 8 et 14 juillet, 1er et 2 décembre 1887, à Paris, commis un ou plusieurs attentats dont le but était, soit de détruire ou de changer le Gouvernement, soit d'exciter les citoyens ou habitants à s'armer contre l'autorité constitutionnelle.

Lesquels attentats ont été manifestés par des actes d'exécution ou des tentatives qui n'ont été suspendues et n'ont manqué leur effet que par des circonstances indépendantes de la volonté de leurs auteurs :

3° DILLON, d'avoir, avec connaissance, assisté Boulanger dans les faits qui ont préparé ou facilité l'action et de s'être ainsi rendu complice du crime d'attentat ci-dessus spécifié;

4° ROCHEFORT, d'avoir par machinations ou artifices coupables provoqué au crime d'attentat ou donné des instructions pour le commettre ; d'avoir, avec connaissance, aidé ou assisté Boulanger dans les faits qui ont préparé ou facilité l'action et s'être rendu complice dudit crime d'attentat ci-dessus spécifié ;

5° BOULANGER d'abord, en 1886 et 1887, à Paris, étant dépositaire ou comptable public, détourné ou soustrait des deniers publics, qui étaient entre ses mains, en vertu de ses fonctions, les choses détournées ou soustraites étant d'une valeur au-dessus de trois mille francs;

Avec cette circonstance que Boulanger a commis les détournements ou soustractions ci-dessus pour se procurer les moyens de commettre les crimes d'attentat et de complot spécifiés plus haut ou pour en faciliter l'exécution;

Attendu que ces faits constituent les crimes prévus et punis par les articles 87, 88, 289, 59, 60 et 169 du Code pénal;

Vu l'article 227 du Code d'instruction criminelle, ensemble l'article 19 de la loi du 27 mai 1885 et les articles 46, 47, 48, 49 du Code pénal;

Requiert qui plaise à la Haute Cour :

Déclarer la procédure régulière et dire qu'il sera par elle statué sur l'accusation dont s'agit :

Déclarer les accusés coupables ou complices des crimes sus-énoncés et qualifiés ;

Les condamner en conséquence aux peines portées par la loi ;

Dire qu'après qu'ils auront subi leur peine, il leur sera fait défense de paraître dans les lieux dont l'interdiction leur sera signifiée par le Gouvernement avant leur libération,

Et les condamner tous solidairement aux frais du procès.

En séance publique de la Haute Cour, au palais du Luxembourg, à Paris, le dix août mil huit cent quatre-vingt-neuf.

Le Procureur général :
QUESNAY DE BEAUREPAIRE.

M. LE PRÉSIDENT. Acte est donné à M. le procureur général du dépôt de ses réquisitions. La Haute Cour se réunira en Chambre du conseil pour en délibérer...

M. BUFFET. Monsieur le président, je désirerais... (*Bruit.*)

M. LE PRÉSIDENT. Je ne peux pas laisser engager une discussion publique sur un point quelconque ; en chambre du conseil tous les droits sont ouverts.

Si vous voulez poser des questions à M. le procureur général, vous le demanderez à la Cour en chambre du conseil. La Cour statuera ; elle se réunira, s'il y a lieu, en séance publique, et M. le procureur général appréciera s'il doit ou ne doit pas répondre.

(*M. Naquet se lève et prononce des paroles qui sont couvertes par le bruit.*)

M. LE PRÉSIDENT. Veuillez garder le silence, messieurs ; personne ne peut prendre la parole en ce moment.

M. BUFFET. Je ne veux entamer aucune discussion (*Bruit*) ; mais je crois que tout juge a le droit de poser par l'intermédiaire du président une demande d'éclaircissement. (*Bruit.*)

M. LE PRÉSIDENT. Je répète à la Haute Cour que dans la chambre du conseil tout juge a le droit de poser des questions.

S'il y a des explications à demander à M. le procureur général, la Haute Cour, en chambre du conseil, décidera si elles peuvent être demandées.

La Haute Cour se réunira alors en séance publique, et

M. le procureur général répondra s'il juge à propos de le faire ; jusque-là, personne ne peut avoir la parole.

M. Buffet. Mais les jurés ont le droit de poser des questions... (*Bruit.*)

M. le Président. Dans un quart d'heure, la Haute Cour se réunira en chambre de conseil.

L'audience est levée.

La Haute Cour se réunit aujourd'hui en séance secrète à une heure. La droite, comme on le sait, va d'abord soulever la question de compétence. Les principaux orateurs du groupe qui doivent parler sur cette question sont MM. Le Guen, Lacombe, Oscar de Vallée et Buffet.

Il est probable que la discussion sera assez longue. La droite la terminera en déposant un déclinatoire d'incompétence, et si, comme il est à prévoir, la majorité de la Haute Cour le repousse, une grande partie de la droite refusera de continuer à prendre part au débat.

Cette question jugée, commencera la délibération proprement dite, puis les votes, ayant lieu séparément et par appel nominal, sur chaque chef d'accusation et sur la culpabilité et les peines ; cette formalité sera très longue.

On compte qu'elle prendra au moins dix-huit heures.

Il est question de faire deux séances par jour, à partir de demain, pour activer le procès.

AUDIENCE DU LUNDI 12 AOUT

En chambre du conseil.

La Haute Cour s'est réunie à une heure en séance secrète.

Il est procédé d'abord à l'appel nominal.

Le président Le Royer, après l'appel nominal, a demandé aux membres de la Haute Cour de garder le secret. M. Baragnon a fait des réserves pour son compte personnel, disant que « l'accusation ayant reçu la plus grande publicité, il estimait que l'opinion contraire à la condamnation avait les mêmes droits; que le secret de son opinion lui appartenait; qu'il voulait en conserver devant le pays la responsabilité et se réservait de la faire connaître ».

La discussion s'est alors engagée sur la compétence de la Haute Cour, ainsi qu'il avait été convenu.

Les arguments sur lesquels la droite du Sénat s'appuie ont été résumés dans un projet d'arrêt qui a été lu à la tribune par M. Audren de Kerdrel, président du groupe, dont voici le texte :

La thèse exposée dans ce document a été défendue successivement par MM. Oscar de Vallée, Lacombe, Buffet et Baragnon, et combattue par MM. Lenoël, Franck-Chauveau, Trarieux.

Finalement, après un débat assez vif, M. Trarieux a fait remarquer que la question de compétence était en définitive le procès lui-même, et qu'il conviendrait de joindre « l'incident au fond », c'est-à-dire de statuer par un même jugement sur la compétence et sur la culpabilité.

Cette proposition, qui équivalait, en somme, à un rejet de la proposition de la droite, a été adoptée par 210 voix contre

51. Le vote a eu lieu par appel nominal. A l'appel de son nom, M. Naquet a déclaré qu'il ne voulait pas s'associer par un vote à cette « parodie de la justice », termes qui ont provoqué de nombreuses et vives protestations.

Après le vote, la séance a été levée à six heures et demie, et la prochaine fixée à mardi une heure.

Après la séance, la droite s'est réunie pour examiner comment elle mettrait à exécution la résolution qu'elle avait prise précédemment de s'abstenir de siéger à la Haute Cour, au cas où son projet d'arrêt sur la question de compétence serait repoussé.

Une première lettre adressée au président de la Haute Cour, lettre assez longue, avait été rédigée et elle avait reçu un certain nombre d'adhésions, lorsque d'autres membres du groupe ont présenté des observations sur la rédaction qui leur était soumise.

C'est alors que M. de l'Angle-Beaumanoir a proposé de remettre au président du groupe, M. de Kerdrel, le soin de faire connaître la décision de la droite à M. Le Royer.

Cette proposition a été acceptée.

M. de Kerdrel a alors écrit au président de la Haute Cour la lettre suivante :

Monsieur le Président,

Nous avions demandé à la Haute Cour de délibérer sur sa compétence avant toute autre question.

La majorité nous l'a refusé.

Convaincus que nous ne sommes pas compétents, j'ai l'honneur de vous déclarer, en mon nom et au nom des cinquante-deux signataires de ma motion, que nous ne pouvons pas participer aux délibérations de la Haute Cour sur le fond du procès.

Je suis avec respect, etc.

De Kerdrel.

P.-S. — Monsieur le Président me permettra de lui rappeler les noms des signataires de la motion que j'avais présentée.

(Suivent les signatures.

AUDIENCE DU MARDI 13 AOUT

La Haute Cour s'est réunie à une heure en chambre du conseil. Le président a fait renouveler aux sénateurs ses recommandations sur le secret qui doit être gardé sur les délibérations et les votes.

La droite est absente, à l'exception de MM. Hervé de Saisy et Théry.

Le président lit une lettre de M. de Kerdrel déclarant qu'en présence du vote d'hier ses collègues et lui renoncent à prendre part aux audiences.

Le président propose d'examiner, conformément au réquisitoire du procureur général, le complot, puis l'attentat, enfin les faits connexes de détournement.

M. de Casabianca demande qu'on examine d'abord l'attentat, qui est le fait principal et ne soulève aucune question de compétence.

M. Bérenger demande, au contraire, que la question de compétence soit d'abord vidée.

Cette dernière motion est adoptée.

M. Bérenger prend la parole pour soutenir la compétence du Sénat en matière de complot, comprise à ses yeux dans le terme générique d'attentat.

M. Wallon soutient que la Constitution de 1875, à laquelle il a participé, exclut formellement le complot.

La proposition de M. Bérenger est adoptée à l'unanimité moins sept voix et deux abstentions.

Après la discussion sur la compétence et le vote qui l'a terminée, la Haute Cour a suspendu sa séance à trois heures et demie, pour la reprendre à quatre heures.

Le complot.

M. Le Royer appelle la Haute Cour à se prononcer sur les divers chefs d'accusation relevés contre les trois inculpés.

Deux questions lui sont soumises sur le chef de complot :

1° Le général Boulanger est-il coupable du crime de complot?

2° Le complot a-t-il été suivi d'actes préparatoires pour son exécution ?

206 voix répondent « oui » pour les deux questions.

Il y a 6 abstentions.

La question de savoir si l'on accordera des circonstances atténuantes aux accusés se pose à ce moment.

M. Mazeau déclare qu'on ne doit pas s'y arrêter, et qu'en matière de contumace il est d'usage d'infliger le maximum aux inculpés. Les circonstances atténuantes ne sauraient être discutées que lorsque les accusés rebelles à la loi se présenteront devant la Haute Cour.

Plusieurs protestations ont accueilli la thèse de M. Mazeau. MM. Roger et Bérenger la combattent. M. Lenoël répond également qu'il n'y a pas lieu de comparer la Haute Cour à la cour d'assises, mais plutôt à une cour d'appel. Ce dernier tribunal statue toujours sur les circonstances atténuantes, même si les accusés sont absents.

M. Bardoux fait observer qu'en admettant le principe des circonstances atténuantes on ne peut voter qu'à la fin des débats.

Sa proposition est adoptée à mains levées.

On vote ensuite sur la culpabilité du comte Dillon.

1re question. — Le comte Dillon est-il coupable d'avoir, en 1886, 1887, 1889, concerté et arrêté avec d'autres un complot ayant pour but...

Même vote que pour le général.

Le comte Dillon est-il coupable d'actes commis ou commencés pour en préparer l'exécution ?

Même vote.

On passe à la culpabilité de M. Henri Rochefort.

Les questions sont les mêmes, et à propos de la première M. Trarieux prend la parole.

Il déclare qu'il a voté la culpabilité de Dillon comme complice, puisqu'il trouve dans les pièces les preuves de la complicité.

Mais, en ce qui concerne Rochefort, il fait remarquer qu'il y a deux inculpations : celle de complot et celle d'attentat.

M. Trarieux croit Rochefort coupable d'attentat, mais il ne trouve rien qui le rende coupable de complot.

M. Bardoux est de l'avis de M. Trarieux; il déclare qu'une complicité morale ne suffit pas.

Voici le scrutin :

Rochefort est-il coupable de complot ?

Oui............... 183
Non............... 23

2ᵉ question. — Actes préparatoires du complot :

Oui............... 181
Non............... 22

Là finissent les débats sur le complot.

L'attentat.

La Haute Cour, après une deuxième suspension d'audience, examine le chef d'inculpation concernant le crime d'attentat.

M. le président Le Royer annonce qu'il va donner lecture de diverses dépositions recueillies par une commission rogatoire déléguée par la commission d'instruction à M. Clément.

M. Sorel lit les deux dépositions des deux concierges de l'immeuble du n° 155, boulevard Malesherbes, où a habité la femme Pourpe.

M. Bardoux fait observer que ces deux dépositions des époux Quineu, concierges de cet immeuble, ne concordent pas absolument. Le mari déclare que c'est en 1886 et non en 1887 que la présence du général Boulanger aurait été signalée chez la femme Pourpe.

M. le président répond que cette divergence disparaît avec les dépositions subséquentes. Il est donné lecture, en effet, de quatre dépositions nouvelles établissant que le général Boulanger était chez la femme Pourpe le 14 juillet 1887, et non 1886.

M. Jules Simon fait observer qu'il est regrettable qu'on n'ait pas mieux élucidé ce point important de l'affaire, qu'on n'ait pas entendu notamment le tapissier qui a meublé l'appartement du boulevard Malesherbes, et surtout les quarante locataires dont parlent les concierges, lesquels auraient vu le général Boulanger dans la journée du 14 juillet 1887.

Le débat s'engage alors sur la question de l'attentat, et M. Bérenger prend la parole.

L'honorable sénateur ne veut critiquer personne, mais il a le devoir de faire observer que l'instruction n'est pas complète. Elle lui a fait éprouver une véritable déception. On n'a pas entendu un seul témoin, en dehors des inspecteurs de police, au sujet des actes de la gare de Lyon, pas même le chef de la gare, pas même le chef d'exploitation. On se demande comment la commission a pu, dans ces conditions, incriminer l'attitude du général Boulanger.

Quant à sa présence à Paris le 14 juillet 1887, il ne peut croire qu'aucun de ses collègues puisse prêter foi aux témoignages de deux concierges, alors qu'on a oublié le témoignage du chef d'état-major du général Boulanger, lequel, dans une lettre rendue publique, a déclaré avoir vu le commandant du 13ᵉ corps à Clermont-Ferrand après la revue du 14 juillet.

M. le président fait observer que la Haute Cour n'a pas à prendre en considération le témoignage recueilli par des accusés rebelles à la loi.

M. Bérenger conclut que, sur le chef d'attentat, la commission d'instruction n'a pas produit des témoignages suffisants.

M. Trarieux réplique et soutient avec beaucoup de force qu'il ne saurait être question d'acquitter le général Boulanger sur le chef d'attentat. Il abandonne le chef d'accusation en ce qui concerne le rôle joué par Boulanger les 1ᵉʳ et 2 décembre 1887, mais le maintient énergiquement en ce qui concerne l'affaire de la gare de Lyon.

M. Marcou demande à répliquer, mais la discussion est

close. On passe au vote, et la culpabilité du général
Boulanger, sur le chef d'attentat, est reconnue par 198 « oui »,
contre 7 « non » et 5 abstentions.

La réunion en chambre du conseil se termine par ce vote
à sept heures et demie.

AUDIENCE DU MERCREDI 14 AOUT

La Haute Cour s'est réunie à neuf heures et demie du matin. Elle a discuté d'abord sur la question de savoir si la nuit historique devait être comprise parmi les chefs d'attentat reprochés à M. Boulanger.

Par 100 voix contre 97 et 13 abstentions, il est décidé que la nuit historique sera écartée.

On vote sur la complicité de Dillon dans l'attentat. Elle est déclarée par 197 voix contre 9.

La complicité de Rochefort est également admise par 183 voix contre 18.

On passe au vote sur la question de détournements reprochés à M. Boulanger.

M. Merlin, président de la commission d'instruction, explique que le seul détournement visé de ce chef concerne les 242,693 francs distribués à la presse, car il est le seul qui puisse être considéré comme ayant servi à commettre l'attentat.

M. Margaine déclare qu'en l'absence d'une comptabilité des fonds secrets il n'est pas possible de mettre en cause l'emploi de ces fonds fait sous sa responsabilité par un ministre.

M. Roger expose que la connexité est admissible dans le droit commun, mais ne l'est pas devant les juridictions exceptionnelles, dont la compétence est strictement limitée. On pourrait, dans le cas contraire, saisir les faits les plus étrangers à la cause, par exemple, le délit d'adultère.

M. Campenon, ancien ministre de la guerre, explique en quoi consistent les fonds secrets et les fonds de réserve. Les premiers ont pour but de permettre de suivre ce qui se

passe dans les armées étrangères; les seconds ont été créés
en 1879, sur l'initiative du Président de la République, du
président du conseil, du ministre de la guerre et de la commission du budget, afin de pourvoir aux premiers besoins
de la défense.

Il fut entendu que les commissions du budget seraient très
larges, mais les ministres très économes. Ce double résultat fut atteint jusqu'en 1886, date de l'entrée du général
Boulanger au ministère. A partir de ce moment, les fonds
secrets furent prodigués et les fonds de réserve entamés.
M. Campenon rappelle que l'incident Schnœbelé s'est produit
quinze mois après seulement, et que par conséquent il ne
peut être invoqué pour expliquer ces abus. Il examine l'emploi que M. Boulanger fournit des fonds de réserve.

C'est d'abord le fonds de gratifications aux employés; sous
son ministère, le général Campenon avait déjà fait un emprunt de 40,000 francs au même fonds, mais ils avaient été
restitués. Le reste avait été dépensé pour la presse et pour
la réception des officiers étrangers aux manœuvres, ce qui
n'a pas de rapport à la défense nationale.

Quant aux 140,000 francs du Cercle militaire, le général
Campenon les considère comme très mal employés; il n'est
pas partisan de cette institution, qui ne serait possible que si
on ne faisait pas appel aux cotisations des officiers trop
pauvres pour les fournir. Il conclut qu'en dehors de toute
question de comptabilité les sommes ont été évidemment
employées dans l'intérêt personnel du ministre et en vue de
préparer le complot et l'attentat subséquents.

M. Boulanger et ses amis ont essayé de détourner l'attention de leurs propres dilapidations en traitant les autres de
« voleurs ». Le peuple ne s'y est pas trompé; il l'a prouvé
aux dernières élections départementales. C'est à nous de
l'aider à se reprendre en écartant impitoyablement de l'armée et des administrations les traîtres pris en flagrant délit
de félonie, et en frappant sans hésitation les faits comme
ceux qui nous sont soumis.

M. de Sal revient à la question posée par M. Roger : La
Haute Cour est-elle compétente sur les faits de détournement? Il le nie formellement, car, d'après le procureur général lui-même, les 242,000 francs ont été dépensés pour

subventionner des journaux ou répandre des lithographies, fait qui n'a pas de connexité directe avec le complot ou l'attentat.

Il faut d'ailleurs que le crime commis ait été commis en même temps que l'attentat.

M. de Sal, à la reprise de l'audience, reprend son argumentation : Il faut savoir à quelle époque le complot est formé et à quelle époque les fonds ont été détournés. Si le complot a été formé après les détournements, il n'y a pas de connexité.

Or, c'est le cas, d'après le réquisitoire lui-même. Il faut se garder des procès de tendance.

M. le président objecte qu'il a déjà été statué par la Cour sur des faits datant de 1886, précédent qui serait contraire à la thèse de M. de Sal.

M. Marcel Barthe soutient la connexité.

On passe au vote sur les détournements, lesquels sont admis par 195 voix contre 5 et 10 abstentions.

La question des circonstances atténuantes est soumise au Sénat en ce qui concerne Boulanger.

M. Roger déclare que, quant à lui, la peine politique par excellence est le bannissement. Il s'abstient.

M. Sébline accorde les circonstances atténuantes parce que l'accusé a puisé en grande partie des forces dans la faiblesse des gouvernants.

M. Diancourt s'abstient parce qu'il n'est pas partisan des peines perpétuelles en politique.

Les circonstances atténuantes sont refusées à Boulanger par 199 voix contre 6 et 5 abstentions.

Les circonstances atténuantes sont également refusées à Dillon par 198 voix contre 3 et 9 abstentions, et à Rochefort par 185 voix contre 7 et 12 abstentions.

La séance est suspendue pendant une demi-heure; elle sera reprise pour la lecture de l'arrêt qui sera approuvé d'abord en séance de conseil, lu ensuite en séance publique.

Pour cette séance publique, on fera l'appel nominal, car il faut que les noms des sénateurs soient joints au texte de l'arrêt.

M. Le Royer engage ses collègues à ne pas y manquer, car ayant été à la peine ils doivent être à l'honneur.

AUDIENCE PUBLIQUE DU MERCREDI 14 AOUT 1889.

L'audience est ouverte à six heures vingt-cinq minutes.
MM. les membres du parquet sont introduits.

M. LE PRÉSIDENT. L'audience est ouverte.

Monsieur le greffier en chef, veuillez appeler MM. les membres en commençant par la lettre D.

L'appel nominal constate la présence de MM. Danelle-Bernardin, Darbot, Daumas, Dauphin, Deffis (général), Demiautte, Demôle, Denormandie, Deschanel, Devel, Devès (Paul), Diancourt, Dide, Didier (Henry), Dietz-Monnin, Donnet, Dufay, Dufraigne, Dupouy, Dupré, Durand, Dusolier (Alcide), Escarguel, Fayard, Feray, Ferrouillat, Ferry (Charles), Foucher de Careil, Fousset, Frédéric Petit, Frézoul, Gailly, Garran de Balzan, Garrigat, Garrisson, Gaudy, Gayot (Emile), Gent, George, Géry-Legrand, Girard (Alfred), Girot-Pouzol, Gouin, Goujon, Grévy (Albert), Grévy (général), Griffe, Guichard (Jules), Guinot, Guyot, Guyot-Lavaline, Hébrard (Adrien), Hébrard (Jacques), Hugo, Huguet, Humbert, Isaac, Jacques, Jean Macé, John Lemoinne, Journault, Kiener, Krantz, Labiche (Émile), Labiche (Jules), Lade-Gout, Lafayette (Edmond de), Laporte, Laroche, Lavalley, Lavertujon, Lecherbonnier, Lecler, Lecointe (général), Lemonnier, Lenoël (Émile), Le Royer, Lesueur, Lisbonne, Loubet, Lourties, Luro, Lur-Saluces (comte Henri de), Madignier, Magniez, Magnien, Malézieux, Marcère (de), Margaine, Marion, Marquis, Martin (Félix), Martin (Georges), Mathey (Alfred), Mauguin, Maze (Hippolyte), Mazeau, Meinadier (colonel), Mercier, Merlin (Charles), Mestreau, Mil-

laud (Édouard), Morellet, Morelli, Munier, Neveux, Nioche,
Noblot, Osmoy (comte d'), Oudet, Parent), Parry, Pauliat,
Pazat, Peaudecerf, Pénicaud, Peraldi, Péronne, Perras,
Peyrat, Peyron (amiral), Plantier, Pradal, Pressensé (de),
Rémusat (Paul de), Rey (Édouard), Reymond, Roger,
Roussel (Théophile), Rozière (de), Saint-Pierre (vicomte
de), Sal (Léonce de), Salneuve, Say (Léon), Scheurer-Kest-
ner, Schœlcher, Scrépel, Sébire, Sébline, Simon (Jules),
Soustre, Teisserenc de Bort, Testelin, Tézenas, Thurel, To-
lain, Trarieux, Tribert, Velten, Verninac (de), Vigarosy,
Vinet, Vissaguet, Volland, Wallon, Allègre, Arago (Emma-
nuel), Barbedette, Barbey, Bardoux, Barne, Barthe (Marcel),
Barthélemy Saint-Hilaire, Béral, Bérenger, Bergeon, Ber-
thelot, Billot (général), Bizot de Fontenay, Blanc (Xavier),
Boulanger (Ernest), Bouteille, Bozérian, Brossard, Brunel,
Brunon, Cabanes (Joseph), Caduc, Calmon, Camparan, Cam-
penon (général), Carquet, Casabianca (de), Cazot (Jules),
Cès-Caupenne (de), Chadois (colonel de), Chaix (Cyprien),
Chalamet, Challemel-Lacour, Chantemille, Chardon, Chau-
montel, Chauveau (Franck), Chiris, Chovet, Cirier, Claeys,
Clamageran, Claris, Cochery (Adolphe), Combes, Combes-
cure, Corbon, Cordelet, Cornil, Couturier, Cuvinot.

M. LE GREFFIER EN CHEF. Monsieur le président, l'appel
nominal est terminé.

M. LE PRÉSIDENT. Je vais donner connaissance de l'arrêt
de la Haute Cour de justice :

LE JUGEMENT

La Haute Cour,

Vu l'arrêt de la chambre d'accusation du 12 juillet 1889 ;

Ensemble l'acte d'accusation dressé en conséquence
contre Boulanger (Georges-Ernest-Marie, Dillon (Arthur) et
de Rochefort-Luçay (Henri-Victor) ;

Vu l'ordonnance du président de la Haute Cour, en date
du 27 juillet 1889, ayant pour objet la représentation des
accusés ci-dessus dénommés ;

Ensemble les procès-verbaux constatant la publication et
l'affiche de ladite ordonnance ;

Vu pareillement l'instruction relative auxdits accusés ;

Ouï le procureur général et ses réquisitions, lesquelles, par lui déposées sur le bureau de la Cour, sont ainsi conçues :

« Le procureur général près la Haute Cour,

« Vu l'arrêt, en date du 12 juillet 1889, par lequel la chambre d'accusation de la Haute Cour ordonne la mise en accusation de Boulanger, Dillon et Rochefort, et les renvoie en conséquence devant le Sénat constitué en Haute Cour de justice ;

« Vu l'acte d'accusation rédigé en exécution dudit arrêt, à la date du 15 juillet 1889 ;

« Vu les significations faites aux domiciles des accusés de l'arrêt et de l'acte d'accusation susénoncés; lesdites significations effectuées, savoir :

Par acte de Dupuis, huissier audiencier près la cour d'appel de Paris, en date du 16 juillet 1889, à l'égard de l'accusé Boulanger ;

Par acte dudit huissier Dupuis, en date du 16 juillet 1889, à l'égard de l'accusé Dillon ;

Par acte dudit huissier Dupuis, en date du 16 juillet 1889, à l'égard de l'accusé Rochefort ;

Vu l'ordonnance de M. le président de la Haute Cour, en date du 27 juillet 1889, rendue, en conformité de l'article 465 du Code d'instruction criminelle, plus de dix jours après la notification dont il vient d'être parlé et enjoignant aux accusés susnommés de se représenter dans un nouveau délai de dix jours, sinon qu'ils seront déclarés rebelles à la loi, suspendus de l'exercice des droits de citoyen, que leurs biens seront séquestrés pendant l'instruction de la contumace, que toute action en justice leur sera interdite pendant le même temps, qu'il sera procédé contre eux et que toute personne sera tenue d'indiquer le lieu où ils se trouvent ;

« Vu les procès-verbaux de Dupuis, huissier, en date du 28 juillet 1889, constatant les publication et affiche de ladite ordonnance aux portes de l'auditoire de la Haute Cour, séant au palais du Luxembourg ;

« Vu les procès-verbaux de Dupuis, huissier, en date du 28 juillet 1889, constatant que ladite ordonnance a été publiée à son de trompe ou de caisse et affichée tant à la

22

porte du dernier domicile connu des nommés Boulanger, Dillon et Rochefort, accusés absents, lesquels domiciles sont situés : tant rue Dumont-d'Urville, n° 11 *bis* ; boulevard d'Argenson. n° 6, à Neuilly-sur-Seine ; route du Bord-de-l'Eau, à Boulogne-sur-Seine, et boulevard Rochechouard, n° 57, qu'à la porte du maire de leurs arrondissements respectifs ;

« Attendu que plus de dix jours se sont écoulés depuis lesdites publications ;

« Attendu que de ce qui précède il résulte que toutes les formalités prescrites par les articles 465, 466 et 469 du code d'instruction criminelle sont accomplies et que les délais accordés par lesdits articles sont expirés ;

« Vu l'article 470 du Code d'instruction criminelle ;

« Attendu que l'instruction est régulière ;

« Attendu que de ladite instruction résulte la preuve que les accusés se sont rendus coupables :

« 1° Boulanger, Dillon et Rochefort-Luçay, d'avoir, au cours des années 1886, 1887, 1888, 1889, concerté et arrêté ensemble un complot ayant pour but soit de détruire ou de changer le gouvernement, soit d'exciter les citoyens ou habitants à s'armer contre l'autorité constitutionnelle, avec cette circonstance que ledit complot a été suivi d'actes commis ou commencés pour en préparer l'exécution ;

« 2° Boulanger d'avoir, depuis moins de dix ans, notamment les 8 et 14 juillet, 1er et 2 décembre 1887, à Paris, commis un ou plusieurs attentats dont le but était, soit de détruire ou de changer le Gouvernement, soit d'exciter les citoyens ou habitants à s'armer contre l'autorité constitutionnelle ;

« Lesquels attentats ont été manifestés par des actes d'exécution ou des tentatives qui n'ont été suspendus et n'ont manqué leur effet que par des circonstances indépendantes de la volonté de leurs auteurs ;

« 3° Dillon, d'avoir, avec connaissance, aidé et assisté Boulanger dans les faits qui ont préparé ou facilité l'action et de s'être ainsi rendu complice du crime d'attentat ci-dessus spécifié ;

« 4° Rochefort, d'avoir, par machinations ou artifices coupables, provoqué au crime d'attentat ou donné des instructions pour le commettre ; d'avoir, avec connaissance aidé ou assisté Boulanger dans les faits qui ont préparé où facilité l'action, et s'être ainsi rendu complice dudit crime d'attentat ci-dessus spécifié ;

« 5° Boulanger d'avoir, en 1886 et 1887, à Paris, étant dépositaire ou comptable public, détourné ou soustrait des deniers publics, qui étaient entre ses mains en vertu de ses fonctions, les choses détournées ou soustraites étant d'une valeur au-dessus de trois mille francs ;

« Avec cette circonstance que Boulanger a commis les détournements ou soustractions ci-dessus pour se procurer les moyens de commettre les crimes d'attentat et de complot spécifiés plus haut ou pour en faciliter l'exécution ;

« Attendu que ces faits constituent les crimes prévus et punis par les articles 87, 88, 2, 89, 59, 60 et 169 du code pénal ;

« Vu l'article 227 du code d'instruction criminelle, ensemble l'article 19 de la loi du 27 mai 1885 et les articles 46, 47, 48, 49 du Code pénal,

« Requiert qu'il plaise à la Haute Cour :

« Déclarer la procédure régulière et dire qu'il sera par elle statué sur l'accusation dont s'agit ;

« Déclarer les accusés coupables ou complices des crimes sus énoncés et qualifiés ;

« Les condamner, en conséquence, aux peines portées par la loi ;

« Dire qu'après qu'ils auront subi leur peine il leur sera fait défense de paraître dans les lieux dont l'interdiction leur sera signifiée par le gouvernement avant leur libération,

« Et les condamner tous solidairement aux frais du procès.

« En séance publique de la Haute Cour, au palais du Luxembourg, à Paris, le 10 août 1889.

« Le Procureur général,

« Quesnay de Beaurepaire. »

Après en avoir délibéré, conformément à la loi, les douze, treize et quatorze août mil huit cent quatre-vingt-neuf.

En ce qui touche la question de compétence :

Attendu que l'article 12 de la loi constitutionnelle du 16 juillet 1875 sur les rapports des pouvoirs publics, ainsi conçu : « Le Sénat peut être constitué en cour de justice... pour juger toute personne prévenue d'attentat commis contre la sûreté de l'État, » se réfère incontestablement à la loi constitutionnelle du 24 février précédent, relative à l'organisation du Sénat, et dont l'article 9 porte que « le Sénat peut être constitué en cour de justice pour connaître des attentats contre la sûreté de l'État »;

Que ce mot « attentats » est évidemment pris ici dans son sens générique ;

Que cette disposition est empruntée aux constitutions antérieures, et notamment aux chartes de 1814 et de 1830 ;

Qu'elle a été constamment interprétée en ce sens que la Haute Cour était compétente pour connaître de tous les attentats, c'est-à-dire de tous les actes attentatoires, notamment le complot, qui peuvent compromettre la sûreté intérieure ou extérieure de l'État, crimes prévus et punis par le chapitre 1er, titre 1er, livre III du Code pénal ;

Que restreindre la compétence de la Haute Cour au seul cas prévu par l'article 87 du Code pénal, ce serait la rendre incompétente pour connaître d'actes évidemment attentatoires à la sûreté de l'État et en particulier des crimes commis contre la sûreté extérieure de l'État ;

Qu'à supposer que la Cour n'eût pas reconnu les accusés coupables du crime d'attentat tel qu'il est défini par l'article 87 du Code pénal, et n'eût pas à ce titre retenu les faits de complot comme connexes, elle serait compétente à l'égard du complot seul, lequel doit être considéré comme un des crimes attentatoires à raison desquels le Sénat peut être constitué en cour de justice ;

Se déclare compétente.

Vu l'article 32 de la loi du 10 avril 1889 et l'article 470 du Code d'instruction criminelle ;

Attendu que l'instruction est conforme à la loi,

Déclare la contumace régulièrement instruite contre Boulanger, Dillon et Rochefort ;

Et statuant à l'égard desdits contumaces,

Sur le chef de complot :

En ce qui concerne Boulanger, Dillon et Rochefort-Luçay,

Attendu qu'il résulte des pièces de l'instruction écrite que lesdits Boulanger, Dillon et Rochefort ont conjointement, au cours des années 1886, 1887, 1888 et 1889, concerté et arrêté ensemble un complot ayant pour but soit de détruire ou de changer le Gouvernement, soit d'exciter les citoyens ou habitants à s'armer contre l'autorité constitutionnelle;

Avec cette circonstance que ledit complot a été suivi d'actes commis ou commencés pour en préparer l'exécution.

Sur le chef d'attentat :

En ce qui concerne Boulanger,

Attendu qu'il résulte des pièces de l'instruction écrite que ledit Boulanger a, depuis moins de dix ans, et notamment les 8 et 14 juillet 1887, à Paris, commis des attentats dont le but était, soit de détruire ou de changer le Gouvernement, soit d'exciter les citoyens ou habitants à s'armer contre l'autorité constitutionnelle, lesquels attentats ont été manifestés par des actes d'exécution ou des tentatives qui n'ont été suspendus ou n'ont manqué leur effet que par des circonstances indépendantes de la volonté de leurs auteurs;

En ce qui concerne Dillon,

Attendu qu'il résulte des pièces de l'instruction écrite qu'il s'est rendu coupable d'avoir, aux mêmes époques et au même lieu,

Avec connaissance, aidé ou assisté Boulanger dans les faits qui ont préparé ou facilité l'action, et qu'il s'est ainsi rendu complice du crime d'attentat commis par ledit Boulanger;

En ce qui concerne Rochefort,

Attendu qu'il résulte des pièces de l'instruction écrite qu'il a, aux mêmes époques et au même lieu, par machinations ou artifices coupables, provoqué au crime d'attentat ou donné des instructions pour le commettre;

Qu'il a avec connaissance aidé ou assisté Boulanger dans les faits qui ont préparé ou facilité l'action, et qu'il s'est ainsi rendu complice du crime d'attentat commis par ledit Boulanger;

Sur le chef de détournement :

En ce qui concerne Boulanger,

Attendu qu'il résulte des pièces de l'instruction écrite que ledit Boulanger a, en 1886 et 1887, à Paris, étant ministre de la guerre et en cette qualité dépositaire ou comptable public, détourné ou soustrait des deniers publics qui étaient entre ses mains en vertu de ses fonctions, les choses détournées ou soustraites étant d'une valeur supérieure à 240,000 francs ;

Avec cette circonstance que Boulanger a commis lesdits détournements ou soustractions pour se procurer les moyens de commettre les crimes d'attentat et de complot ci-dessus spécifiés ou pour en faciliter l'exécution ;

Vu la connexité et les articles 226 et 227 du code d'instruction criminelle ;

Déclare Boulanger, Dillon et Rochefort coupables du crime de complot ;

Boulanger coupable du crime d'attentat ;

Dillon et Rochefort coupables comme complices du même crime d'attentat ;

Boulanger coupable de détournement de deniers publics dont il était comptable ;

Crimes prévus par les articles 87, 88, 2, 89, 59, 60 et 169 du Code pénal ainsi conçus :

« Art. 87. — L'attentat dont le but est soit de détruire ou de changer le Gouvernement, soit d'exciter les citoyens ou habitants à s'armer contre l'autorité constitutionnelle, est puni de la peine de la déportation dans une enceinte fortifiée.

« Art. 88. — L'exécution ou la tentative constitueront seules l'attentat.

« Art. 2. — Toute tentative de crime qui aura été manifestée par un commencement d'exécution, si elle n'a été suspendue ou si elle n'a manqué son effet que par des circonstantes indépendantes de la volonté de son auteur, est considérée comme le crime même.

« Art. 89. — Le complot ayant pour but les crimes mentionnés aux articles 86 et 87, s'il a été suivi d'un acte commis ou commencé pour en préparer l'exécution, sera puni de la déportation.

S'il n'a été suivi d'aucun crime commis ou commencé pour en préparer l'exécution, la peine sera celle de la détention.

« Il y a complot dès que la résolution d'agir est concertée et arrêtée entre deux ou plusieurs personnes.

« S'il y a eu proposition faite et non agréée de former un complot pour arriver aux crimes mentionnés dans les articles 86 et 88, celui qui aura fait une telle proposition sera puni d'un emprisonnement d'un an à cinq ans. Le coupable pourra de plus être interdit, en tout ou en partie, des droits mentionnés en l'article 42.

« Art. 59. — Les complices d'un crime ou d'un délit seront punis de la même peine que les auteurs mêmes de ce crime ou de ce délit, sauf les cas où la loi en aurait disposé autrement.

« Art. 60. — Seront punis comme complices d'une action qualifiée crime ou délit, ceux qui, par dons, promesses, menaces, abus d'autorité ou de pouvoir, machinations ou artifices coupables, auront provoqué à cette action ou donné des instructions pour la commettre;

« Ceux qui auront procuré des armes, des instruments ou tout autre moyen qui aura servi à l'action, sachant qu'ils devaient y servir;

« Ceux qui auront, avec connaissance, aidé ou assisté l'auteur ou les auteurs de l'action dans les faits qui l'auront préparée ou facilitée, ou dans ceux qui l'auront consommée; sans préjudice des peines qui seront spécialement portées par le présent code contre les auteurs de complots ou de provocations attentatoires à la sûreté intérieure de l'État, même dans le cas où le crime qui était l'objet des conspirateurs ou des provocateurs n'aurait pas été commis.

« Art. 169. — Tout percepteur, tout commis à une perception, dépositaire ou comptable public, qui aura détourné ou soustrait des deniers publics ou privés, ou effets actifs en tenant lieu, ou des pièces, titres, actes, effets mobiliers qui étaient entre ses mains en vertu de ses fonctions, sera puni des travaux forcés à temps, si les choses détournées ou soustraites sont d'une valeur au-dessus de 3,000 francs. »

Vu l'article 365 du code d'instruction criminelle, portant qu'en cas de conviction de plusieurs crimes ou délits la peine la plus forte sera seule appliquée;

Vu l'article 17 du code pénal, ainsi conçu :

« Art. 17. — La peine de la déportation consistera à être transporté et à demeurer à perpétuité dans un lieu déterminé par la loi, hors du territoire continental de la République.

« Si le déporté rentre sur le territoire de la République, il sera, sur la seule preuve de son identité, condamné aux travaux forcés à perpétuité.

« Le déporté qui ne sera pas rentré sur le territoire de la République, mais qui sera saisi dans les pays occupés par les armées françaises, sera conduit dans le lieu de sa déportation.

« Tant qu'il n'aura pas été établi un lieu de déportation, le condamné subira à perpétuité la peine de la détention soit dans une prison de la République, soit dans une prison située hors du territoire continental, dans l'une des possessions françaises qui sera déterminée par la loi, selon que les juges l'auront expressément décidé par l'arrêt de condamnation.

« Lorsque les communications seront interrompues entre la métropole et le lieu de l'exécution de la peine, l'exécution aura lieu provisoirement en France. »

Vu l'article 1er, paragraphe 1er, de la loi des 8-16 juin 1850, ainsi conçu :

« Dans tous les cas où la peine de mort est abolie par l'article 5 de la Constitution, cette peine est remplacée par celle de la déportation dans une enceinte fortifiée désignée par la loi, hors du territoire continental de la République; »

Vu également l'article 2 de la loi du 31 mai 1854, ainsi conçu :

« Les condamnations à des peines afflictives perpétuelles emportent la dégradation civique et l'interdiction légale établies par les articles 28, 29 et 31 du code pénal »,

CONDAMNE :

BOULANGER, à la peine de la déportation dans une enceinte fortifiée;

DILLON, à la peine de la déportation dans une enceinte fortifiée;

ROCHEFORT, à la peine de la déportation dans une enceinte fortifiée;

Condamne lesdits BOULANGER, DILLON et ROCHEFORT solidairement aux frais du procès, desquels frais la liquidation sera faite conformément à la loi, tant pour la portion qui doit être supportée par les condamnés que pour celle qui doit demeurer à la charge de l'État;

Ordonne que le présent arrêt sera exécuté à la diligence du procureur général près la Haute Cour de justice, imprimé, publié et affiché partout où besoin sera.

Fait et délibéré au palais de la Haute Cour, à Paris, le quatorze août mil huit cent quatre-vingt-neuf, en la chambre du conseil, et prononcé le même jour en audience publique, où siégeaient :

M. Le Royer, président.

M. Gustave Humbert, vice-président.

Et MM. Allègre, Arago (Emmanuel), Barbedette, Barhey, Bardoux, Barne, Barthe (Marcel), Barthélemy Saint-Hilaire, Béral, Bérenger, Bergeon, Berthelot, Billot (général), Bizot de Fonteny, Blanc (Xavier), Boulanger (Ernest), Bouteille, Bozérian, Brossard, Bruel, Brunon, Cabanes (Joseph), Caduc, Calmon, Camparan, Campenon (général), Carquet, Casabianca (de), Cazot (Jules), Cès-Caupenne (de), Chadois (colonel de), Chaix (Cyprien), Chalamet, Challemel-Lacour, Chantemille, Chardon, Chaumontel, Chauveau (Franck), Chiris, Chovet, Cirier, Clays, Clamageran, Claris, Cochery (Adolphe), Combes, Combescure, Corbon, Cordelet, Cornil, Couturier, Cuvinot, Danelle-Bernardin, Darbot, Daumas, Dauphin, Delfis (général), Demiautte, Demôle, Denormandie, Deschanel, Develle, Devès (Paul), Diancourt, Dide, Didier (Henry), Dietz-Monnin, Donnet, Dufay, Dufraigne, Dupouy, Dupré, Durand, Dusolier (Alcide), Escarguel, Fayard, Feray, Ferrouillat, Ferry (Charles), Foucher de Careil, Fousset, Frédéric Petit, Frézoul, Gailly, Garran de Balzan, Garrigat, Carrisson, Gaudy, Gayot (Emile), Gent, George, Géry-Legrand, Girard (Alfred), Girot-Pouzol, Gouin, Goujon, Grévy (Albert), Grévy (général), Griffe, Guichard (Jules), Guinot, Guyot, Guyot-Lavaline, Hébrard (Adrien), Hébrard (Jacques), Hugot, Huguet, Isaac, Jacques, Jean Macé, John Lemoinne, Journault, Kiener, Krantz, Labiche (Émile), Labiche (Jules), Lades-Gout, Lafayette (Edmond de), Laporte, Laroche, Lavalley, Lavertujor, Le cherbonnier, Lecler, Lecointe (général), Le Monnier, Lenoël (Émile), Lesueur, Lisbonne, Loubet, Sourties, Luro, Lur-Saluces (comte Henri de), Madignier, Magniez, Magnien, Malézieux, Marcère (de), Margaine, Marion, Marquis, Martin (Félix), Martin (Georges), Mathey (Alfred), Mauguin, Maze (Hippolyte), Mazeau, Meinadier (colonel), Mercier (Charles), Mestreau, Millaud (Edouard), Morellet, Morelli, Munier, Neveux, Nioche, Noblot, Osmoy (comte d'), Oudet, Parent, Parry, Pauliat, Pazat, Peaudecerf, Pénicaud, Péraldi, Péronne, Perras, Peyrat, Peyron (amiral), Plantier, Pradal, Pressensé (de), Rémusat (Paul de), Rey (Édouard), Reymond, Roger, Roussel (Théophile), Rozière (de), Saint-Pierre (vicomte de), Sal (Léonce de), Salneuve, Say (Léon), Scheurer-Kestner, Schœlcher, Scrépel, Sébire, Sébline, Simon (Jules), Soustre, Teisserenc de Bort, Testelin, Tézenas, Thurel, Tolain, Trarieux, Tribert, Velten, Verninac (de), Vigarosy, Vinet, Vissaguet, Volland, Wallon.

M. le président. — L'audience publique est levée.

(L'audience publique est levée à sept heures cinq minutes.)

Parmi les membres de la Haute Cour qui ont condamné M. Boulanger, nous trouvons les noms des officiers généraux suivants :

Général BILLOT (ancien ministre de la guerre).
Général LECOINTE ;
Général CAMPENON (ancien ministre de la guerre) ;
Général DEFFIS ;
Général GRÉVY ;
L'amiral PEYRON (ancien ministre de la marine) ;

Colonel DE CHADOIS ;
Colonel MEINADIER.

TABLE DES MATIÈRES

PRINCIPALES GRAVURES

HORS TEXTE

Paris. — Imprimerie PAUL DUPONT, 4, rue du Bouloi-(Cl.) 1391.8.89.

9 782016 149294